111 GRÜNDE, BRASILIEN ZU LIEBEN

Isabel Wiesmann

111 Gründe, Brasilien zu lieben

Eine Liebeserklärung an
das schönste Land der Welt

SCHWARZKOPF & SCHWARZKOPF

Inhalt

Brasilianische Odyssee

Vorwort

Brasilien! Eher nicht! Jahrzehntelang hatte ich geschäftlich und privat mein Leben reisend und entdeckend rund um die Welt verbracht, wollte alles sehen und erleben, und meine Reiselust kannte keine Grenzen. Doch Brasilien stand nie auf meiner »Must see«-Liste, ich wollte weder auf den Zuckerhut noch in den Amazonas oder zu den berühmten Fällen von Iguaçú. Warum? Ich weiß es selbst nicht, weiß nur, dass ich – purer Zufall – beim Durchblättern eines Lifestyle Magazins auf den kleinen Fischerort Piçinguaba südlich von Rio de Janeiro aufmerksam und neugierig wurde. Nichts wie hin also. Brasilien rückte plötzlich auf meinen Reiseradar und meine Erwartungen sollten nicht enttäuscht werden.

Dass eine weitere Reise, eine Stippvisite von wenigen Tagen auf die Insel Boipeba, Bahia, mein Leben grundlegend verändern sollte, hätte ich mir damals nicht träumen lassen. Nach jahrelangem Globetrotten an die schönsten Ecken der Welt, nimmer satt Neues zu entdecken, war ich plötzlich wie infiziert, so verzaubert vom tropischen, vermeintlich sorgenfreien Inseldasein, dass ich nur noch das eine wollte: hier die Seele baumeln lassen. Ich wollte in Brasilien leben. Nein, stimmt nicht ganz. Ich wollte nach Boipeba. Genau dort, auf dieser kleinen Insel, schien sich das Paradies auf Erden zu befinden. Ich verstand die Sprache nicht und deshalb auch nicht die Mentalität. Kein Problem!? Als Frequent Traveller, mit Erfahrung auf allen Kontinenten und mit Menschen so vieler verschiedener Kulturen und Sprachen und Religionen, so dachte ich, würde ich mich problemlos zu integrieren wissen und machte mir über deutsche Wurzeln und Kirchtürme keine Sorgen. Ich wollte ein einfaches sorgenfreies Inselleben, Meeresrauschen und Südseefeeling und freundlich lachende Menschen – also alles, was mir Lebensqualität versprach – gegen mein bisheriges Dasein im berühmten Hamsterrädchen eintauschen. Natürlich hatte ich, als ich dort »anstrandete« nicht die geringste Ahnung von Brasilien. Das sollte sich mit den Jahren ändern. Vor Ort lebend fand ich heraus, warum ich Brasilien lieben würde und auch dass ich sehr viel deutscher bin, als ich dachte. Nach mehreren und immer längeren Inselaufenthalten traf ich also die wohl folgenschwerste Entscheidung meines Lebens. Ich warf alles über Bord und wanderte aus, um ein neues, zweites und ganz anderes Leben zu führen.

Dies liegt acht Jahre zurück, und seitdem durfte ich gemeinsam mit meinem Mann, einem waschechten Brasilianer – stopp! er ist *Baiano*, kommt also aus Bahia und darauf legt er großen Wert – Teile dieses riesigen Landes, seine Bewohner und viele ihrer Sitten auf monatelangen Reisen und im täglichen Leben näher kennen- und lieben lernen. Davon handelt dieses Buch.

Isabel Wiesmann

1. Kapitel

Brasilien, kein Land, sondern ein ganzes Universum

1. Grund

Weil es ein aufregendes Land voller Superlative, Kontraste und Widersprüche ist

Brasilien wurde von Gott, der ja – wie oftmals behauptet wird – Brasilianer ist, mehr als großzügig ausgestattet und kann fast alle Superlative sein Eigen nennen.

Alles ist hier rekordverdächtig, am größten, am längsten, am tiefsten oder gar überhaupt einzigartig. Im größten Tropenland der Erde findet sich der größte Teil des Amazonasbeckens und somit des Regenwaldes, der größte und wasserreichste Fluss, die größte Artendichte. Der Pantanal ist das weltgrößte Feucht- und Sumpfgebiet. Im atlantischen Regenwald, dem tropischen Wald der Küstenregion, wachsen mehr Pflanzenarten als in Europa und Nordamerika, hier findet man auf einem Hektar mehr Baumarten als irgendwo sonst auf der Welt und auch den kleinsten Affen und das größte Nagetier. Mehr als 1000 verschiedene Käferarten sollen sich auf einer einzigen dieser Baumarten tummeln, auf manchem Urwaldriesen leben mehr Insektenarten als in ganz Europa. Da ist ganz schön was los.

In Brasilien hat die katholische Kirche ihre größte Anhängerschaft, in Brasilien lebt die größte schwarze Bevölkerung außerhalb Afrikas und die größte japanische Gemeinschaft außerhalb Japans. In Rio de Janeiro und Salvador da Bahia werden der berühmteste und der größte Karneval gefeiert, und Rock in Rio ist das weltgrößte Rockkonzert. Brasilien produziert die berühmteste Gummischlappe der Welt und mehr Kaffee und mehr Zucker als andere Länder. Das dichteste Hubschrauberaufkommen weltweit hilft Geschäftsleuten in São Paulo Termine einzuhalten, es gibt sogar Ubercopter, während auf dem Land auch die Bessergestellten mit 1 PS, einem klapprigen Moped oder zu Fuß unterwegs sind. Brasilien ist mit fünf WM-Titeln und somit fünf Sternen auf dem Shirt der Seleção die bislang erfolgreichste Fußballnation. Rekordverdächtig ist die Vielfalt der Musik, die Zahl der Schönheitsoperationen und der Strände. Die Liste der Superlative ist endlos.

Mir scheint es fast unmöglich, das Wort »Brasilien« oder »brasilianisch« zu benutzen, denn die Unterschiede zwischen Nord und Süd, zwischen Stadt und Land, zwischen Küste und Hinterland, zwischen indigenen Völkern und der Upperclass in Curitiba oder São Paulo, zwischen intellektueller Elite und Analphabetentum, zwischen Arm und Reich, zwischen Deutschtümlern und japanischen Einwanderern sind einfach zu groß und die Brasilianer ein Volk von ganz unterschiedlichen Menschenkindern. Sicher ist es auch deshalb fast unregierbar, denn wie soll eine Regierung gleichzeitig den Ansprüchen der Luxusgesellschaft von Rio de Janeiro, der Bewohner der Favelas, der Amazonasindianer oder der einfachen Fischergemeinden entlang der Küste gerecht werden.

Brasilien ist größer als die EU, das fünftgrößte Land der Erde, 25-mal würde Deutschland hineinpassen, alleine die Insel Marajó im Amazonasdelta ist so groß wie die Schweiz. Brasilien ist kein Land im klassischen Sinne, es fällt fast schwer, das Wort »Brasilien« auf all diese so unterschiedlichen Landesteile und Bundesstaaten anzuwenden, von Brasilianern zu sprechen oder von einer brasilianischen Sprache. Brasilien ist überall ganz anders. Ebenso wie ein Finne wenig mit einem Italiener gemein hat, hat auch ein deutschstämmiger Südbrasilianer mit einem Paulista – so werden die Bewohner von São Paulo genannt – japanischer Abstammung oder einem Baiano mit afrikanischen Wurzeln rein mental wenig gemein. Zudem gibt es ein Brasilien der Großstädte und ein Brasilien außerhalb dieser, zwei Welten treffen hier aufeinander, der Moloch São Paulo ist ein anderes Brasilien als das angrenzende Hinterland. Auch die Kontraste sind somit rekordverdächtig.

Rekordverdächtig sind leider auch die Drogenkriege und die Korruption, die ausufernde Gewalt und die Zerstörung der Natur vor allem des atlantischen Regenwaldes und des Amazonaswaldes, des Lebensraumes der indigenen Völker. Pro Minute werden trotz aller Bemühungen, dies zu kontrollieren, zwei Fußballfelder Regenwald vernichtet, das sind 120 Fußballfelder in der Stunde. Das geht über mein Vorstellungsvermögen und ist ein scheußlicher Rekord und ein erschreckender Superlativ der Zerstörung.

Für Reisende ist Brasilien auf jeden Fall ein Superlativ, denn man kann hier in einem einzigen Land viele unterschiedliche Welten kennenlernen.

2. Grund

Weil es nie zu Ende entdeckt ist und für 111 Reisen reicht

Im Süden des Bundesstaates Bahia nahm mit der Ankunft der Portugiesen Brasilien seinen Anfang, begann die Erschließung, die bis heute andauert. Der höchste Berg Brasiliens, der Pico da Neblina, ausnahmsweise kein Rekord, denn er ist nur knapp 3000 Meter hoch, wurde erst in den 50er-Jahren des letzten Jahrhunderts entdeckt und bestiegen, und große Teile Amazoniens, die bisher lediglich per Satellit erkundet wurden, sind noch jungfräulich und ohne die Spuren unserer zerstörerischen Zivilisation.

Je länger ich in Brasilien lebe und je besser ich es kennenlerne, umso mehr frage ich mich:

Was ist eigentlich Brasilien? Lexika bezeichnen es als das flächen- und bevölkerungsmäßig fünfgrößte Land der Welt, doch die schieren Ausmaße, die unterschiedlichen Landschaften, Klimazonen und Völker sprechen eher für einen Kontinent, die große Artenvielfalt der Flora und Fauna für ein ganzes Universum.

Sicher hatte Pedro Álvares Cabral, als er im Jahre 1500 im Süden von Bahia – dort wo heute in der Partyhochburg Porto Seguro dem schnöden Mammon gefrönt wird – Land erblickte, keine Vorstellung von der Unendlichkeit der Landmasse, die schon vor ihrer Entdeckung im Vertrag von Tordesillas vom Papst den Portugiesen zugesprochen wurde. Bis heute gibt es »weiße« Flecken auf der Landkarte, Gebiete, die unzugänglich und deshalb geheimnisvoll bleiben. Auch dies ein Rekord in einer Zeit, in der schon alles entdeckt und auch von jedermann bereist wurde. Jedes Damenkränzchen und jede Kegeltruppe macht ja heute Ausflüge nach Kambodscha oder schnorchelt am großen australischen Riff. Die Welt ist klein geworden und offen für jeden. Doch in Brasilien gibt es noch Unerforschtes, Unentdecktes, hat die Natur das Reisen und Erforschen teilweise beschwerlich gemacht, vielleicht um sich zu schützen.

Rund 500 Jahre später hatte ich trotz besten Kartenmaterials, Internet und Google World noch immer nicht die leiseste Vorstellung von den schieren Ausmaßen Brasiliens, als ich begann, durch meine neue Welt und Heimat zu reisen.

Seit vielen Jahren bin ich stetig und ständig unterwegs, habe vieles gesehen, erlebt und gelebt, und doch scheine ich kaum Land zu gewinnen. Auf der brasilianischen Landkarte gibt es noch unendlich viel zu entdecken. Es ist nicht zu schaffen.

Reiseveranstalter bieten natürlich die bekanntesten Attraktionen als sogenannte Bausteine an: Iguaçu, Amazonas, Rio de Janeiro, Zuckerhut, Samba-Show. Schnappschüsse als Girl von Ipanema am berühmten Strand und vor den tosenden Wassermassen der berühmten Fälle, dann noch einen rosa Flussdelfin und Piranhas fischen am Fluss der Flüsse. Beliebt sind derzeit auch die Besuche der Favelas, was ich eher kritisch sehe. Ohne Zweifel alles Traumreisen, denn die brasilianischen Klischee-Highlights halten alle, was sie versprechen. Doch es ist eben nur eine kleine Auswahl für den zeitlich limitierten Touristen, der sich nicht wochenlang im einsamen Hinterland oder an Brasiliens Weltenden aufhalten kann und somit zwar mit den Sahnestückchen des brasilianischen Tourismusangebotes gefüttert wird, doch was ist mit dem riesigen Rest?

Mit den Inseln Algodoal oder Lençóis, Atins in den Lençóis Maranhenses, dem Nationalpark Chapada Diamantina in Bahia, der Costa Verde zwischen Rio und São Paulo, den historischen Barockstädten von Minas Gerais, den herrlichen Küsten von Florianópolis oder der Kakaoküste von Bahia, der mitten im Atlantik gelegenen Inselwelt Fernando de Noronha? Jedes dieser Ziele ist eine Reise für sich wert, und der besondere Reiz Brasiliens offenbart sich erst wirklich, wenn man genug Zeit mitbringt, um auch Einheimische kennenzulernen, mit einer Fischerfamilie einen Ausflug in die Mangroven zu machen oder Seemannsgarn zu spinnen, Fußballspiele am Strand zu beobachten und auch mit zu kicken, zu helfen, ein Huhn durch den Busch zu jagen, um es dann von einer hilfsbereiten Hausfrau in den Topf werfen zu lassen, ein Grillfest ohne Fleisch, aber mit genügend Bier zu feiern, Heilige mit Besen hochleben zu lassen, John Wayne auf Dorffesten im Hinterland zu treffen und vieles mehr. Diese besonderen Erlebnisse kann man nicht planen, sie geschehen einfach, während man sich treiben lässt.

Immer wieder höre ich von neuen Zielen. Chapada das Mesas? Nie gehört, wo ist das? Eine kleine Weltreise entfernt. Buraco dos Araras – Loch der Papageien? Ich finde im Internet Fotos und will sofort die Hundertschaften von Papageien sehen, die in einem riesigen Krater in einer ganz eigenen Welt leben. Zeit braucht man, denn die Distanzen sind enorm und die Straßen nicht alle in bestem Zustand. Die noch jungfräulichen, weniger entdeckten Destinationen und Geheimtipps liegen fast alle ab vom Schuss, sind schwer erreichbar, aber gerade deshalb eine Reise wert. Ich arbeite mich langsam durch und vervollständige meine persönliche Landkarte von Brasilien.

3. Grund

Weil es ein so temperamentvoller Kulturencocktail ist

Als ich das erste Mal in Bahia landete und auf dem Platz vor meinem Hotel Vila Bahia in der Altstadt von Salvador aus dem Taxi stieg, war mein erster Gedanke nicht »Brasilien«, sondern »Afrika«. Ein feuchtschwüler Abend, rhythmisches Getrommel aus allen Richtungen und um mich herum nur farbenfroh gekleidete, dunkelhäutige Menschen mit eindeutig afrikanischen Wurzeln. Klar, ich hatte mich vorab informiert und wusste, dass Bahia während der Kolonialzeit das Zentrum des Sklavenhandels der Portugiesen war, doch so präsent und so dominant hatte ich mir den schwarzen Kontinent in Bahia nicht ausgemalt. Wunderbar, dachte ich und war sofort bezaubert von der Magie, von der Exotik, die von diesem Ort ausging. Alles vor einer pittoresken historischen Altstadtkulisse, deren Architektur eindeutig portugiesische Züge trägt. Die traurigen Geschichtskapitel, die hier geschrieben wurden, machen natürlich nachdenklich und legen einen dunklen Schatten auf diesen magisch-exotischen Ort.

Bahia ist besonders stark von den für die Arbeit auf den Kaffee- und Kakaoplantagen aus Afrika verschleppten Sklaven geprägt. Ihr Blut vermischte sich mit dem der Portugiesen und anderer Europäer, der Tupi-Indianer und anderer indigener Stämme. Bahia ist für mich – abgesehen vom Amazonas, der ja wiederum eine ganz eigene Welt für sich ist – der exotischste Staat Brasiliens. Brasilien ist nach Nigeria das Land mit der weltweit zweitgrößten schwarzen Bevölkerung, und besonders in Bahia ist das nicht zu übersehen.

Die Gene vieler Völker und Mentalitäten haben sich in ganz Brasilien stark vermischt.

Die Portugiesen hatten als einstige Kolonialmacht natürlich den stärksten Einfluss, doch auch Holländer, Franzosen, Italiener, Deutsche, Libanesen, Japaner und viele andere Nationen verewigten und vermischten ihre Gene untereinander in allen nur denkbaren Konstellationen. Natürlich auch mit den unfreiwillig angereisten Afrikanern sowie den eingeborenen Stämmen, den eigentlichen Herren des Landes, bevor es von den Kolonisatoren überrollt wurde. Die Kolonialherren kannten in puncto Liebesleben keinen Rassismus, und die stetige Vermischung von Europäern, Afrikanern und Indios hat, so der brasilianische Soziologe Gilberto Freyre, »einen ganz neuen, einen tropischen Menschentyp hervorgebracht: den Brasilianer«. Manuel Querino, ein brasilianischer Wissenschaftler afrikanischer Herkunft, schrieb in seinem Buch *Der schwarze Siedler und sein Beitrag zur brasilianischen Zivilisation:* »Brasilien besitzt zwei wirklich Schätze: die Fruchtbarkeit seines Bodens und die Fähigkeiten seiner Mischlinge.«

Die Mixturen aus Physiognomie und Mentalität haben die Brasilianer zu einem besonders bunten Volk gemacht. Blonde Haarschöpfe trafen auf tiefschwarze bis mokkabraune Haut, mandelförmige Augen auf afrikanische kurvenreiche Körpersilhouetten, und so entstanden sehr reizvolle Kombinationen.

Die Vermischung der Kulturen und Religionen ergab zudem neue religiöse Ausrichtungen, Traditionen und Rituale. Und alles zusammen ergab den ganz besonderen Cocktail, der heute Brasilien heißt. Einige wollten auch für sich bleiben, so wie die Deutschtümler in Südbrasilien, die das deutsche Kulturgut auf keinen Fall verdünnen wollen. Doch die meisten Nationalitäten kamen an einer Vermischung nicht vorbei, und diese machte Brasilien zu dem, was wir heute kennen.

500 Jahre Völkervermischung ergab einen Menschenschlag mit ganz eigenen Merkmalen. Das Resultat ist ein Volk, gemischt aus indianischen, europäischen, afrikanischen, asiatischen und orientalischen Zutaten, sowohl was typisch äußerliche Merkmale als auch typische Charaktereigenschaften betrifft. Es ergaben sich zudem neue Musikrichtungen, neue Tänze, neue Traditionen, neue Feste, neue Religionen und neue Speisen auf der Karte.

2. Kapitel

Typisch Brasilien

4. Grund

Weil das Bier immer kurz vor dem Gefrierpunkt serviert wird – auch am Ende der Welt

Eines steht fest, über die Erderwärmung macht man sich in Brasilien weniger Gedanken als über die Temperatur des Bieres. Mögen die Pole auch schmelzen, wichtig ist, dass ein Bier »bem gelada« – eiskalt – eigentlich kurz vor dem Gefrierpunkt serviert wird. Die Flasche sollte ein leichter Eisfilm bedecken. Damit es bei optimaler Temperatur die Kehle hinabfließt, wird es immer in einem Kühlbehälter serviert und schnellstens konsumiert. Damit es zu keiner unerwünschten Überhitzung kommt, wird auch für eine größere Gruppe fast jede Flasche einzeln bestellt, der Inhalt in die Gläser verteilt und dann der Kellner erneut losgeschickt. Die Gläschen übrigens sind eher winzig, in ganz Brasilien gleich und heißen *copo americano*. Fast alle Brasilianer träumen zwar vom Oktoberfest, doch die Angst ist groß, dass in den riesigen Humpen das eh schon zu heiße Bräu ungenießbar wird. Es herrscht das Vorurteil, dass alle Deutschen ihr Bier brühwarm konsumieren, und immer wieder sind Brasilianer erstaunt, dass ich ihrer frostigen Variante gewachsen bin.

Cerveja – Bier – ist das Lebenselixier der Brasilianer. Ich habe kaum jemals ein Land besucht, wo so viele Menschen überall, in fast jeder denkbaren Lebenssituation, so viel Bier trinken. Und Bier ist teuer, gemessen an den durchschnittlichen Gehältern sogar sehr teuer. Vom Mindestgehalt – 930 Real – kann man am Strand circa 90 Flaschen Bier – bestellen. Das hört sich viel an, doch der Schein trügt. Meine Freunde Rita und ihr Gatte Zé trinken an einem halben Strandnachmittag zu zweit problemlos 24 große Flaschen Bier, 600 ml die Flasche, und verprassen ohne schlechtes Gewissen 1/4 des Monatslohnes. Sie wohnen aufgrund dieser Verschwendungssucht – wie fast alle ihre Nachbarn auch –

seit vielen Jahren in einem unverputzten Rohbau, alles mausgrau und in Beton gehalten und mehr als ungemütlich. Zu teuer, sagt Rita. Ich rechne kurz nach. Der Verzicht auf den feuchtfröhlichen Nachmittag hätte für einen Anstrich zumindest im Erdgeschoss gereicht.

Ein Leben ohne Bier scheint also kaum sinnvoll, zumindest nicht vorstellbar, und deshalb ist es überall zu haben. In den verlassensten 3-Seelen-Dörfern des Hinterlandes kann man sicher sein, ein eiskaltes Bier zu finden. Garantiert wartet das Objekt der Begierde in einem riesigen Freezer oder in einer Kühlbox auf eine durstige Kehle. Und wirklich, durchquert man die endlosen wüstenartigen Landschaften des Nordostens, dann sitzt garantiert zwischen den Dünen unter einem Sonnenschirmchen ein geduldiger »Gastwirt« mit den eiskalten Büchsen des Glücks in einer mit Eis gefüllten Kühlbox, die er – wie auch immer – auf einem Fahrrad durch den Sand bis an dieses Weltende transportiert hat.

Getrunken wird zu jeder Tageszeit und bei jeder Gelegenheit. Gerne zischt man es bereits am sehr frühen Morgen am Strand. Ein Strandbesuch ohne entsprechenden Bierkonsum ist kaum denkbar und möglich schon gar nicht. Eine schnelle Büchse geht immer. Auf jedem Fest muss es in Strömen fließen damit überhaupt Gäste kommen, gezischt wird es auf der Autofähre und an der Tanke, nach dem Einkauf und im Vorbeigehen. An Gelegenheiten mangelt es nicht. Und am nächsten Tag gleich morgens früh um den Hangover in Griff zu bekommen und dem Tag positiv entgegenzusehen. Ein gelungenes Grillfest oder ein Ausflug zum Angeln dreht sich in erster Linie um die Bierversorgung, der Rest spielt kaum eine Rolle. Überdimensionale Kühlboxen werden mit Eis gefüllt, um den Super-GAU – heißes Bier – zu vermeiden. Beim letzten Ausflug zählte ich knapp 120 Büchsen Bier für fünf Erwachsene. Wasser als Durstlöscher wird erst gar nicht mitgenommen. Der eher winzige und einzige Fisch wurde in der Bier- und Partylaune auf dem Grill vergessen. Nebensache eben!

Übrigens: Wenn Brasilianer trinken, dann essen sie nichts, um auf keinen Fall die Wirkung des Alkohols zu mindern. Gegessen wird erst zum Schluss, und das bedeutet vor dem Schlafengehen.

Nicht zu vergessen und mehr als typisch: die »saidera«, das letzte Bier vor dem Heimgang. Da sich dieser meist in unermessliche Längen zieht, werden viele »letzte Bestellungen« aufgegeben und oftmals – damit man auch nicht zu kurz kommt – gleich mehrere bestellt. Wir erinnern uns, dass normalerweise wegen der Überhitzungsgefahr nichts gebunkert wird.

5. Grund

Weil in der Hängematte die Seele am besten baumelt

Am Strand zwischen Palmen, in den Mangroven, auf Veranden und zwischen Hauswänden, im Garten, über dem Hotelbett, in der Küche, auf dem Boot, auf dem Dach. Ein Leben ohne ist kaum denkbar und wenig sinnvoll. Die Rede ist von der Siesta der Brasilianer, denn das ist die Hängematte, die hier nirgendwo fehlt. Aus Naturfasern oder gewebten festen Stoffen, einfarbig, kariert oder mit Blumen, aus Holz oder Blattwerk, für Einzelgänger, Paare oder in der Familienversion. Hauptsache sie baumelt gemütlich, und in der Tat, es gibt nichts Bequemeres und Entspannenderes als eine »rede«, am besten mit Blick aufs Meer.

Wahrscheinlich haben die Indianer Latein- und Südamerikas das schwebende Schlafen erfunden, doch da Hängematten meist aus Naturfasern gearbeitet waren und somit eine begrenzte Lebensdauer hatten, sind keine antiken Modelle erhalten. Die Ausnahme macht eine Luxusmatte aus gewebtem Gold aus Kolumbien, die in die Zeit vor Kolumbus datiert wurde.

Die hängenden Schlafstätten bieten in den Regenwaldgebieten Schutz vor krabbelnden Insekten und Schlangen, zudem verfügen sie über eine natürliche Klimaanlage. Man schwitzt nicht in den gewebten Modellen, die vielerorts eine Doppelfunktion hatten und gleichzeitig als Netze für den Fischfang dienten. Eine leichte Matte kann man überall befestigen, immer dabeihaben, und das leichte Schaukeln ist das beste Einschlafmittel. Tagsüber wird sie zusammengerollt und nimmt keinen Platz weg. Sie ist preiswert, und vor allem Großfamilien, in Brasilien auf dem Land an der Tagesordnung, können so auf kleinstem Raum für ausreichend Schlafplätze sorgen und sich diese auch leisten.

Kolumbus schrieb über »Betten, die wie Netze sind«, und er setzte sie begeistert auf Deck ein, denn sie waren platzsparende, hygienische und sehr viel bequemere Schlafstätten als die harten Holzkojen. Schon damals bezeichneten Matrosen sie als »brasilianische Betten« – und das sind sie.

Vor allem die Nordestinos – die Brasilianer der nordöstlichen Bundesstaaten – bestehen oftmals auf einer Hängematte sogar im Hotelzimmer, denn diese ist das Möbel zum Schlafen, das Bett ist für »anderes« vorgesehen.

Es sind die Touristen, die daraus ein Synonym für Urlaub, für »Abhängen« und für »die Seele baumeln lassen« gemacht haben. Die Nutzung eines überaus praktischen Gegenstandes aus dem Alltag in den Tropen wurde für Besucher aus den Industrienationen zu einem wichtigen Bestandteil ihres entspannten Luxusurlaubes. Veranda mit Hängematte und Blick aufs Meer! Was kann man mehr verlangen?

6. Grund

Weil mein Nachbar John Lennon heißt und Batman bei den Wahlen antritt

»Palito« ist das portugiesische Wort für Zahnstocher, und so nennt sich ein Freund von mir. Ich will wissen, wie sein richtiger Name lautet, und bekomme einen Lachkrampf, als er mit verschmitztem Lächeln »John Lennon« sagt.

Natürlich muss ich schmunzeln und denke, er will mich auf den Arm nehmen, zudem wir vor gerade einigen Tagen über Musik sprachen und ich betont hatte, kein Fan der Beatles zu sein. Europäern wird schon gerne mal ein Bär aufgebunden. In diesem Fall aber nicht. Seine beiden Vornamen sind wirklich John Lennon. Im Laufe der Jahre sollte ich nach John Lennon noch viele Berühmtheiten kennenlernen.

In einer Klinik sah ich neulich auf der Anzeigetafel für die Patientenaufrufe Folgendes:

Patient Mikael Jackson Rozha bitte
zu Doktor Abraão Lincoln in Zimmer 8.

Der King of Pop also zur Untersuchung bei einem Ex-Präsidenten.

In meiner Pousada urlaubte kürzlich José Adenauer Lima. Adenauer ist in diesem Fall der zweite Vorname, den der Besucher der Liebe seines Vaters für Deutschland verdankt.

Musiker wie Michael Jackson, Bands wie Creedence Clearwater, Staatsmänner wie Winston Churchill oder Obama, Städte wie Washington oder Wellington, Länder wie Iran, Figuren wie Batman, Mickey Mouse oder Sherlock Holmes haben ihre Alter Egos in Brasilien. Es streiten sich die Geister, ob die fantasievollen Eltern mit den illustren Namen ihren Zöglingen schon einen Schubs in die richtige Richtung und eine Zutat zum Erfolg mit auf den Lebensweg geben wollen, ob sie ihre eigenen Vorbilder und Idole in den Nachwuchs projizieren oder ob sie schlichtweg nach Gehör, also nach dem Klang des Namens, gehen. Was sich gut anhört und was schon einmal geschrieben wurde, wird auch als Name anerkannt, da gibt es von offizieller Seite kaum Grenzen. Und in all diesen Fällen spreche ich von den Vornamen.

Mit einem klingenden Namen wie Colapso Cardiaco – Herzkollaps – ist man dann doch gestraft und nach Verlassen des Elternhauses wird der Betroffene alles versuchen, seinen Namen zu ändern, oder zeit seines Lebens mit einem Spitznamen leben. Die Aussprache macht die Musik, die Schreibweise wird oft, aber nicht immer für das Portugiesische adaptiert oder einfach nach Gehör festgesetzt, was dann zu illustren Kompositionen wie Harli David Son führt.

Gerne wird auch zusammengesetzt wie bei Errolflynn Paixão – der Abenteuerheld und Frauenschwarm aus dem Hollywood der 30er- und 40er-Jahre des letzten Jahrhunderts wurde noch mit dem Zusatz »Paixão« – Leidenschaft – versehen.

Auch Elvis hat eine stattliche Fangemeinde. Ein Ehepaar verewigte den Star gar in den Namen aller sieben Kinder: Elvis, Elvisnei, Elvismara, Elvislei, Elviscentina, Elvislaine, Elvislane. Ob das mal keine Verwirrung gibt, eine Abkürzung des Namens ist auf jeden Fall nicht drin.

Besonders beliebt sind die Namen berühmter internationaler Fußballer. Mit der Kombi Overath Breitner – immerhin Weltmeister 1974 – scheint einer Karriere des Sohnemanns auf dem Rasen kaum mehr etwas im Weg zu stehen. Die brasilianischen Fußballteams sind eine wahre Schatztruhe an ausgefallenen Vornamen – die Palette reicht von Sokrates bis Bismarck, von Pitbull bis Hulk. Den Torwart der Seleção von 2014, Júlio César, wollte man nach dem 1:7 wahrscheinlich doch lieber in die Politik schicken.

Ob Batman, der bei hiesigen Wahlen antritt, genau wie sein Namensvetter für Ordnung sorgen wird, bleibt dahingestellt. Ein anderer Kandidat an einem anderen Ort wirbt mit Badboy, und mit Sicherheit wissen weder er noch seine Wähler um die Bedeutung des Wortes.

Ex-Präsident Lula ließ sich den »Tintenfisch« nachträglich offiziell eintragen. Noch Fragen?

7. Grund

Weil Zahnseide hier nichts für die Zähne ist

In Brasilien gibt es die tollsten Bikinis. Stimmt, die Auswahl ist grenzenlos, und doch tue ich mich beim Kauf noch immer schwer, denn es scheint am Stoff zu fehlen, und zwar dem fürs Hinterteil. Brasilianische Bikinihöschen bestehen im vorderen Teil aus einem Fetzchen Stoff in Feigenblattgröße, dann kommt das quasi »Nichts« für den Po. Brasilianische Strandmode ist gewagt winzig, der » fil dental« – die Zahnseide – lässt die Allerwertesten frei, und auch die etwas konservativeren und größeren Tangamodelle sind so überschaubar, dass sie fast zwischen den hinteren Backen verschwinden. Doch diesen Kompromiss musste ich im Zuge meiner Integration schließen, damit habe ich gelernt, am Strand zu überleben. Die Oberteile sind weniger gewagt, denn wenn auch der Po gerne gezeigt wird, ist »oben ohne« ein absolutes Tabu, es wird im Zweifelsfall sogar geahndet.

Im Land des Körperkults, der durchtrainierten, gebräunten und oftmals mit Silikon gepolsterten Rundungen, zeigt man, was man hat, beziehungsweise was man hat machen lassen. Was europäische Sonnenanbeterinnen eher schamvoll verhüllen, wird stolz präsentiert, und es ist wohl dieses Selbstbewusstsein, dass Frauen aller Alters- und auch Gewichtsklassen mit kleinen Höschen am Leibe in Brasilien so viel weiblicher und auch sexy wirken lässt, ohne dabei vulgär zu sein. Es ist so, als wäre der

Po einfach nur die natürliche Verlängerung der Oberschenkel. Es ist ja schließlich nichts zu sehen, und was die Körperpflege und Ästhetik betrifft, kann man brasilianischen Frauen wenig vormachen. Kein Härchen schaut da unter den Armen oder am knappen Höschen hervor, nichts ist dem Brazilian Waxing entgangen, keine 3-Tage-Stoppeln an den Beinen zu sehen. Die Nägel sind selbstverständlich perfekt gepflegt und gelackt.

Das Strandleben war nicht immer so freizügig. Kaum zu glauben, doch in den 60er-Jahren ließ Präsident Jânio Quadros den Bikini, damals noch sehr viel mehr als nur ein Fetzchen Stoff oder Zahnseide, verbieten. Vielleicht hielt er sich deshalb nur sechs Monate im Amt. Auf jeden Fall kehrte das Objekt der Begierde an die Strände zurück und wurde im Laufe der Zeit immer gewagter.

Der Bikini bekam seinen Namen übrigens von einem französischen Maschinenbauingenieur.

Louis Réard meldete den Zweiteiler 1946 zum Patent an, kurz nach den französischen Atombombentests auf dem Bikini-Atoll im Südpazifik. Die Südseeinseln mit dem traurigen Schicksal gaben dem gewagten Kleidungsstück seinen Namen. Der Bikini sollte wohl in der Damenwelt einschlagen wie eine Bombe. Zunächst aber sorgte er für Empörung und galt als Skandal, besonders der erstmals nicht verhüllte Bauchnabel war ein Stein des Anstoßes und sorgte für Entrüstung. Dieser erste Zweiteiler war natürlich riesig im Vergleich zu den dann später – angeblich in Rio – entstandenen Bikinimodellen String oder Tanga.

Den ersten Bikini in Brasilien hat angeblich eine Deutsche getragen. Miriam Etz war vor den Nationalsozialisten aus Deutschland nach Rio de Janeiro geflohen und flanierte 1948 mit einem selbstgenähten Zweiteiler erstmals am Strand von Ipanema auf und ab und verdrehte der Männerwelt den Kopf.

Ob die dann immer knapperen Varianten der indigenen Urwaldbevölkerung abgekupfert wurden, steht nicht ganz fest. Fest steht, dass schon im antiken Griechenland Sportlerinnen bikiniähnliche Kreationen trugen, und italienische Mosaiken aus dem alten Rom zeigen die römische Damenwelt in ganz ähnlicher Bademode.

8. Grund

Weil der Flip kein Flop, sondern Top war

Die Suchtgefahr ist enorm. Ein Leben »ohne« macht vor allem in tropischen und sandigen Gefilden kaum Sinn, und so finden permanent weitere Exemplare den Weg auch in meine mittlerweile stattliche Sammlung. Von rot bis türkis, von silber bis schokoladenbraun, mit Schmetterlingen, Urwaldmotiven, im Zebralook, mit Paisleymuster, gezackt, gestreift, gepunktet, mit Mickey Mouse oder mit Hibiskusblüten. Das Schlimme ist, dass man nie genug davon haben kann, obwohl man eigentlich nur ein Paar braucht, denn sie halten ewig. Doch da sie überall zu haben sind – auch der kleinste Supermarkt im letzten Winkel des Hinterlandes offeriert die neuesten Modelle –, ist es fast unmöglich zu widerstehen, denn sie sind cool, praktisch und zudem preiswert. Gerade hinzugekommen ist ein rotes Modell mit den Comicfiguren der Unglaublichen. Mit dem Elastigirl unter der Füßen bin auch ich fast elastisch unterwegs.

Die Rede ist von Brasiliens erfolgreichstem Exportschlager, der berühmtesten Gummischlappe der Welt, den Havaianas, in Europa auch gerne Flip-Flops genannt. Sie sind bequem – nur barfuß ist schöner –, passen jedem Fuß, drücken nie, verursachen garantiert keine Blasen, und kein Schmutz kann ihnen etwas anhaben. Sie werden immerzu, von allen und an jedem Ort getragen. Bei Regen oder Sonnenschein, in der Stadt, beim Arzt, am Strand, im Flugzeug, auf der Baustelle, im Supermarkt, in der Kneipe, egal wo, überall eben.

Stopp! Fast überall! Beim Autofahren sind sie am Steuer verboten.

Natürlich gibt es auch andere Marken, doch wenn man schon in den nur seltensten Fällen überhaupt Schuhe braucht, dann sollte man wählerisch sein und beim Original mit dem klingenden Namen Havaianas bleiben. Sie sind einfach drei Ecken cooler als die Modelle der Konkurrenz, die eher hausbacken wirken, denen irgendwie das gewisse Etwas fehlt und die ebenso unsexy sind wie Adiletten. Das ist natürlich Geschmackssache.

Havaianas sind zudem mein Jahrgang. 1962 wurden die ersten Modelle aus Gummi als Schuhwerk für das Volk produziert. Jeder sollte sie sich leisten können, und der von der Regierung festgelegte niedrige Preis sorgte dafür.

Die Rezeptur für die unverwüstlichen, nicht aus der Form zu kriegenden Zehensandalen ist eines der am besten gehüteten Industriegeheimnisse, ähnlich wie die Rezeptur der Coca-Cola.

Erfinder war angeblich ein Schotte, der mit den Zutaten geizte, und so brachte er mit möglichst wenig Material das sparsamste Schuhwerk auf den Markt. Als Vorbild gelten die japanischen Zori-Sandalen, die, so heißt es, brasilianische Touristen aus Japan mitbrachten. In den ersten Jahren war die Volksschlappe nur in Hellblau mit weißer Sohle zu haben. Ein Produktionsfehler, der am Ende des Fließbandes plötzlich eine andere Farbe ausspuckte, gab den Anstoß zu einer bunteren Produktpalette. So fing es langsam an, und heute trägt sie nicht nur jeder, weil sie preiswert und haltbar sind, nein, heute sind sie hip und angesagt, jeder hat sie und jeder will sie. Sie werden chic mit Abendrobe oder locker mit Shorts, zu Jeans oder zum Strandkleid, ja zu allem getragen. Man ist damit immer perfekt gestylt, und wenn man gar noch die mit echten Swarovski-Steinen oder ein Missoni-Modell der ersten oder zweiten Kollektion ergattert hat, können teure und ganz sicher unbequemere Modelle aus den Häusern Gucci & Co zu Hause bleiben. Da man sie nicht nur in Brasilien immer und zu jeder Gelegenheit braucht, kann man sie auch in den eleganten Havaianas-Shops auf der 5th Avenue oder anderen Luxusmeilen rund um den Globus kaufen. Aus der praktischen Gummischlappe für jedermann ist Brasiliens berühmtester und erfolgreichster Exportartikel geworden, ein echter Global Player, der stündlich etwa 25.000 schicke und immer wieder etwas andere Objekte der Begierde produziert.

Und wenn man die coolen Werbefilme gesehen hat, dann liebt man sie noch mehr. Die Marketingstrategie ist sensationell, sie haben es geschafft, aus einer simplen Gummischlappe ein modisches Accessoire, ein »must-have« zu machen, ohne den Charakter des Produktes zu verändern. Es ist noch immer eine Volksschlappe, die sich jeder leisten kann, doch auch Celebrities tragen sie und so bilden sie eine gemeinsame »bodenständige« Basis für alle Brasilianer – und für die globale Fangemeinde. Ein demokratisches Schuhwerk.

Der Besitzer des Supermarktes um die Ecke, der Maurer und der Dachdecker, die Friseuse, die Bedienung der Strandbar, die Verkäuferin in der Damenboutique, der Kapitän des Ausflugsbootes, der Langustenfischer, der Veterinär, der Tourist, der Mann von den Anonymen Alkoholikern, das Modell, der coole Rasta, der gut betuchte Besitzer des nagelneuen Mitsubishi Dakar, der Gärtner. Meine Mutter in Deutschland und meine Freundin in Spanien – sie alle lieben ihre Gummischlappe.

9. Grund

Weil Cachaça ein Meister der guten Laune ist – doch nur in Maßen

Cachaça – früher »aguardente«, also Feuerwasser genannt – ist eine wahrhaft brasilianische Leidenschaft und sehr mit der Kolonialgeschichte verbunden. Seine Vorläufer sollen Schweinefleisch zart gemacht und die Sklaven bei Laune gehalten haben, wurden dann von der portugiesischen Krone verboten, was zum Aufstand und wiederum zur Aufhebung der »Prohibition« führte. In der Folge wurde das »Wässerchen« immer weiter verfeinert, und heutzutage ist es in allen Preis- und Güteklassen zu haben. Im Bundesstaat Minas Gerais, dort, wo man auf den Spuren der portugiesischen Kolonialgeschichte durch die barocken Altstädte entlang der Gold- und Diamantenroute schlendert, macht man keine Wein-, sondern eine Cachaçaprobe. Und ich gebe zu, ein guter »pinga« – Tropfen – ist etwas Feines und sorgt sofort für gute Laune und ein wenig Übermut. Cachaça wirkt fast wie eine Droge, seine Wirkung, schwer zu erklären, ist nicht mit der eines Schnapses, der ja ähnlich hochprozentig ist, zu vergleichen.

Um Zuckerrohrschnaps, sprich Cachaça, herzustellen, wird zunächst aus frisch geerntetem Zuckerrohr Saft gewonnen. Schmeckt übrigens auch nicht schlecht und wird in Brasilien auf vielen Märkten frisch angeboten. Die Zuckerrohre werden in einer speziellen Pressmaschine schwer in die Mangel genommen und der Saft herausgepresst. Doch wir waren beim Cachaça und nicht beim Saft. Dieser dient nur als Basis, muss zusammen mit Wasser und Hefe gären, wird dann gebrannt und zum Reifen in Holzfässer gefüllt. Mindestens ein Jahr!

Mit ihrem Nationalgetränk sind die Brasilianer ähnlich »eigen« wie die Franzosen mit ihrem Champagner, der ja, um als solcher zu gelten, aus der Champagne kommen muss. Die Traube allein reicht für den klingenden Namen nicht aus. In Brasilien muss, was sich Cachaça nennt, in Brasilien hergestellt sein.

Cachaça ist leider auch ein nationaler Kopfschmerz – im wahrsten Sinne des Wortes. Da Alkohol ein ernstes Problem in Brasilien und einfacher Cachaça schon für den Preis einer Flasche Wasser zu haben ist, kann jeder zur Flasche greifen, und viele tun es auch. Für umgerechnet etwa drei Euro gibt es einen Liter, und dieser reicht schon für einen gemütlichen und auch ordentlichen Schwips zu dritt. Was in Maßen ein Gute-Laune-Weltmeister ist, führt leider bei übermäßigem Konsum nicht nur zu Leberzirrhose, sondern auch zu Unbeherrschtheit und Gewalt in vielen Haushalten und zu schweren Ehekrisen.

10. Grund

Weil es überall ein »abraço« – eine Umarmung – und Pusteküsse gibt

Brasilianer sind extrem herzliche Menschen, sie scheuen keinen Körperkontakt, und zur Begrüßung und zur Verabschiedung, oder einfach zwischendurch, gibt es »beijos« – Küsschen – und jede Menge »abraços« – Umarmungen. Selten zuvor bin ich so oft gedrückt worden. Man wird gedrückt, wenn man sich kennenlernt, beim Abschied dann wieder. Je besser man sich kennt, umso herzlicher und fester werden die Umarmungen. Das Besondere aber ist, dass Umarmungen auch verbal vergeben werden und auch von Menschen, die man gar nicht kennt. Die Moderatoren der unzähligen Fußballübertragungen, der Nachrichten und TV-Shows, sie alle verabschieden sich von den Zuschauern mit einem abraço. Mein Versicherungsvertreter, den ich persönlich nie gesehen habe, schickt am Ende des Gespräches abraços durchs Telefon. Die Gäste, die per WhatsApp ihre Zimmer in meiner Pousada buchen, bestätigen mit abraços und oft auch mit einem Küsschen ihre Termine. Mein Steuerberater schickt seine Rechnungen mit einer schriftlichen Umarmung. Wenn man auf Reisen irgendwo nach dem Weg fragt, bedankt man sich nach der Auskunft mit einem verbalen abraço und wünscht einen schönen Tag.

Das mag bei Kontakten mit Banken, Versicherungen oder noch offizielleren Stellen seltsam anmuten, doch es ist in der Tat eine nette Geste, die dazu führt, dass auch Unterhaltungen mit unangenehmen Themen sofort entschärft werden, weicher sind und der Umgang miteinander freundlicher ist. Hinzu kommt das immer parate Lächeln.

Mit dem Beijo, dem Küsschen, verhält es sich ganz ähnlich. Zum Abschied am Telefon gibt es ein Beijo, wenn man jemanden besonders mag ein Beijão, was Riesenbussi bedeutet. Küsse werden bei Begrüßung oder Verabschiedung ausgetauscht, und da gibt es gewisse Regeln. Auf keinen Fall wird die Wange geknutscht, sie wird lediglich berührt und das Küsschen in die Luft gepustet.

Mit regionalen Besonderheiten. In São Paulo gibt es nur einen, in Rio hingegen schon zwei Küsschen. Die meisten, also drei, Luftküsse werden im Bundesstaat Minas Gerais kredenzt.

11. Grund

Weil der Po in Brasilien eine runde Sache ist

Die Brasilianer haben ein ganz besonderes Verhältnis zum Hinterteil. Der Bunda – Po – spielt eine bedeutende Rolle für beide Geschlechter. Fragt man Männer nach den berühmten drei Dingen, die der Mann braucht, die für ihn am wichtigsten sind, so hört man oft, zwar vermeintlich witzig gesagt, doch mit einem großen Körnchen Wahrheit: Fußball, Autos und der Po. Und da Letzterer auf jeden Fall rund und prall und fest sein sollte, verbringen viele Brasilianerinnen schweißtreibende Stunden auf pomuskeltrainierenden Geräten oder unter dem Messer von Schönheitschirurgen, die hier massenweise die beiden Hinterbacken mit Silikonkissen oder Eigenfett in die gewünschte, oft überdimensionale Form bringen. Auch die Oberschenkel übrigens werden stämmig und extrem muskulös bevorzugt. Taille und Bauch hingegen müssen überdimensional flach und schlank sein.

Anfangs habe ich bei meinen Strandbesuchen nur den Kopf geschüttelt und empfand die Heckskulpturen als riesig, ja eigentlich als viel zu dick und hätte selbst niemals den Mut, mit so viel Backe zwischen so wenig Stoff über den Strand zu flanieren und so selbstbewusst und stolz das fast nackte Hinterteil zu präsentieren. Doch man gewöhnt sich an fast alles, und heutzutage wundere ich mich eher über die riesigen europäischen Bikinihosen, die dem Körper der Frau viel ihrer weiblichen Silhouette rauben. Die brasilianischen Männer finden es toll, und in dieser Hinsicht gibt es keine Scham.

Auch über den Bildschirm flimmern in brasilianischen Unterhaltungssendungen wackelnde Pobacken in XXL. Einige stämmig gebaute Damen in winzigen Outfits tänzeln mit Colgatelächeln im Hintergrund und werden in regelmäßigen Abständen von den glücklichen Kameraleuten herangezoomt, immer näher, bis dann nach dem Lächeln nur noch der »Bunda« den Bildschirm ganz ausfüllt. Wahrhaft prachtvoll. Vorbild der so »runden Sache« sind vielleicht die wirklich ausgeprägteren, doch eben natürlicheren Körperformen der Afrobrasilianerinnen, die von Gott gegeben eine knackigere Statur haben.

12. Grund

Weil die Kokosnuss – Coco – auch den schlimmsten Kater austreibt

Drei magische »c« stehen für die drei essenziellen Flüssigkeiten in Brasilien. C wie Cerveja, Bier – C wie Cachaça, Zuckerrohrschnaps – und eben auch C wie Coco, Kokosnuss. Brasilien ist das Land der Kokospalmen, sie wachsen überall in Hülle und

Fülle, scheinen sich wohlzufühlen, obwohl sie nicht hier, sondern in Asien ihren Ursprung haben. Die lange Reise traten sie in den 50er-Jahren des 16. Jahrhunderts an Bord portugiesischer Schiffe zunächst nach Bahia an.

Endlose Kokospalmenwälder säumen heute die brasilianischen Bilderbuchstrände. Da es keine verheerenden Wirbelstürme wie in der Karibik gibt, wo oftmals ganze Küstenstriche dem Erdboden gleichgemacht werden, wachsen sie zudem perfekt und vervollkommnen schattenspendend das Postkartenidyll vom perfekten Strandurlaub. Brasilianer legen sich übrigens nicht unter Kokospalmen, denn die kiloschweren Früchte können manches Knock-out verursachen, wenn sie reif und gefüllt mit köstlichem Kokoswasser der Erdanziehungskraft folgen. Also immer schön nach oben schauen und einen Sicherheitsabstand halten.

Die Kokosnuss ist ein Alleskönner und ihre Einsatzgebiete überaus vielfältig. Das köstliche und zudem supergesunde Kokoswasser der grünen Riesennüsse ist, ähnlich wie Bier, flächendeckend zu haben. Entweder »gelado«, gut gekühlt, oder »natural«, wie die Außentemperatur. Bestellt man an einer Strandbar eine Coco, zückt die Bedienung eine riesige Machete und schlägt mit geübtem Kennerblick und perfektem Schwung den Kopf der Nuss exakt so weit ab, dass eine winzige Öffnung für den Strohhalm bleibt. Der untere Teil wird ebenfalls mit der riesigen und sehr scharfen Klinge in Form gebracht, und zwar so, dass die Nuss steht und nicht von Tisch rollt. Anfangs hatte ich riesige Bedenken angesichts der schweren Geschütze, die hier aufgefahren werden und hielt jedes Mal den Atem an, wenn die Guillotine Millimeter neben den Fingern auf die Nuss einhieb. Mittlerweile habe auch ich es gelernt, Übung macht den Meister.

Kokoswasser ist übrigens der Liebling vieler Hollywoodsternchen, das Wasser soll ein wahrer Schönmacher sein. Ein super Durstlöscher ist es allemal, und bei einem ordentlichen Kater vollbringt es wahre Wunder, da es reich an Mineralien ist, die nach durchzechter Nacht aufgefüllt werden müssen. So sieht man morgens häufig die Nachtschwärmer von gestern mit einer grünen Riesennuss in der Hand und erst nach erfolgreicher Heilung des Kopfschmerzes dann gleich wieder mit einem Bierchen.

Die kulinarischen Seiten der Nuss sind ebenfalls beeindruckend. Kokosmilch und Kokosflocken geben sowohl salzigen als auch süßen Speisen das gewisse Etwas. Fischgerichte, Suppen, Kuchen, Eiscreme. Besonders in Bahia, wo die afrikanische Küche großen Einfluss auf den Speiseplan nahm, wird gerne zur Nuss gegriffen. Kokosöl ist zudem gut für Haut und Haare, Schönheit also von innen und außen, ein Zauberkünstler und Multitalent aus der Natur.

13. Grund

Weil Lakritzschnecken Vorbild für gewagte Frisuren sind

Hier könnte Haribo einen echt coolen Werbespot drehen, denke ich. Die kurvenreiche junge Dame, die mir in der Altstadt von Salvador einen Cafezinho serviert, hatte besonders viel Mühe und auch Fantasie in ihre Frisur gesteckt. Kunstvoll ist ihr volles und blauschwarz glänzendes Haar in winzigste Zöpfe geflochten, jeder dieser wurde dann schneckenförmig aufgerollt, und zwar genau wie eine klassische Lakritzschnecke von Haribo, in jeder Hinsicht eine perfekte Kopie des Originals. Farbe, Form und Größe – stimmt alles. Es sieht aus, als hätte man ihr eine Tüte mit den Lakritzspezialitäten über den Kopf geschüttet. Ich kann den Blick kaum abwenden, mache ihr ein Kompliment, worauf sie stolz näher kommt und mir das Kunstwerk aus nächster Nähe zeigt. Es ist zum Anbeißen.

Der Schneckenkopf ist noch immer mein Favorit, doch er ist nur ein Beispiel für die Fantasie und Kunstfertigkeit, die vor allem in Bahia – wo eine starke Prise Afrika in der Luft liegt – ständig meine Blicke anziehen.

Aufwendig gedreht, geflochten, aufgesteckt, mit winzigen bunten Perlen veredelt oder glitzernden Bändern durchwirkt, wellenartig hundertfach gescheitelt – der Kreativität sind kaum Grenzen gesetzt, lauter Hingucker, und ich kann mich kaum satt sehen. Besonders entzückend sind die Haartrachten und Haarpracht der Kinder. Ich frage mich, wie die Mütter sie dazu bringen, so lange still zu sitzen, denn eins steht fest: Es dauert eine kleine Ewigkeit, einige Hundert winzige Perlchen mit den drahtwolleartigen Haaren derart kunstvoll zu verbinden.

Die Häupter der Männerwelt, vor allem der jüngeren Generationen, sind ebenfalls echte Hingucker. Bob Marley hätte seine Freude bei so vielen und so herrlichen Rastakreationen. Mein maskuliner Favorit war die tonnenschwere Rastamähne von Berembau, einem echten Nativo – Einheimischen – aus Moreré, auf der Insel Boipeba gelegen.

Bahia ist in dieser Hinsicht wunderbar abwechslungsreich, stark afrikanisch beeinflusst eben. In den nördlicheren Bundesstaaten dominiert den Kopf der eher langweilig einfache Dutt oder Pferdeschwanz – praktisch eben –, und in den Metropolen scheinen alle Frauen den gleichen Friseur und auch die gleiche Frisur zu haben. Extrem lang, glatt gezogen und an den Enden leicht gewellt, etwa so natürlich wie in der Werbung von 3-Wetter-Taft oder wie die Mähne einer Barbiepuppe. Auf jeden Fall perfekt gestylt. Kurzhaarschöpfe sind eher selten, und mein knapp schulterlanges und vor allem glattes Haar ist hier fast etwas Besonderes. Kinder sind von meinen eher laschen Haaren fasziniert, und immer wieder kommt es vor, dass mir eines von ihnen von hinten heimlich ins Haar greift, um dann loszulachen und abzuzischen.

Brasilianische Frauen sind übrigens mehr als ausgiebig mit Haar- und auch Nagelpflege beschäftigt. Das Angebot an Haarpflegeprodukten und Lack in allen Farben ist überwältigend, und zwar in jedem noch noch winzigen Supermarkt und auch im Hinterland. Die Nägel sind 1 a gestylt, und zwar immer. Überall kann man sich maniküren lassen. Die Nagelkünstlerinnen sitzen dann meist mit den Kundinnen plaudernd vor der Haustür, ganz gemütlich und mit aller Zeit der Welt. Das Nagelstudio besteht in der Regel aus einem Plastikstuhl, einer Plastikschüssel, einigen Nagelfeilen und diversen kunterbunten Lacken. Hautpflegeprodukte und Faltencremes hingegen sind eine Seltenheit, ab und an finde ich eine klassisch blaue Dose Nivea. Luxus am Ende der Welt.

14. Grund

Weil Brasilien so ein junges Land ist und auch das Alter davon profitiert

Das Erste, was Brasilianern, die nach Deutschland reisen, auffällt, sind die vielen alten Menschen. In der Tat. Das Durchschnittsalter in Deutschland liegt bei über 45 Jahren, in Brasilien bei nur knapp über 30. Brasilien ist ein extrem junges Land, ein Land voller Energie.

Für die Entwicklung einer Nation ist das ein kostbares und vielversprechendes Potenzial, und würde Brasilien durch ein besseres Bildungswesen Kapital aus dieser Menge an jungen und aufgeschlossenen Menschen schlagen, würde es um die brasilianische Wirtschaft sicher besser bestellt sein.

Von der Jugend profitieren auch die älteren Semester, die in der Regel gemeinsam mit vielen jungen Menschen den Haushalt teilen. Familien leben enger zusammen, die Generationen gemeinsam und nicht getrennt.

So bin auch ich hauptsächlich mit viel jüngeren Menschen zusammen, meine Altersklasse scheint hier Mangelware zu sein.

Das Alter, ein naher Verwandter der Zeit, profitiert auch von deren Bedeutungslosigkeit in Brasilien. Es spielt keine so große Rolle, und deshalb muss man Brasilien schon wieder lieben, denn es macht einen um vieles jünger, und man sieht dem Älterwerden sehr viel entspannter und sorgloser entgegen. Im Supermarkt um die Ecke werde ich beispielsweise meist mit »menina« – Mädchen – begrüßt. Das geht doch runter wie Öl, auch wenn man weiß, dass man für ein Mädchen auf keinen Fall mehr durchgeht.

Doch Verschleißerscheinungen stören hier niemanden, vor allem nicht auf dem Land und vor allem nicht im Nordosten, wo irgendwie die Uhren wirklich anders ticken. Hier ist das Alter kein Grund zum Trübsalblasen, hier darf man so jung bleiben, wie man sich fühlt. Ältere Menschen sind hier nicht ausgeschlossen, sie feiern mit, sie tanzen mit, sie trinken mit, sie machen mit den Kindern und Kindeskindern Urlaub. Die Omas sind hier in der Regel auch sehr agil, meist erst knapp über 40 und somit in meinen Augen blutjung. Gesellschaft und Freundeskreise sind altersmäßig sehr viel gemischter, als ich das aus Deutschland kenne. Glück gehabt, das hält jung oder zumindest jünger.

15. Grund

Weil der Nationalcocktail Caipirinha auch Weltmeister der guten Laune ist

Aus purem Egoismus, denn gute Laune sollte man ja so oft wie möglich haben, und weil es einfach mein Lieblingscocktail ist, habe ich meine Kenntnisse im Mixen von Caipirinha perfektioniert.

In fast allen coolen Bars rund um den Erdball ist Brasiliens berühmtester Cocktail ein Dauerbrenner, doch in seinem Heimatland schmeckt er einfach am besten, was mehrere Gründe hat. Die Zutaten und die Art der Zubereitung müssen stimmen, und er entfaltet sein Aroma am besten in tropischem Ambiente.

In Europa wird der köstliche Drink leider viel zu oft mit braunem Zucker zubereitet und dieser vor allem nicht ausgiebig genug mit den Limetten zerstoßen, sodass die Zuckerkörner mit durch den Strohhalm wandern, und das ist weder »original« noch besonders lecker. Zudem wird häufig mit den Limetten gespart und nicht genug geschüttelt.

Damit dieser Grund, Brasilien zu lieben, nicht zu »trocken« ausfällt, gebe ich nachfolgend das Geheimnis meines persönlichen Caipi-Rezeptes preis. Eigentlich ist es ganz einfach, man muss nur einige kleine Details beachten.

Die Zutaten für 1 Caipirinha:

- 1 1/2 – 2 Limetten, am besten Tahiti-Limetten ohne Kerne
- 1 1/2 – 2 Esslöffel feinsten weißen – nicht braunen – Zuckers
- Cachaça nach Geschmack
- Eiswürfel

Die Limetten waschen, die beiden Endstücke abschneiden und dann die Limette längs einmal durchschneiden und aus den beiden Hälften die weißen Teile in der Mitte innen längs mit einem scharfen Messer herausschneiden. Sie schmecken bitter und verderben den Geschmack. Jetzt die beiden Hälften nochmals längs und dann quer durchschneiden, in den Cocktailshaker werfen und circa 1 1/2 Esslöffel weißen Zucker hinzu. Je feiner der Zucker desto besser. In Brasilien gibt es die optimale Variante, die feiner als normaler Zucker und etwas grober als Puderzucker ist.

Jetzt mit einem Stößel die Limettenstücke und den Zucker zerdrücken und dabei vermengen. Cachaça hinzu und den Shaker bis knapp über die Hälfte mit nicht zu grobem Eis auffüllen. Verschließen und kräftig mindestens zehn Sekunden lang schütteln. Ab ins Glas, fertig!

Diese Urform, das Original mit Limetten und Cachaça, ist in meinen Augen noch immer die leckerste Variante und müsste übrigens mit dem hohen Gehalt an Vitamin C auch sehr gesund sein, ein weiterer Grund also einen zweiten zu mixen oder mixen zu lassen. Der zweite Caipi bewirkt schon einen gewissen übermütigen Rausch, man ist bester Dinge, und dem dritten steht höchstens im Wege, dass man aus Erfahrung weiß, damit über die Stränge geschlagen zu haben und der Kater am nächsten Morgen fast so sicher ist wie das Amen in der Kirche.

Die verwandten Varianten des Limettencocktails sind ebenfalls lecker, und in puncto Früchte sind der Fantasie kaum Grenzen gesetzt. Man braucht allerdings meist etwas weniger Zucker, Geschmackssache, da Ananas oder Maracuja weniger sauer sind als die grünen Zitrusbomben. Mit Wodka oder Rum gemischt ändert der Caipirinha seinen Namen und wird zu Caipiroska oder Caipirissima. Ich persönlich finde, es geht nichts über den Klassiker mit original brasilianischen Zutaten.

16. Grund

Weil der berühmteste Brasilianer eine echt sympathische lebende Legende ist

»Du hast noch nie von Silvio Santos gehört? Das kann nicht sein!«

Als ich auf meiner Wissenslücke bestand, wurde ich von allen Seiten fassungslos angesehen. Meine komplette Bildung und mein Allgemeinwissen wurden infrage gestellt. Ich lebte bereits seit fast einem Jahr in Brasilien und wusste nicht, wer der berühmteste, geachtetste und auch beliebteste aller Brasilianer ist, ein echter Fauxpas, und zum Glück war Sonntag und am selben

Abend wurde ich vor die Glotze gesetzt, um Silvio Santos live zu sehen. Eine Nachhilfestunde für die Eingewanderte. Das *Program Silvio Santos* ist eine Fernsehshow mit ausschließlich weiblichem Publikum im Studio und einem in die Jahre gekommenen Showmaster, der mit viel Charme und Schalk in den Augen die Damen mit witzigen Fragen auf Hochtouren bringt. Er fragt beispielsweise, wer ein bestimmtes Lied gesungen hat. Dann stürmen die Damen nach vorne ans Mikro, und wenn die Antwort stimmt, gibt es 100 Real. Ein älterer Thomas Gottschalk, die Betonung liegt auf Schalk. Vier Stunden lang unterhält er das Publikum, präsentiert Künstler, Zauberer, Tanzdarbietungen und auch Werbepausen in eigener Sache, denn Silvio ist nicht nur Chef eines riesigen Medienkonzernes, sondern auch Kosmetikfirmen zählen zu seinem Imperium. So lässt er einige hübsche Damen in kurzen roten Kleidern mit Werbeaufdruck tanzenderweise seinen neuen Duft präsentieren.

Dann kommen die *Aviaozinhos*, kleine Flugzeuge, gefaltet aus Geldscheinen, die er in die kreischende Menge der Publikumsdamen fliegen lässt. Später dann *o Revolver da Fortuna*, der silberne Glücksrevolver, der Geldscheine unter die Damen schießt. Zwischendurch die brasilianische *Wer wird Millionär*-Variante, in der eine ganze Familie mit Fragen gepeinigt wird. Ob es am Alter liegt oder ob er wirklich so viel Schalk hinter den Ohren hat, ich weiß es nicht, Silvio gibt die Antworten der Fragen schon während der Denkphase preis, man kann kaum verlieren. Die Familie an jenem Abend allerdings hat seine »Winke mit dem Betonpfahl« nicht verstanden und zog lediglich mit einigen Haushaltsgeräten von dannen.

Das *Program Silvio Santos* steht im brasilianischen Guiness Buch der Rekorde, über 30 Jahre schon magnetisiert es sonntags zwischen 20 und 24 Uhr ganz Brasilien. Es ist eine Institution, fast ein wenig altbacken, doch die Brasilianer lieben es und vor allem ihren Silvio, den größten Steuerzahler Brasiliens, doch einer, der sich offensichtlich alles ganz redlich – ein Wunder in diesem Land – verdient hat. Seine Ehrlichkeit, seine Menschlichkeit und seine Großzügigkeit haben ihn zum beliebtesten Brasilianer gemacht. Er wäre – in den Augen vieler frustrierter Bürger – auch ein geeigneter Präsidentschaftskandidat.

Doch er ist Showmaster und begnadeter Entertainer. Noch heute, in die Jahre gekommen, ist er mehr als erfolgreich und geliebt von allen Generationen und auch beiden Geschlechtern. Doch in erster Linie ist er Unternehmer, Medienmogul, Kreateur von Ideen und Träumen, die das Volk berühren. Silvio Santos ist der wahr gewordene Traum vom Erfolg. Vom cleveren Straßenverkäufer zum Billionär und Chef einer erfolgreichen Holding, die berühmte Tellerwäscherkarriere, nicht in den Vereinigten Staaten, sondern in Brasilien. Und bei all dem Erfolg ist er irgendwie einfach Silvio Santos geblieben, der Mann mit dem charmanten Lächeln und der ansprechenden Stimme. Zu sehen ist er nur in seinen Shows, er gibt keine Interviews weil er abergläubig ist. Vor langer Zeit ließ er eine Zigeunerin in seine Zukunft schauen, und sie sagte voraus, dass er am Tag nach einem Interview sterben würde. Keine Gesprächstermine also, sein Privatleben bleibt relativ unangetastet. Noch heute geht er zum selben Friseur wie vor 40 Jahren, ist bodenständig geblieben. Brasilianer aller Altersklassen lieben und bewundern ihn, himmeln ihn förmlich an und waren zu Tode betrübt, als der Megastar kürzlich ankündigte, sich eventuell jetzt, mit fast 90 Jahren, aus dem Showgeschäft zurückziehen zu wollen, um mit seinem »Angesparten« ein gutes Leben zu führen.

Ich bin auch infiziert und habe mir sogar eine kürzlich erschienene Biografie gekauft, um mehr über diesen brasilianischen Superman zu erfahren, der auch Teil der jüngeren brasilianischen Geschichte ist.

17. Grund

Weil Telenovelas wichtigster Teil des Terminkalenders sind

Auch im Zeitalter von Sky und Netflix erfreuen sich Telenovelas großer Beliebtheit, sind Trendsetter und erfolgreiches Exportprodukt. Die Zuschauer verpassen keine Folge, ja finden sich sogar pünktlich am Bildschirm ein, was sonst nur wichtige Fußballspiele schaffen.

Nach der Ausstrahlung der Seifenoper *Salve Jorge*, die unter anderem in Istanbul spielt, lagen Reisen in die Türkei und auch orientalisches Interieur plötzlich hoch im Kurs. Der Nationalpark Jalapão, vor der Einbindung in eine Telenovela völlig unbekannt, erfuhr einen Tourismusboom sondergleichen. Jede Menge Ehemänner müssen mit ihren Gattinnen die mehr als beschwerliche Reise antreten, um an den Originaldrehorten auf den Spuren der Stars zu wandern. Die dort überaus mittelmäßigen Hotels und Pensionen lassen sich ein Vermögen bezahlen und wollen aus der plötzlichen Berühmtheit schnellen und vor allem unverdienten Profit schlagen.

Novelas erzielen rekordverdächtige Einschaltquoten von bis zu 80% und füllen die Herzen der Zuschauer und die Kassen des Medienkonzerns Globo, der für den Großteil der Produktionen verantwortlich ist. Zu Sendezeiten der erfolgreichen Megaproduktionen sind die Straßen wie leer gefegt, sie bestimmen den Tagesablauf von Millionen von Brasilianern, die vor dem Bildschirm mit ihren Helden leiden und für die Dauer der Ausstrahlung dem eigenen Leben entfliehen, in eine Welt, in der alles möglich scheint. Sozialer Aufstieg, die Erfüllung von Träumen, von Liebe und Gerechtigkeit.

Die halbe Nation ist emotional ergriffen, und da die Episoden immer enden, wenn es gerade spannend wird, rätselt und spekuliert halb Brasilien bis zur nächsten Folge, wie das Drama wohl weitergeht. Große Tageszeitungen inklusive.

Novelas sind eine weitere brasilianische Leidenschaft mit hohem Suchtpotenzial und starkem Einfluss, was sich nicht nur die Produktionsfirmen, hier in erster Linie Globo, zunutze machen. In den 60er- und 70er-Jahren des letzten Jahrhunderts nutzte die Militärdiktatur den unterhaltsamen und volkserzieherischen Effekt der Telenovelas, um von den Problemen des Landes abzulenken und die Zuschauer mental in die gewünschte Richtung zu lenken.

In einem Land, in dem bis heute noch knapp 30% der Bevölkerung als Analphabeten gelten, ist TV das perfekte Medium, um Einfluss auf soziale und gesellschaftliche Werte zu üben. Die Bildschirmhelden sind Vorbilder und setzen Maßstäbe. Egal ob es um Alkohol oder Drogenprobleme, Kriminalität, Korruption, Rassenprobleme, Religion oder die Rolle der Frau und den berühmten Machismo geht. So haben Studien zufolge starke Frauencharaktere der Novelas dazu beigetragen, dass sich Frauen nicht mehr alles gefallen lassen, sich auf eigene Füße stellen, sich durchsetzen oder gar scheiden lassen, wenn es in der Ehe nicht funktioniert, einfach mehr Selbstbewusstsein an den Tag legen.

Wirtschaftlich gesehen beeinflussen die Seifenopern das Konsumverhalten, es werden Lifestyle-Trends gesetzt und Bedürfnisse geweckt. Die Bildschirmhelden werden zu Vorbildern, ihr Verhalten, ihre Meinung und ihr Lebensstil werden gerne imitiert.

Für die meisten Zuschauer allerdings sind dies Träumereien. Nur während der Ausstrahlungen können sie dem eigenen tristen Alltag entfliehen, kurz in ein Reich der Träume und in eine andere Welt eintauchen, Hoffnungen schöpfen, wenn Leinwandhelden aus den unteren Schichten den sozialen Aufstieg und Flucht in ein besseres Leben schaffen.

18. Grund

Weil brasilianisches Portugiesisch den Sinnen schmeichelt

Zugegeben, das Erlernen der brasilianischen Sprache war eine der größten sprachlichen Herausforderungen für mich. Ich habe Englisch, Französisch und sogar Russisch gelernt, doch die Zähne habe ich mir in Brasilien ausgebissen. Meine ersten beiden Jahre verbrachte ich mehr oder minder stumm, wenn andere am Tisch lustige Gespräche führten und sich bestens amüsierten. Ich lernte Dinge zu sagen, klar, doch es spricht eben keiner so wie im Lehrbuch, und die lokalen Slangversionen der zum Teil analphabetischen Bevölkerung auf dem Land hatten mit meinen Kursen auf CD wenig oder nichts gemein. Und da der größte Teil der ländlichen Bevölkerung komplett auf Kenntnisse jenseits der Landessprache verzichtet, bleibt dem Zugereisten keine Wahl, er muss, will er sich hier integrieren, seine sprachlichen Talente aktivieren – auch wenn es schwerfällt.

Und doch, es ist die schönste Sprache der Welt, Labsal und Schmeicheleinheit für die Sinne.

Das Brasilianische fließt förmlich dahin, weich und melodisch, da ist nichts Hartes, nichts Strenges, so wie im Deutschen, wo die Vielzahl der Konsonanten für eine oftmals ruppige und harte Aussprache sorgt. Brasilianer können viele deutsche und englische Worte nicht nachsprechen, es ist ihnen unmöglich, so viele Konsonanten aneinanderzureihen. Sie brechen sich dabei die Zunge ab. Auch ein Wort mit einem Konsonanten zu beenden ist ihnen unmöglich, immer hängen sie etwas »Weiches« dran, ein »i« oder »tschi« oder »dschi«. Auf diese Weise werden insbesondere eingeführte Anglizismen auf charmante Weise brasilianisiert. Aus Good Night wird Gudschi Naitschi, aus Donald Trump wird Donaldschi Trampi, aus Batman wird Badchman, und ich schreibe derzeit auf einem ipädschi an unseren Freund Fredschi aus Wien.

Und weil alles so weich dahinfließt, eignet sich die Sprache bestens für Musik, Süßholz lässt sich damit raspeln und flirten sowieso.

So viel zur Aussprache, doch noch besser sind die Diminuitive. Brasilianer verniedlichen nicht nur Substantive, nein, auch Verben und Adjektive gibt es in der Verkleinerungsform. Einfach herrlich, man kann das kaum übersetzen. Es werden Endungen angehängt, die in etwa unserem »chen« entsprechen, das aus einem Bier ein Bierchen macht. So wird in Brasilien aus einem Cerveija mit der Endung *inha* ein Cerveijinha – ein Bierchen. Doch damit nicht genug. Es wird noch niedlicher. Es bleibt nicht beim kleinen Bierchen, einem pequena cerveijinha, nein, auch das Adjektiv wird verniedlicht und in den Diminuitiv versetzt. Wenn also der bereits angesäuselte Gatte noch ein letztes pequenininha cerveijinha möchte, kann man kaum mehr böse mit ihm sein, weil es so winzig klein ist – kaum der Rede wert also.

19. Grund

Weil Domino hier eine lautstarke und ernste Angelegenheit ist

Um 8 Uhr morgens bereits spielen einige der Fischer am Hafen Domino. Scheinbar werden heute keine Netze ausgeworfen. Bevor ich sie sehe, höre ich sie, denn die Steine werden gerne mit Schmackes auf den Tisch geknallt, man lässt es krachen. Gespielt wird in diesem Fall um Bier, doch auch das kann ins Geld gehen, denn erstens ist Bier hier teuer, zweitens gehen die Spiele flott voran, drittens können sie bis zum Sonnenuntergang dauern. Acht Stunden später sind die vier Zocker zwar bestens drauf, weil angeheitert, doch auch angeschlagen, denn der Verlierer des Tages, der bis zum bitteren Ende noch auf eine Glückssträhne oder mehr strategisches Können hoffte, hat schwer bluten müssen, und das Loch in der Haushaltskasse wird bei Ankunft zu Hause für ein ordentliches Donnerwetter sorgen. Seine Stimmung kippt bereits.

Domino wird überall gespielt, und auch ich bin schwer infiziert und spiele mit Freude und am liebsten täglich, verbessere stetig meine »Schlag«fertigkeit in puncto »knallen« und auch die Strategie. Denn es ist mehr als nur ein Aneinanderlegen passender Steinchen. In Brasilien sind die Regeln etwas anders und Domino kein Kinderspiel, sondern eine ernste Angelegenheit, fast wie ein Schachturnier. Oftmals sind es die älteren Männer, die vor der Haustür, mitten auf der Straße sozusagen, einen Tisch aufbauen und dann loszocken. Wenn es ernst wird, kommen auch besserwisserische Zaungäste, die mit ihren Kommentaren den Verlierer in übelste Laune versetzen. Dann wird es lautstark, und man macht dem Ärger Luft. Wird es zu spät und somit zu teuer, setzt oftmals die Angetraute dem Glücksspiel ein Ende und zerrt den Pechvogel mit Gewalt vom Spieltisch nach Hause. Dort hängt dann tagelang der Haussegen schief, denn kein brasilianischer Ehemann lässt sich gerne in der Öffentlichkeit von seiner Gattin bevormunden, am wenigsten nach Konsum diverser alkoholischer Getränke und schon gar nicht während einer Pechsträhne.

20. Grund

Weil natürlich auch das gute Wetter eine Rolle spielt

Alle reden ja immer vom Wetter, und mit Recht, es trägt in der Tat viel zu unserem allgemeinen Wohlbefinden bei. Zu heiß, zu kalt, zu nass, zu unbeständig. Damit habe ich keine Probleme mehr, denn auf die Sonne ist Verlass. Tagsüber. Leider, weil wir uns ja in tropischen Gefilden befinden, das heißt unweit des Äquators, macht sie keine Überstunden und verabschiedet sich spätestens gegen 18 Uhr. Lange klare Mittsommernächte hat Brasilien also nicht im Portfolio, dafür gibt sich die Sonne zwischen 5 Uhr morgens und ihrem Feierabend allergrößte Mühe und nimmt selten eine Auszeit.

Es gibt natürlich auch in Brasilien Gegenden, vor allem im äußersten Süden oder auch in den höher gelegenen Gebieten von Minas Gerais, wo es im brasilianischen Winter – unserem Sommer – kühl und ungemütlich zugehen kann. Dort werden in dieser Jahreszeit auch Rollkragenpullover und Steppjacken getragen. Doch im größten Teil des Landes, vor allem im Nordosten, ist auf das Wetter, vor allem auf die Sonne, Verlass. Abgesehen von einigen sehr feuchten Tagen während der Regenzeit, herrscht Sonnenschein und somit Gute-Laune-Wetter. Die Temperaturen sinken auch nachts kaum, und wenn man den Tag am Strand verbracht hat und noch bei Sonnenuntergang einen Absacker trinkt, dann kann man unbeschwert sogar mit nassem Bikini bis spät in die Nacht ohne zu frösteln den Tag ausklingen lassen.

Wenn ich morgens aufstehe, lacht mir in Brasilien als Erstes die Sonne ins Gesicht, der Tag ist schon gerettet. Auch im November übrigens, dem tristen und grauen Nebelmonat, wo man in Deutschland morgens schon kaum aus den Federn will und die Energie auf dem Nullpunkt ist.

21. Grund

Weil es in Brasilien so viel Kurioses zum Schmunzeln gibt

Immer wieder stolpere ich in Unterhaltungen und bei meinen Recherchen über Kurioses und staunte so nicht wenig, als ich las, dass Knackis sich im wahrsten Sinne des Wortes in die Freiheit lesen können. Für jedes gelesene Buch – wie das allerdings geprüft wird ist mir rätselhaft – dürfen sie vier Tage früher aus dem Knast.

Dass Politik in Brasilien die beste Seifenoper ist, darin sind sich alle einig. Das fing schon vor Jahrhunderten an. Cachoeira war die erste Hauptstadt Brasiliens und zwar genau für einen – ja 1 – Tag. Cachoeira liegt etwa 100 Kilometer entfernt von Salvador da Bahia und ist eine nette und sehr geschichtsträchtige Barockstadt, wenig von Touristen frequentiert, und schon deshalb ist ein Ausflug besonders lohnenswert.

Um seine Rolle bei der Erlangung der brasilianischen Unabhängigkeit zu würdigen, ist Cachoeira seit einigen Jahren erneut Hauptstadt von Bahia, für 1 Tag, und zwar jedes Jahr am 25. Juni.

Die mit Abstand meisten Verkehrsschilder in Brasilien regeln nicht den Verkehr, sie weisen freundlicher- und fairerweise rasende Verkehrsteilnehmer auf die kommende Radarfalle hin. Meistens wird sogar vor dem Blitzer mehrfach gewarnt. Ich finde das zwar eine nette Geste, doch bin ich der Meinung, man sollte auch in Schilder mit Entfernungsangaben und Ortsangaben investieren. Daran hapert es, und oft ist man stundenlang unterwegs ohne Trost spendende Entfernungsangaben mit schrumpfenden Kilometerzahlen. Die Entfernung zum nächsten Blitzer, ja, die beträgt 200 Meter, also runter vom Gas.

In Brasilien habe ich bisher exakt vier Harleys gesehen, und das auf circa 50.000 gefahrenen Kilometern. Doch Harley Davidson lässt angeblich in Manaus mehr Motorräder produzieren als in den USA.

Brasilien hat als erstes Land der Welt Sonnenstudios verboten. Wunderbare Entscheidung, und natürlich braucht in einem so sonnengesegneten Land niemand ein Sonnenstudio, es liegt ja fast überall ein Strand vor der Tür. Hinzu kommt, dass es in Brasilien als besonders sexy gilt, einen weißen Abdruck des Bikinis zu haben, nahtlos braun will hier keiner sein, und ich habe auch dunkelhäutige Afrobrasilianerinnen kennengelernt, die mir ganz stolz – nach einem sonnigen Tag in der Strandbar – ihren Rand zeigten. Besonders verpönt sind Oben-ohne-Sonnengänge, der Busen bleibt weiß oder zumindest etwas heller.

Ich muss noch mal beim Bikini bleiben, der ja zunächst überhaupt verboten war und dann in seiner winzigst möglichen Form Furore machte und den Blick auf dralle Hinterteile freigibt. Die Besitzer, ich spreche von den Ehegatten, sind voller Stolz auf die Pobacken ihrer Angetrauten, die sie wie Trophäen an ihrer Seite herumschlendern lassen und damit in den Augen ihrer männlicher Kollegen offenbar punkten können oder wollen. Trotz all dieser Offenherzigkeit ist es allerdings tabu, dass die Dame, falls sie mit am Tisch sitzt, im Gespräch anderen Männern in die Augen schaut. Schon ein kurzer, eventuell sogar unbeabsichtigter Blickkontakt kann zu schlimmsten Ehekrisen führen. Ich selbst muss mich permanent bemühen, meine gute europäische Kinderstube zu vergessen, hatte ich doch gelernt, mein Gegenüber im Gespräch anzusehen. In Brasilien wird vorbeigeschaut, um auf keinen Fall »schöne Augen« zu machen.

Um Schlimmstes zu vermeiden, teilen sich auf Geburtstagen oder Grillfesten oftmals die Geschlechter, und es gibt eine Damen- und eine Herrenrunde in angemessener Entfernung. Daran habe ich mich noch nicht gewöhnen können.

In ganz Brasilien gibt es wunderbar praktische und hygienische Po-Duschen. Sie hängen neben der Toilette. Schmale Schläuche mit einem winzigen Duschkopf, der auf Knopfdruck mit feinem Wasserstrahl den Allerwertesten auf Hochglanz bringt. Sehr viel praktischer als Bidets, denen ich noch nie viel abgewinnen konnte.

Und wenn wir schon beim Thema sind! Haben Sie schon mal von Nummer 1 und Nummer 2 gehört? Es dauerte lange, bis bei mir der Groschen fiel. Erstmals hörte ich von Nummer 2, als eine Freundin mir permanent und mit gewisser Dringlichkeit sagte, dass ihre Tochter die Nummer zwei machen müsste. Ich dachte an Schule, an Wettkämpfe und alles Mögliche, nur nicht daran, dass die besagte Nummer 2 das größere »Geschäft« bezeichnet und die Nummer 1 für die Pinkelpause steht.

Der offensichtlich größte Freundschafts- und Sympathiebeweis unter Männern scheint das Verschenken des T-Shirts, das sie gerade am Leibe haben. Die Beschenkten sind dann außer sich vor Freude und Begeisterung und halten die Trophäe in höchsten Ehren.

Wussten Sie dass man mit einer Verletzung – Finger geschnitten oder vom Rad gestürzt – eine Art Diät machen muss? Kein Schweinefleisch, keinen Tintenfisch, keine Eintöpfe und vieles andere mehr. Es würde die Wundheilung behindern. Dies gilt auch für Frauen während der Monatsblutung. Meine Nachbarinnen belehren mich permanent mit solchen Ammenmärchen, führen es auf meine deutschen Wurzeln zurück, dass ich den Verzehr von wie sie sagen »schwerem« Essen, auch mit einer riesigen Schnittwunde, bestens überlebte. Den Werwölfen, die in unserer abgelegenen Weltgegend ihr Unwesen treiben, bin ich noch nicht begegnet, auch den schwebenden Seelen nicht. Zudem befindet sich das Paradies hinter dem blauen Himmel.

3. Kapitel

Mentalitätssache

22. Grund

Weil Lebensfreude das beste Lebensmotto ist

Brasilianer sind Spaßweltmeister. Sie beherrschen die Kunst, sich bestens zu amüsieren, sie wissen, wie man die Stimmung auf Hochtouren bringt. Lebensfreude statt Griesgrämerei. Das Zauberwort heißt Alegria. Natürlich haben viele Brasilianer Sorgen, große Sorgen sogar und in der Regel davon genug, doch sie sind rekordverdächtig im Ablenken, versuchen immer mit Optimismus nach vorne zu blicken und sich nicht unterkriegen zu lassen. Sie vertrauen einfach auch in schwierigen Situationen darauf, dass sich schon alles zum Guten wenden wird, und über Dinge, die sie nicht ändern können, machen sie sich schon gar keinen Kopf. Sie sind mit weniger zufrieden, brauchen nur nette Gesellschaft, Musik und ein Tröpfchen, also einen Pinga, zu gut Deutsch Cachaça, oder genug Cerveja, zu gut Deutsch Bier, um Spaß zu haben. Auf Kulinarisches können sie verzichten, auf Dekorationen oder bequeme Sitzgelegenheiten ebenfalls, wo Gläser fehlen, nimmt man Einmachgläser oder den unteren Teil einer Plastikflasche, ein Teller mit einer Gabel ist durchaus ausreichend als Tischgedeck für eine ganze Partygesellschaft. Ihr Geheimnis ist die Improvisation. Wenn heute ein Fest gefeiert werden kann, dann auf keinen Fall bis morgen warten, es muss ja nicht perfekt sein.

Nur in einer Beziehung gibt es kein Vertun und auch keine Improvisation oder Toleranz. Die Getränke dürfen nicht ausgehen, das wäre der Ernstfall und somit das Ende der Veranstaltung.

Ist keine Musik da, wird gesungen und Musik gemacht. Auf umgestülpten Eimern oder Bierkisten wird getrommelt, die Texte und die Melodien der einschlägigen Songs liegen allen auf der Zunge. Sofort wird mit den Hüften gewackelt, getanzt, und schon ist ein Festchen im Gange und allen Sorgen der Garaus gemacht.

Es heißt auch bei uns oft, spontan sei am besten. Nur dass wir oftmals in unserem Planungseifer und Perfektionismus vergessen, uns zu amüsieren. Nach diesem Motto wird in Brasilien tatsächlich gelebt. Keine Planung, sondern die Feste feiern, wie sie fallen. Das ist wunderbar. Man wird zudem nie enttäuscht, weil man sich schon vorher gefreut hat, und selten kommt Vorbereitungsstress auf.

Wer nach Brasilien reist, kann sicher sein, sich zu amüsieren, denn Brasilianer haben keine Berührungsängste, und man bleibt nicht lange alleine an einem Tisch sitzen, sondern ist schnell mit von der Partie beziehungsweise der Party. Und man sollte sich treiben lassen, mittanzen, sich nicht schämen, auch wenn der Hüftschwung und die Beinarbeit im Vergleich zu den Einheimischen eher zeitlupenartig oder ganz außerhalb des Rhythmus liegen. Das Wichtigste ist Mitmachen, niemand verlangt hier Perfektion, die Hauptsache ist der Spaß.

Dorffeste mit Livemusik auf riesigen Bühnen sind auch im brasilianischen »Hintertupfingen« an der Tagesordnung. Meist werden diese von den um die Gunst der Wählerstimmen konkurrierenden Politikern bezahlt, und sie haben damit Erfolg. Gigantische Bühnen werden aufgebaut, namhafte Bands engagiert, und dem Spaß steht nichts mehr im Wege. Jung und Alt, Kinder und Kindeskinder, noch Ungeborene und Greise, alle wollen dabei sein und sind es auch. Hochschwangere tanzen mit Kleinkindern auf dem Arm, Enkel mit ihren Großmüttern, Männer mit ihren eigenen Frauen, Letzteres eine Besonderheit auf dem Land, wo Ehepartner selten gemeinsam ausgehen. Es gibt strenge Regeln, was das Tanzen angeht, auf keinen Fall darf die Dame sich von Nebenbuhlern führen lassen, das gäbe im besten Fall einen Ehekrach, im schlimmsten eine Schlägerei, denn der brasilianische Gatte, oft Macho, duldet keine Konkurrenz.

Keiner bleibt zu Hause, wo man eh kein Auge zutun würde, denn auch in Bezug auf Wattzahlen werden Rekorde aufgestellt.

Ohrenbetäubend. Laut geht es in Brasilien übrigens meistens zu, hier wird nie gedämpft getuschelt, um am Nebentisch niemanden zu stören, nein, es wird lauthals und gestikulierend kommuniziert. Die Toleranz gegenüber Lautstärke ist immens, und es gibt selten Spaßverderber, die um Ruhe bitten. Disziplin fällt der Lebensfreude und dem Amüsement zum Opfer.

Schon nach kurzem Aufenthalt in Brasilien wird klar: Brasilianer brauchen keine Anleitungen zum Glücklichsein, sie leben – wie bereits beschrieben – den Augenblick, feiern Feste, wie sie fallen, treffen auch wichtige Entscheidungen spontan und machen – wann immer möglich – jetzt und heute genau das, worauf sie Lust haben.

Die Brasilianer sind sehr kontaktfreudig, und da sie fast alle gerne einen über den Durst trinken, sinken auch die Hemmschwellen schnell. Sie lachen gerne, sie nehmen sich selbst gerne auf die Schippe, genieren sich nicht und sind offen für jeden Schabernack.

Spaß muss sein. Bevor sie einen Monatslohn in wenigen Stunden an einer Strandbar auf den Kopf hauen, überlegen sie nicht, ob morgen dann noch genug Geld für den Supermarkt in der Haushaltskasse ist oder ob es nicht vernünftig wäre, etwas für den Ruhestand auf die hohe Kante zu legen. Immer nach dem Motto, was man heute lebt, und erlebt kann einem morgen niemand nehmen, genießen sie den Augenblick, und zwar in vollen Zügen.

23. Grund

Weil die Brasilianer vorbildhaft im Hier und Jetzt leben

Vor vielen Jahren machte mich mein lieber indischer Freund Sabu Singh auf 4.300 Metern Höhe im Himalaya mit Eckhard Tolle und

Depak Chopra bekannt. Für seine Begriffe war ich – obwohl im Urlaub – wenig entspannt, gestresst und total damit beschäftigt, mir Gedanken über Unwägbarkeiten zu machen, über Dinge, die eventuell passieren könnten. Tolles Bestseller *Jetzt, die Kraft der Gegenwart* wurde auch zu meiner Bettlektüre, und wie Millionen andere gestresste Leser versuchte auch ich mein Leben mehr ins Jetzt zu rücken.

Wäre ich schon damals nach Brasilien gereist, hätte ich mir diese Lektüre sparen können, denn die Kraft der Gegenwart ist den Brasilianern eine Selbstverständlichkeit und in die Wiege gelegt. Natürlich gibt es auch gestresste Brasilianer, und in den Metropolen geht es sicher ähnlich zu wie in New York oder London. Doch in der Regel beherrschen sie die Kunst des »Lebens im Jetzt« zur Perfektion, schaffen es, ihre Sorgen auf wundersame Weise auszublenden, ihre Gedanken auf den Moment zu fokussieren und diesen zu genießen. Sie planen wenig und zerbrechen sich den Kopf nicht über Dinge, die in weiter Zukunft liegen. Deshalb haben sie auch weniger Zukunftsängste, keinen Stress mit Terminplänen, keine Sorgen wegen fehlender Krankenversicherungen oder einer Rente, die sowieso erst in 25 Jahren fällig ist, wenn überhaupt. Alles zu seiner Zeit.

Das kann natürlich dann zu spät sein und geht sich oft nicht aus. Möglicherweise wird man krank und eine Krankenversicherung, in Brasilien kaum bezahlbar und nur den oberen Zehntausend vorbehalten, hätte Leben retten können, doch wer weiß das schon, wer kann schon in die Zukunft schauen, und wahr ist, dass wir auch mit Vorsorge und Krankenversicherung unser Schicksal nicht in der Hand haben und kontrollieren können. Ein gesunder Fatalismus nach dem Motto »no risk no fun« ist hier zu Hause. Ebenso wird über bereits Geschehenes, eventuelle Fehltritte in der Vergangenheit, großzügig hinweggesehen. Das ist Schnee von gestern und eh nicht mehr zu ändern. Die Zukunft legen die meisten Brasilianer in die Hand Gottes, was er nicht richten kann, können auch sie nicht regeln, also bleibt nur die Gegenwart, und die zählt.

24. Grund

Weil es in Brasilien für alles einen »jeitinho« gibt

Ein wichtiger und überaus typischer Bestandteil der brasilianischen Lebenskunst ist der *Jeito*. Ich hörte in vielen Situationen die unterschiedlichsten Personen immer wieder von einem *Jeito* oder – gerne wird die niedliche Verkleinerungsform *Jeitinho* gebraucht – sprechen und gab mir alle Mühe zu verstehen, was genau damit gemeint ist und wie es funktioniert.

»Para tudo tem um jeito« – für alles gibt es eine Lösung. Exakt zu übersetzen ist es kaum, hat auch situationsbedingt viele Nuancen. Kurz gefasst würde ich behaupten, dass es die »Art und Weise«, der »Trick« oder »Dreh« ist, mit dem Brasilianer für kleine Unwägbarkeiten, aber auch für die ausweglosesten Situationen eine Lösung finden. Im Deutschen würden wir vielleicht sagen: Das kriegen wir schon hin – oder – das wird schon wieder, doch der brasilianische *jeito* ist mehr als nur ein Wort oder Gottvertrauen oder gesunder Optimismus. Bei Pons fand ich unter anderem: Geschick, Talent, Art, Weise, Handgriff, Art und Weise, Talent, Geradebiegen, Kniff, Gefallen, Möglichkeit.

Das sind nur einige der Übersetzungen für eines der wichtigsten gesellschaftlichen Phänomene in Brasilien. Ohne *Jeito* geht nichts, und für alles gibt es einen *Jeito*. Und dem Vertrauen in die Existenz eines *Jeito* für alle erdenklichen Lebenslagen verdanken die Brasilianer ihren Optimismus und auch die damit oftmals einhergehende Sorglosigkeit.

Natürlich lernt man erst nach und nach, was es damit auf sich hat. Zunächst war ich sehr verblüfft darüber, dass die Brasilianer auch angesichts schier unlösbarer Probleme nie den Mut verlieren, immer positiv denken und überzeugt sind, dass es sich schon irgendwie ausgeht. Es gibt immer eine Lösung, und dabei hilft eben der unübersetzbare *jeitinho,* der Alltagsprobleme aus dem Weg räumt. Er liegt den Brasilianern im Blut, ist Teil der Mentalität, und ohne ihn – ich spreche aus Erfahrung – kommt man in Brasilien auch nicht zurecht. Die brasilianische Gabe, Vorschriften und Verbote zu umgehen, fehlt mir noch, ich bin ja noch im Lernprozess, und ich denke immer nur: Das kann man doch nicht machen! Doch, kann man, hier schon. Wo es in Europa Regeln, Verbote und Gesetze gibt, scheint hier eine diffuse Grauzone Dinge zu erlauben, die zwar nicht ganz astrein, aber auch nicht wirklich verboten sind.

Beziehungen sind alles, und wo es keine gibt, werden schnell freundschaftliche Bande geknüpft. Auf Ämtern kann man sich so lange Wartezeiten ersparen, eventuell einen Termin bekommen oder einen Job. Wer sich gut mit den Lokalpolitikern hält, hat möglicherweise sogar Glück und kann die dringende Herzoperation des Vaters erschleichen. Der Beziehungsjeito kann so Leben retten, und ein armer Langustenfischer ohne Krankenversicherung kann sich ohne finanzielle Mittel eventuell einer Operation unterziehen, die 100.000 Real kostet, weil er zuvor ab und an einige Krustentiere beim Bürgermeister vorbeibrachte. Kleine Bestechungen gehören zum *Jeito* ebenso wie Süßholzraspeln. So können Führerscheine und fehlende Dokumente »gekauft« werden. So kann man 50 Real in die Fahrzeugpapiere legen und einen Polizisten nach erhöhter Geschwindigkeit mit diesem kleinen Trick günstig stimmen. Er bezeichnet die zweifelhafte Gabe, Vorschriften, Verordnungen und Verbote zu umgehen. Es ist eine gewisse Bauernschläue und Gewitztheit, mit der man auf charmante Art den eigenen Vorteil sucht. Im Kleinen bedeutet dies, dass man gerne auch ohne eigene finanzielle Mittel am Strand jede Menge teures Bier bestellt und danach einige Flaschen im

Sand verscharrt, um den eigenen Schaden zu begrenzen. Brasilianer geben gerne mehr Geld aus, als sie besitzen, später wird sich schon eine Lösung finden. Sie mogeln sich gerne an Regeln vorbei, diskutieren den Preis jeden Einkaufs wie auf einem Basar. Egal ob es um ein Kilo Kartoffeln, eine Übernachtung im Hotel oder einen neuen Fernseher geht. Man ist superfreundlich, schadet niemandem wirklich, doch der eigene Vorteil wird auf keinen Fall aus den Augen verloren.

Aber auch großzügig sind sie, und wenn sie in Stimmung sind, lassen sie es krachen und hauen ihren gesamten Monatslohn mit ihren Freuden auf den Kopf. Dafür lassen sie sich aber dann auch in den kommenden Wochen aushalten.

25. Grund

Weil »saudade« das schönste Wort der Welt ist und kaum übersetzt werden kann

Saudade! Noch so ein Zauberwort, das permanent zum Einsatz kommt und sich scheinbar für fast alle Lebenslagen eignet.

Es geht herunter wie Öl. Sprich: saudahdschi! Schon der Klang – weich wie Honig – ist Wahnsinn.

Kein Wort eigentlich, sondern ein Gefühl, doch welches genau? Ich höre es ständig und überall.

Ich schaue im Wörterbuch nach: Sehnsucht, Heimweh, Fernweh, Vermissen, Trennungsschmerz, Melancholie, Wehmut – eine Mischung aus allem, nicht wirklich zu übersetzen.

Camila hat *saudade* nach ihrer Mutter, die im fernen Brasilia lebt. Mein Mann hat *saudade* nach seinem verstorbenen Vater. Magna hat *saudade* nach ihrer großen Liebe, die sich aus dem Staub gemacht hat. Piolio hat *saudade* nach seiner Heimat, ich nach Deutschland.

Bibi hat *saudade* nach einem besseren Leben.

Es gibt auch weniger ernste Fälle. *Saudade* nach einem kalten Bier, nach einer Reise, nach einer guten Unterhaltung.

Eigentlich kann man *saudade* nach allem haben, was man gerne hat und was im Moment gerade fehlt. *Saudade* ist eine wehmütige, melancholische Sehnsucht, und obwohl irgendwie traurig, ist sie doch auch etwas Schönes.

Anspruch auf das Wort erheben natürlich die Portugiesen. Ihr vielleicht berühmtester Lyriker Fernando Pessoa sagte, dass nur die Portugiesen das Gefühl der *Saudade* wirklich kennen können, dass die Portugiesen sozusagen die Erfinder des Wortes seien. *Saudade* ist das zentrale Thema des portugiesischen Fado. Tatsächlich brachten die Portugiesen es mit ihrer Sprache nach Brasilien, wo es durch die Umstände der Kolonisation noch an Bedeutung gewann, weil hier alle ständig *Saudade* nach irgendetwas oder irgendwem hatten. Die portugiesischen Eroberer nach ihrer Heimat, die Indios nach der Zeit vor 1500, die Afrobrasilianer nach ihren Heimatländern und Familien. Verschiedene Völker und Schicksale einte ein und dasselbe Gefühl.

Die Sehnsucht nach etwas Verlorenem, etwas Geliebtem, nach etwas, was in der Ferne ist oder schon lange fehlt. Trauer über einen Verlust, Vermissen, Herbeisehnen, Liebe ist dabei und Melancholie, Suche nach Glück.

Meinen brasilianischen Mann, der ebenfalls permanent *saudade* hat, bat ich das Wort zu definieren, hier seine Antwort:

»*Saudade* gibt es überall, an jedem Ort. *Saudade* ist das Vermissen einer geliebten Person, das Fern- oder Heimweh nach einem Ort, nach den Eltern, nach Freunden, nach allem, was man besonders mag und was plötzlich nicht mehr da ist, was man sich herbeisehnt. Die Brasilianer sterben ständig vor *saudade*.«

Saudade wurde als eines der weltweit schönsten Worte gewählt und auch zu den unübersetzbarsten gekürt.

In Brasilien kann man es kennenlernen. Es gibt sogar einen Tag der Saudade, der 30. Januar, und in der Musik gibt fast keinen Text, der nicht von *saudade* spricht, richtige Schnulzen, die aber wegen des immer coolen Rhythmus und der schönen melodischen Sprache auch zu meinen Favoriten zählen. Der Bossa-Nova-Klassiker *Chega de saudade* von Tom Jobim und Vinicius de Moraes ist im Original ein wahrer Ohrenschmaus, in der Übersetzung leider irgendwie leer und gehaltlos. Man kann eben *saudade* nicht übersetzen.

Chega de saudade, a verdade é
que sem ela não há paz, não há beleza.
É só tristeza e a melancholia,
que não sai de mim, não sai de mim, não sai …

Es reicht jetzt mit der Sehnsucht, die Wahrheit ist,
dass es ohne sie keinen Frieden gibt, keine Schönheit gibt
nur Traurigkeit und die Melancholie,
die nicht aus mir verschwindet, nicht aus mir verschwindet,
nicht vergeht ….

26. Grund

Weil Zeit hier keine Rolle spielt und Stress ein Fremdwort ist

Brasilianer haben ein bleiernes Verhältnis zur Zeit. Sie scheinen mehr davon zu haben als der Rest der Welt. Tage, Stunden oder gar konkrete Uhrzeiten haben andere, beziehungsweise geringere Wertigkeiten. Alles wird mit größter Ruhe und Langsamkeit gemacht, Brasilianer lassen sich ausgesprochen ungerne stressen oder gar drängen, das ist fast tabu und man macht sich damit keine Freunde. Sie können und wollen sich in der Regel nicht beeilen oder Dinge schnell erledigen. Warum auch, sie haben ja Zeit. Sie nehmen sie sich.

Dies war einer der ersten Gründe, Brasilien zu lieben. Mein bisheriges Leben war auf die Minute durchgetaktet, die Tage voll bis Mitternacht, der Terminplan ließ kaum Zeit zum Luftholen, am 10. Januar wusste ich bereits, wo ich um 20:00 Uhr am 10. April sein würde. Nicht dass ich mein Leben nicht geliebt hätte, doch was immer fehlte, mein größter Wunsch, war »Zeit« und zwar »mehr« und auch für »mich«. Selbstverständlich müssen Brasilianer mit geregelten Arbeitsverhältnissen auch »Stundenpläne« einhalten, feste Arbeitszeiten und Termine. Doch außerhalb der Städte, auf dem Land, also im größten Teil Brasiliens, hat die Uhr nichts zu melden. Höchstens die Sonnenuhr und ihre meist eher vagen Zeitangaben. Verabredungen finden nicht um Punkt 20:00 Uhr statt, sondern »morgens« oder »abends« oder »später«. Zeitfenster sind also größer und lassen viel freien Raum. Ich habe mich daran gewöhnt und bin ich schon froh, wenn bei Verabredungen wenigstens der Tag eingehalten wird.

Es gehört fast zum guten Ton, zu spät zu kommen, auch wenn ausnahmsweise eine Uhrzeit genannt wurde. Ist man beispielsweise abends gegen 20 Uhr zum Grillfest eingeladen, dann sollte man um diese Zeit zu Hause gemütlich duschen, eventuell schon mal ein Häppchen essen und sich dann ganz langsam auf den Weg machen. Kommt man zur verabredeten Zeit an, dann ist ganz sicher noch nichts vorbereitet, niemand ist fertig und und sonst ist noch keiner da. Dass die Dame des Hauses – wie in Deutschland – vor dem Eintreffen der Gäste in Vorbereitungen erstickt und gestresst ist, das gibt es hier nicht. Wie wunderbar. Oftmals wird erst aufgeräumt, eingekauft, vorbereitet und der Grill angeworfen, wenn die Gäste kommen. In der Ruhe liegt die Kraft. Das Wichtigste sind die Getränke, der Rest ist Nebensache, und nicht selten bin ich nach einem Grillfest hungrig nach Hause gegangen, weil man sich aufs Anstoßen und Tanzen konzentrierte oder der Gastgeber feststellte, dass er noch gar nicht eingekauft hat. Schön ist, dass dies alles niemanden stört, denn Spaß hat man allemal und zwar mehr als genug, denn im Feiern sind sie Weltmeister.

Auch wenn es um wichtige Termine – eine Hochzeit beispielsweise – geht, kann es knapp werden. Das habe ich am eigenen Leib erlebt. Ohne viel Tamtam wollte ich am Strand mein Jawort geben. Einzige Bedingung. Bei Sonnenuntergang. Ganz romantisch und doch unproblematisch dachte ich, doch weit gefehlt. Die Sonne verabschiedet sich in tropischen Gefilden gegen 18 Uhr, sie ist ein global player und hat einen strikten Plan einzuhalten. Sie nimmt keine Rücksicht auf die Bedeutungslosigkeit der Zeit in Brasilien und ist pünktlich. Um rechtzeitig an den Naturaltar zu treten, hatte ich darum gebeten, um 17:00 Uhr vom Haus der künftigen Schwiegereltern in Richtung Strand aufzubrechen. »Typisch deutsch« und als Braut natürlich auch aufgeregt, war ich mehr als zeitig bereit. Doch das half wenig. Um kurz nach fünf war niemand auch nur geduscht, gestylt oder gar abmarschbereit. Die zukünftige Schwiegermutter hatte kurzfristig eine Friseuse ins Haus bestellt, um eine komplizierte Zopffrisur in Angriff zu nehmen, ich drängelte kurz, wurde leicht nervös, erntete aber nur verständnisloses Gelächter und Gekicher von den Damen, die noch über ihre Garderobe diskutierten. Die Trauzeugin duschte noch und bat mich, ihren knallblauen Nagellack zu suchen. Oh Gott, dachte ich, auch die Nägel mussten noch gelackt werden. Die Friseuse drapierte ohne größere Hast weiterhin die Zöpfe der Brautmutter zu einer gewaltigen Hochfrisur. Ich fragte höflich, ob wir das denn noch schaffen. Ich könnte es wohl kaum abwarten, wurde gefrotzelt. Draußen war das Licht schon sehr golden, mein Sonnenuntergang nahe und die Hochzeitsgesellschaft Lichtjahre davon entfernt. Ich wurde leicht säuerlich. Kurz nach halb sechs setzten wir uns gesetzten Schrittes Richtung Strand in

Bewegung, ich immer 100 Meter voraus im Sturmschritt. Immer mit der Ruhe. Noch 10 Minuten, bis die Sonne sich verabschiedet, aus der Traum vom Jawort bei Sonnenuntergang, es wird stockfinster sein, dachte ich. Mein Bräutigam war ebenfalls noch nicht am vereinbarten Treffpunkt, ja überhaupt nicht aufzutreiben. Bei mir setzte leichte Panik ein. Doch die kleine Hochzeitsgesellschaft blieb ruhig, ganz nach dem Motto: Es wird sich schon ausgehen, alles wird gut. Und tatsächlich scheint in der Ruhe die Kraft zu liegen. Der Zukünftige wurde in einer Bar gefunden, er hatte sich Mut angetrunken, und mit den letzten feuerroten Sonnenstrahlen wurde der Ring gereicht.

Mittlerweile habe ich mich angepasst, meine deutschen Wurzeln kann ich zwar nicht ausreißen, doch ich bin sehr viel entspannter und hetze mich kaum mehr durch den Tag, denn es hilft nichts, die anderen lassen sich auch nicht hetzen.

Einzig Bier trinken sie geschwind und Entscheidungen treffen sie rasend schnell, ohne großes Nachdenken. Und pünktlich sind sie, wenn es um wirklich wichtige, also bedeutsame, Termine wie den Startschuss eines Fußballspiels oder ihre geliebte Novela geht. Da gibt es kein Vertun.

27. Grund

Weil die Brasilianer Optimisten sind und positiv denken

Trotz aller Missstände lassen sich die Brasilianer nicht unterkriegen oder entmutigen.

Ausufernde Gewalt und die berüchtigten Drogenkriege versetzen mittlerweile nicht mehr nur die Großstädte in Angst und Schrecken.Die unglaublichen Korruptionsskandale lähmen Politik und Wirtschaft, die Mängel im Bildungs- und Gesundheitssystem den Fortschritt. Trotz wachsender Mittelschicht gibt es eine noch immer große, in relativer Armut lebende Unterschicht. Es gibt Rassismus, und das Justizsystem lässt zu wünschen übrig. Polizisten machen gemeinsame Sache mit Drogenbossen, und die Umweltprobleme sind besorgniserregend.

Die Liste scheint endlos. Vieles ist im Argen und eine Lösung nicht in Sicht. Wo will man auch beginnen, wie kann man beispielsweise die Eskalation von Gewalt und Verbrechen, die damit einhergehende Minderung der Lebensqualität in Griff bekommen?

Wie soll man sich an einem Tag am Strand in Rio amüsieren, wenn man am besten weder Geld noch Kamera bei sich hat, doch auch dann in Gefahr ist, wenn man bei einem Überfall nichts anzu- bieten hat? Wie sieht die Zukunft des Nachwuchses aus, wenn eine akzeptable Schule den fünffachen Mindestlohn kostet, was sich logischerweise die wenigsten leisten können?

Brasilianer schimpfen aufs System, fluchen angesichts der überall steigenden Kriminalität, sind empört über die fatalen Zustände in den Krankenhäusern. Sie haben kein Vertrauen in die Regierung, nicht in die gegenwärtige und setzen wenig Hoffnung in die, die da kommen wird. Die Enttäuschung über den Ex-Ex-Präsidenten Lula, der ebenfalls einen kleinen Bestechungsskandal am Bein hat und deshalb hinter schwedischen Gardinen wohnt, sitzt tief, doch er würde eventuell die Wahl wieder gewinnen, da er einem großen Teil der Bevölkerung ein viel besseres Leben beschert hat, mit sozialen Programmen, Kindergeld, neuen und besseren Straßen, Elektrizität für alle und vielem mehr.

Doch Brasilianer sind von Natur aus Optimisten, denken positiv und sind dazu sicher auch deshalb in der Lage, weil sie sehr gegenwartsorientiert sind. Sie sind auf den Moment fixiert, bereit, jederzeit spontan fröhlich zu sein, sich ablenken zu lassen und in Musik, Tanz und dem Gemeinschaftsgefühl – zusammen schaffen wir das schon – stark zu sein. Und der starke Glaube kommt hinzu. Jesus wird es schon richten. Und wenn nicht, dann hat das auch seinen Grund, irgendwie geht es schon weiter. Im Großen wie auch im Kleinen.

Ich habe viele Brasilianer in für meine Begriffe fast ausweglosen Situationen kennengelernt.

Das Schicksal einer Nachbarin, die darüber übrigens nicht die Nerven verliert, sondern nachts um 3 Uhr aufsteht, um ein Extra-Gebet einzulegen, und die mit Gottvertrauen alles meistert, will ich kurz erzählen.

Sie hat keine finanziellen Mittel für die Operation des geliebten Vaters, schon der Transport in ein Krankenhaus liegt außerhalb der realistischen Möglichkeiten. Der Sohn hat sich mit schlichten 14 Jahren bereits in die Unterwelt begeben und Drogen verkauft, um so möglichst flott zu einem begehrten Smartphone zu kommen. Leider hatte er nach dem Verkauf der Drogen vergessen, dass ein nicht unbeträchtlicher Teil des Gewinns für den Drogenboss bestimmt war, und schnell alles verprasst. Nun droht der Geprellte mit Vergeltung. Nicht selten werden kleine Schuldenberge von weniger als 200 Real in Drogenkreisen mit dem Tod bestraft, und häufig wird die gesamte Familie abgestraft. Ein Leben gilt wenig. Die Schwester des stolzen Smartphonebesitzers hatte sich acht Monate zuvor in einer amourösen Nacht – ohne die Konsequenzen zu bedenken – schwängern lassen und steht nun kurz vor der Niederkunft. Der Ehegatte mit extremen Alkoholproblemen ist gewalttätig und kaum zu Hause anzutreffen.

Angesichts dieser mehr als dramatischen Situation würde ich die Nerven verlieren, doch nicht so die Brasilianer. Glaube versetzt Berge. Die Gewissheit, dass es für alles eine Lösung gibt, setzt positive Impulse. Die Hoffnung stirbt zuletzt, und letzte Woche hat sie mir eine selbst gezogene Frangipani vorbeigebracht, sie hat allem Kummer zum Trotz daran gedacht, mir eine Freude zu machen.

28. Grund

Weil es »morgen« nicht gibt und das Wort ein Alleskönner ist

Was du heute kannst besorgen, das verschiebe unbedingt auf morgen. Heute wird gelebt, was das Zeug hält. Das zeitlich besetzte »morgen« und im weitesten Sinne die Zukunft ist für Brasilianer eine Gleichung mit zu vielen Unbekannten. Wie bereits betont, sie leben im Jetzt. Sie haben, will man João Ubaldo Ribeiro, einem der bekanntesten brasilianischen Schriftsteller, glauben, »meistens nicht die geringste Vorstellung davon, was sie in der nächsten halben Stunde, geschweige denn morgen tun werden«. Ich kann das nur bestätigen.

Das Wort »morgen« findet sich zwar im Wörterbuch – amanhã – doch die Übersetzung ist für das praktische Leben in Brasilien ungeeignet. Im Sprachgebrauch ist *amanhã* kaum zeitlich eingeschränkt und hat in der Regel nichts mit dem morgigen Tag zu tun. Das musste ich erst lernen. Nachdem ich begriff, dass Verabredungen besser nicht mit Angabe genauer Uhrzeit getroffen werden, dachte ich, dass wenigstens auf *morgen* Verlass wäre. Weit gefehlt. *Morgen* wird eher so dahingeworfen, wenn es um eine Handlung in der näheren oder ferneren Zukunft geht. Seine Bedeutung also ist weit gefächert, und die vielen Freunde meines Mannes, die morgen zum Grillen, für einen Ausflug mit dem Boot oder nur zum Plaudern vorbeikommen wollten, kamen in der Regel nicht morgen – nach deutscher Definition –, irgendwann aber waren sie eben da. Das kann bis zu mehreren Jahren dauern.

Zu Beginn war das mehr als schwierig für mich, da ich mich – typisch deutsch – »richtete«, also Vorbereitungen traf, natürlich umsonst. Das habe ich mir abgewöhnt, es macht schlichtweg keinen Sinn. Da die Brasilianer ja zudem auch so unkompliziert sind, kann man durchaus problemlos nach Ankunft der Gäste mit dem Aktionismus beginnen.

Das sehr unterhaltsame und amüsante Buch von João Ubaldo Ribeiro *Ein Brasilianer in Berlin* ist eine lohnende Lektüre für jeden, der einige der Mentalitätsunterschiede verstehen will. Deutsche und Brasilianer ticken eben ganz anders. Nach einem längeren Aufenthalt in Berlin, wo er sich natürlich umgekehrt über jeden pünktlichen Bus wunderte, hat er die Sache mit dem »morgen« schön definiert, es wird klar, dass die Auslegung nicht unterschiedlicher sein könnte:

»Amanhã« bedeutet unter anderem »niemals«, »vielleicht«, »ich werde es mir überlegen«, ich verschwinde«, »suche dir einen anderen«, »ich will nicht«, »nächstes Jahr«, »wenn nötig komme ich darauf zurück«, »demnächst«, »lass uns das Thema wechseln« etc. In ganz seltenen Ausnahmen bedeutet es wirklich »morgen«.

Ganz schön kompliziert. Brasilianer, die ungerne eine negative Antwort geben und immer höflich bleiben wollen, haben mit »amanhã« für jede Situation die passende Lösung. Ganz unverbindlich kann man so auch einen Verehrer abwimmeln. Man sagt, dass man sich morgen meldet, und lässt die Sache im Sand verlaufen.

29. Grund

Weil die Brasilianer so herrlich spontan sind

Es erfordert ein gewisses Maß an Flexibilität, in Brasilien zu leben oder gar verheiratet zu sein, denn Brasilianer haben nicht nur sehr spontane Ideen, sie setzen diese auch augenblicklich um. Ich spreche nicht von einem spontanen Schöppchen am Strand oder einem Strandspaziergang, ich spreche davon, dass mein Mann zum Beispiel morgens aufwacht und mir unvermittelt mitteilt, dass wir einige Tage nach Jericoacoara fahren. Super, wann denn, will ich freudestrahlend wissen. Jetzt sofort, mach dich fertig, für mich brauchst du nur zwei Badehosen einzupacken. Ich nehme die Hunde schon mit zum Auto und warte dort auf dich.

Meine erste Freude ist schwer angeschlagen, denn das bedeutet, ich muss den Kaffee abkippen, der mir morgens heilig ist, und in Windeseile unsere Papiere, Kreditkarten, Handys, Ladekabel, iPad, Hundefutter, Hundeleine packen und einige Klamotten für mich. Ich brauche etwas mehr als zwei Badehosen. Spätestens in fünf Minuten wird er schon hupen und fragen, was ich so lange mache und wo ich bleibe. Übrigens kommt es ihm als Brasilianer nicht in den Sinn, dass dies eine sehr überstürzte Abfahrt ist.

Es war ein ganz normaler Morgen, noch vor 7 Uhr, ich dachte, er schläft noch, doch jetzt sitzt er im Auto und wir reisen in wenigen Minuten ab, schlappe 600 Kilometer, kein Tagesausflug also. Gestern Abend war davon noch keine Rede.

Ich muss bei solchen extrem spontanen Aktionen immer schlucken und bin, auch wenn ich mich an solche Überfälle gewöhnt habe, immer noch leicht gestresst, wenn ich plötzlich total planlos, ohne Vorbereitung ins Auto steigen soll. Doch es ist letztlich toll, so überrascht zu werden, und wenn ich dann in solchen Situationen erst einmal im Auto sitze, dann ist alles bestens, und wie könnte man sich nicht über eine solche Überraschungsreise freuen?

Auch Freunde sind spontan im Freudemachen. Sie holen uns um 6 Uhr morgens aus dem Tiefschlaf, halten uns einen riesigen Fisch vor die Nase und wollen diesen als kleine Überraschung JETZT sofort hier bei uns zubereiten. Egal ob wir schon wach sind, ob es heute passt, ob wir etwas anderes vorhaben. Sie sind schon lachend und bester Stimmung auf dem Weg in die Küche, um den Fisch zu entschuppen, und fragen nur, ob kaltes Bier im Hause ist. Wie gesagt, es war 6 Uhr morgens.

Am 7. Dezember ist Geburtstag, und mein Mann betont bereits seit Tagen ausdrücklich, dass er in diesem Jahr nicht feiern möchte, auf keinen Fall. Bis circa 16 Uhr bleibt er dabei und will seine Ruhe haben, gemütlich heute Abend ein Spiel seines Teams sehen, basta. Kurz nach 16 Uhr macht er einen typisch spontanen brasilianischen Sinneswandel durch und lädt circa 35 Freunde und Bekannte ein, die am besten sofort kommen sollen, denn es gäbe Picanha vom Grill und Lammeintopf. Wir haben weder Holzkohle für den Grill im Hause noch Picanha oder Lammfleisch. Kein Problem, er macht zwei Telefonate und schickt den Nachbarjungen los auf Einkaufstour. Es wurde ein rauschendes Fest. Ganz spontan. Die Gäste hatten spontan Lust zu kommen, brachten spontan gute Laune mit, ich trollte mich spontan in die Küche, spontan wurde der Grill angeworfen, und spontan klappte alles bestens, obwohl nichts vorbereitet und nichts geplant war. Spontan ist eben doch am besten. Ich übe mich darin.

30. Grund

Weil an Silvester das »kleine Schwarze« tabu ist und man das neue Jahr mit einem 7-fachen Wellensprung beginnt

Meinen schlimmsten Fauxpas in Brasilien hätte ich fast an Silvester begangen. Wie alle machte ich mich chic und wunderte mich, dass niemand mir ein Kompliment machte. Nicht weil ich so eingebildet wäre, nein, sondern weil es, egal wie man sich zurechtmacht, immer Komplimente gibt. Doch mein »kleines Schwarzes« war offensichtlich nicht der Renner, als ich zum Familientreffen hinzustieß, es war fast so, als würde man es vermeiden, mich anzusehen. Natürlich fiel mir auf, dass alle anderen vorwiegend in Weiß gekleidet waren, dachte mir aber zunächst nicht allzu viel dabei. Schließlich sind bei uns ja oft auch alle im Einheitslook, meist eben in schwarzem Outfit. Ich wurde nach kurzer und peinlicher Leidensphase endlich von meiner Schwägerin aufgeklärt und wechselte sofort die Farbe. Zunächst im Gesicht, das sich vor Scham rötete, dann riss ich mir das Objekt des Anstoßes vom Leib und tauschte es gegen etwas Helles ein. Schwarz ist an Silvester tabu, bringt Unglück im neuen Jahr. Weiß, die Farbe der Reinheit, Fruchtbarkeit und des Friedens, ist an diesem Tag Pflicht, und am besten wirkt ein nagelneues Outfit. Die Unterwäsche jedoch sollte farbig sein. Rot, wenn man sich für das neue Jahr Liebe wünscht, gelb für Gold und Reichtum, grün für Erneuerung und Hoffnung, blau für ein ruhiges Jahr. Ob kunterbunte Slips für Glück in allen Lebenslagen sorgen, wagte ich nicht zu fragen. Ich ließ mir stattdessen erklären, was ansonsten zu beachten sei.

Brasilien ist ein wunderbares Land, um das neue Jahr zu beginnen, denn fast überall ist es warm, und wenn man an einem der unzähligen Strände ist, sollte man um Mitternacht über sieben Wellen springen, dann steht dem Glück nichts mehr im Wege. Noch vielversprechender werden die nächsten zwölf Monate, wenn man sieben Traubenkerne, und zwar von roten Trauben, in ein Papier wickelt und in seinem Portemonnaie aufbewahrt. Die finanzielle Situation des neuen Jahres hat man damit im Griff, und wer ganz auf Nummer sicher gehen will, isst an diesem Tag Feijoada, Bohneneintopf oder Linsen. Ein Blumengeschenk für die Meeresgöttin Iemanja, das man ins Meer wirft, kann auch nicht schaden. Also her mit den Blüten für die Nixe.

Ganz schön stressig, diese Silvesterverpflichtungen, und fast vergaß ich, um 24 Uhr von einem Stuhl ins neue Jahr und damit ins Glück zu springen. So hatten es mich meine Großeltern in Deutschland gelehrt, und diese Tradition haben zumindest die Brasilianer meines Bekanntenkreises auch sofort übernommen. Man kann ja nie genug Vorsorge betreiben.

Egal wo man an den Küsten ist, Silvester kommen alle Bewohner kurz vor Mitternacht mit Kind und Kegel zum nächstgelegenen Strand und beginnen gemeinsam das neue Jahr. Es ist ein

Happening, ein wunderbares Fest, und nie zuvor habe ich so viele Umarmungen und Neujahrsküsse und Wünsche bekommen wie hier. Die Kinder baden, es ist ja warm, die Erwachsenen haben alle eine Flasche Sekt dabei, schenken sich gegenseitig verschiedenste Sorten in mitgebrachte Plastikbecher, und die Mischungen versprechen auf jeden Fall einen Jahresbeginn mit Kater. Doch den steckt man weg, denn für den Rest hat man ja gesorgt und ist in weißem Outfit über die Wellen gesprungen.

31. Grund

Weil der Nachwuchs oft für ein eigenes Fußballteam reicht

Nachdem ich einige Monate auf der Insel Boipeba wohnte, hatte mir mein Freund Bimbo an die 100 Cousins und Cousinen vorgestellt. Klar, seine Mutter hatte 17 Geschwister, die im Schnitt zwischen fünf und acht Kinder hatten. Da ist man schnell auf 100.

Iran – auch wiederum ein ungewöhnlicher Name – hat 28 Geschwister. Zugegebenermaßen nicht alle demselben Mutterleib entsprungen, sodass auch Halbschwestern beziehungsweise Halbbrüder darunter sind, dennoch ist die Zahl beachtlich. Außergewöhnlich ist sie nicht. Raimunda, meine Nachbarin in Peroba, Ceará, ist eines von 23 Kindern, in diesem Falle alle aus derselben ehelichen Verbindung, die bis heute besteht. Das dürfte ein kleiner Rekord sein. Ihre Eltern können die Enkel und Urenkel kaum mehr zählen und schon gar nicht alle mit Namen benennen. Sie haben jahrzehntelang neue Sprösslinge produziert. Zwei davon wurden gar im gleichen Jahr geboren. Am Strand vor der Haustür des winzigen Fischerhauses, in dem es vor Kindern »summt« wie in einem Bienennest, tragen sie bei Ebbe hauseigene Fußballturniere aus.

In heutiger Zeit sind Ehepaare weniger produktiv. Besonders in den Großstädten wollen auch Frauen studieren, sich beruflich verwirklichen, reisen und das Leben genießen, bevor der Nachwuchs kommt. Im Hinterland wird es auch etwas überschaubarer, doch überall werden fruchtbare und unüberlegte Ausrutscher der oft erst 15-Jährigen gerne und herzlich in den Kreis der Familie aufgenommen. Wo es für zehn reicht, reicht es auch für elf, und schließlich ist ein Kind, und zwar jedes Kind, ein frohes Ereignis. Ob später die finanziellen Mittel reichen, sind Gedankengänge, die gar nicht erst stattfinden. Darüber zerbricht man sich – typisch brasilianisch eben – erst dann den Kopf, wenn es so weit ist. Irgendwie geht es sich schon aus. Überall sind Winzlinge mit von der Partie, und runde Bäuche kündigen neue Familienmitglieder an. Liebevoll kümmern sich Großeltern, Eltern, Geschwister, Cousins – von denen es natürlich endlos viele gibt – gemeinsam um den Nachwuchs. Schön ist das und wunderbar unproblematisch. Auch die Kinder übrigens, denn da sie einfach ganz normaler Alltag sind, ein Kind unter vielen, wenig verwöhnt und verhätschelt, quengeln sie selten und sind bereits früh selbstständig.

Die Großstadt-Kids sind da schon anders drauf.

Dass ich mein Leben lediglich als Hundemutter zweier Labradore friste, ist Brasilianern vollkommen unverständlich, ja eine gar schreckliche Vorstellung und ein wenig suspekt. Sicher auch deshalb, weil in Brasilien die Familie eine ungleich bedeutendere Rolle als in Europa spielt. Die Familie ist hier alles, nicht nur Zuhause, sondern auch Kranken- und Rentenversicherung, auf die in Brasilien kein Verlass ist und die sich zudem kaum jemand leisten kann. Die Familie unterstützt, fängt auf und hilft. Wenn auch die Streitereien oft heftig sind, so sind doch selbstverständlich alle füreinander da, und wer schlecht über ein Familienmitglied redet, hat sofort die ganze Sippe gegen sich.

32. Grund

Weil man sich in Brasilien sofort wie zu Hause fühlt

Nach 200 Kilometern Staubstraße haben wir Hunger und halten vor dem einzigen Restaurant in dem Nest Mateiros, im Nationalpark Jalapão, das um diese Zeit – es ist später Nachmittag – geöffnet hat. Unsere beiden riesigen Hundekinder, Labradore, deren schiere Größe das Reisen auch in einem so unkomplizierten Land wie Brasilien oft erschwert, bleiben zunächst im Auto, denn auf der Straße tummeln sich ganze Horden herrenloser, abgemagerter Köter, und unsere beiden Angeber würden denen Beine machen und es wäre ein höllisches Gebelle und Stress für alle.

Das nette Ehepaar, die Besitzer des neu eröffneten Restaurants, kommen aus Espírito Santo. Sie haben den langen Umzug an dieses Ende der Welt gewagt, weil sie hier in Mateiros, welches nach der Ausstrahlung einer Novela, die zum Teil hier gedreht wurde, eine erfolgreiche Zukunft für ihre auch wirklich außergewöhnlichen Kochkünste sehen. Natürlich kommen wir ins Gespräch. Wir sind die einzigen Gäste, und es wird ein netter, kulinarisch mehr als zufriedenstellender und auch unterhaltsamer Nachmittag und Abend. Die Chemie stimmt. Sie wohnen in einem kleinen Haus mit Garten auf der gegenüberliegenden Straßenseite. Zunächst bieten sie uns ihren Garten als Auslauf für unsere Hunde an, die nun endlich aus dem engen Wagen dürfen. Sie fragen, wo wir die Nacht verbringen werden, was wir nicht wissen, da uns hier mit acht Pfoten im Schlepptau niemand aufnehmen will. Kein Problem, sagt João und holt noch ein Bier. Eure Hunde fühlen sich ja schon wohl, für euch finden wir auch noch einen Schlafplatz. Wir sind also eingeladen, bei wildfremden Menschen, denen wir heute zum ersten und wahrscheinlich auch zum letzen Mal begegnen. Unkomplizierte und herzliche Gastfreundschaft.

Am Tag zuvor, auch in dieser gottverlassenen Gegend des Jalapão, hatten wir bereits private Gastfreundschaft genossen. Auf der abgelegenen Farm eines aus dem Moloch São Paulo in die Einsamkeit geflüchteten alleinerziehenden Vaters mit Sohn. Vor einer feuerroten Felsenlandschaft mit Aussicht betreibt er einen Kiosk, in dem sich vorbeifahrende Touristen erfrischen und erleichtern können. So auch wir, und wie so oft kamen wir ins Gespräch. Zunächst über das herrliche Schild »Wir haben kein WiFi, bitte sprechen Sie miteinander«. Das taten wir, und da es sich in die Länge zog und der Einbruch der Dunkelheit kurz bevorstand, lud uns Camilo kurzerhand ein, die Nacht auf seiner Farm zu verbringen, er würde sich freuen. Ein unvergesslicher Abend. Ferien auf dem Bauernhof sozusagen. Wir wurden mit einem leckeren Fischeintopf verwöhnt. Pirucuru mit Maniokwurzel, ein Gedicht.

Natürlich waren das zwei besonders gastfreundliche Begegnungen, dennoch typisch für die großherzige Gastfreundschaft in Brasilien. Eingeladen wird man allüberall und ständig. Das sind oft hingesagte leere Floskeln, weil man weiß, dass man sich so schnell nicht wieder über den Weg läuft, doch meistens und vor allem im Ernstfall ist es auch ernst gemeint, und weil die Brasilianer dabei so unkomplizierte Gastgeber sind, fühlt man sich sofort wie zu Hause.

Wir Deutschen neigen ja dazu, einen Besuch erst nach absolviertem Hausputz und ausgiebigen Planungsphasen über die Schwelle zu lassen. Das gibt es hier nicht, möglicherweise sieht es aus als hätte eine Bombe eingeschlagen, nichts ist fertig, wenn man kommt, doch kommen kann man immer. Zeit haben die Brasilianer sowieso, auch für spontane Besucher. Man hat nie das Gefühl zu stören, weil man sofort Teil des Ganzen wird, Teil der Familie oder des Freundeskreises. Es wird gerne gelacht, und die Herzlichkeit führt dazu, dass man selbst bei wildfremden Menschen, wie im Jalapão, das Gefühl hat, sich schon ewig zu kennen. Es liegt sofort etwas Vertrautes in der Luft.

33. Grund

Weil Brasilianer so weltmeisterlich Süßholz raspeln können

Man will es einfach glauben, auch wenn man weiß, dass man keine »Kleine« mehr ist. Auch die »Schöne« – zudem am frühen Morgen als »ungeschminkte« Wahrheit unterwegs – sollte man mit Skepsis bewerten. Doch immer wenn ich zur kleinen Bäckerei um die Ecke laufe und dort mit »Oi minha linda, tudo bem? – Hallo meine Schöne, wie gehts«? begrüßt werde und im weiteren Verlauf eine »menina« bin, ein Mädchen, dann gehe ich mit erhobenerem Kopf und gesteigerterem Selbstbewusstsein nach Hause. »Meine Allerschönste«, »mein Herzchen«, »meine Leidenschaft«. Dass man heute wieder besonders gut aussieht, hört man ständig. Wahnsinn, denke ich, denn das charmante Süßholzgeraspel macht auch wirklich gute Laune, ich fühle mich super, auch wenn ich weiß, dass ich die Altersgrenze eines Mädchens längst überschritten habe und der Kater der vorabendlichen Party schwere Schatten in meinem Gesicht hinterlassen hat. Alles übertrieben, aber irgendwie doch mit so viel Herz ausgesprochen, dass es einfach hinuntergeht wie Öl. Permanent werden Komplimente gemacht, alles und jeder ist schön und sieht bezaubernd aus.

Jedem, der eine zusätzliche Prise Selbstbewusstsein braucht, empfehle ich eine Reise nach Brasilien. Falls man sich zuvor mit kritischem Blick in den Spiegel über diverse Falten, Speckröllchen oder nicht mehr so ganz durchtrainierte Oberschenkel die Laune verdorben und beschlossen hat, auf keinen Fall mehr kurze Röcke oder gar Bikinis zu tragen, dann wird man hier eines Besseren belehrt. Nach wenigen Tagen fühlt man sich prächtig und präsentiert am Strand stolz den neuen, eigentlich viel zu knappen Zweiteiler.

Ich finde das – auch wenn sich die berühmten Balken biegen – wunderbar. Und es ist so einfach und so wohltuend, mit einem

Kompliment ein Lachen auf das Gesicht des Gegenübers zu zaubern.

Die Brasilianer übertreiben in jeder Hinsicht gerne ein bisschen, im Falle der Komplimente ist das wie ein Allheilmittel für jedermann, denn seien wir mal ehrlich, wieso machen wir uns morgens zurecht, bringen Farbe auf die Lippen und das neue Outfit an den Körper? Weil wir gefallen wollen. Komplimente tun gut und heben die Stimmung, plötzlich geht alles leichter von der Hand, und weil wir selbst besser drauf sind, infizieren wir damit auch unsere Umwelt. Ein Virus sozusagen des Süßholzraspelns, der ansteckt und süchtig macht.

34. Grund

Weil »irren« hier so menschlich ist

Nobody is perfect, und nach diesem Motto darf man in Brasilien Fehler machen, ins Fettnäpfchen treten oder gar große Irrtümer begehen. Die Brasilianer sehen es einem nach, vor allem sich selbst, und dies sicher auch deshalb, weil sie oftmals viel zu spontan und unüberlegt auch wichtige Entscheidungen treffen, kaum oder erst danach und oft zu spät über mögliche folgenschwere Konsequenzen nachdenken. Mir fällt das täglich immer wieder auf. Während ich noch über die eventuellen Unwägbarkeiten nachdenke und vor einer Entscheidung gerne mit Sicherheit weiß, dass es die richtige war, hat mein Mann – typisch brasilianisch eben – schon entschieden und gehandelt, spontan, ohne großes Federlesen. Und wenn er dann feststellt, dass es nicht das Nonplusultra war, dann eben beim nächsten Mal. Was soll man sich grämen, die Sache ist ja über den Tisch. Das Leben geht weiter.

Vom richtigen Weg – wenn es diesen überhaupt gibt – abzukommen ist in Brasilien ganz normaler Alltag in fast jeder Familie. Alkoholismus und Drogenabhängigkeit und eventuell sogar ein leichtes Abdriften in die Kriminalität kommt in den besten Familien vor und ist an der Tagesordnung. Ich kenne kaum eine Mutter, die mir nicht schon unter Tränen erzählt hätte, dass eines ihrer vielen Kinder crack- oder kokainabhängig ist, eine Entziehungskur bräuchte, nicht mehr schul- und noch nicht arbeitsfähig ist. Für meine Eltern wäre dies der Super-GAU gewesen, doch hier werden zwar Tränen verdrückt, doch Konsequenzen sind selten. Gott wird es richten, und alle noch so ins Abseits Geratenen sind die weltbesten Söhne und Töchter, und irgendwann wird schon alles gut.

Ehepartner, die im alkoholisierten Zustand Familiendramen auslösen, werden zwar wortstark zum Teufel gejagt, doch am nächsten Tag ist alles vergessen – bis zum nächsten Schwips. Eltern müssen sich um verfrühte Enkelkinder kümmern, auch dieser Ausrutscher der frühreifen Tochter wird in den Lebensplan eingefügt, als ob es die normalste Sache der Welt wäre. Es wird nicht geschimpft oder gefragt, was sie sich dabei gedacht habe, es ist eben passiert, also her mit dem Enkelchen. Wird schon alles gut.

Irren ist in Brasilien wirklich menschlich, alles wird verziehen, und vor allem wird darüber gesprochen und kein Geheimnis daraus gemacht. In diesem Sinne gilt auch hier: Geteiltes Leid ist halbes Leid, zusammen schaffen wir das schon.

35. Grund

Weil Speckröllchen nicht kaschiert werden

Meine Freundin Lia ist ein geladenes Energiebündel, eine winzige Atombombe, mit stattlichen geschätzten 1,55 Körpergröße voller Lebensfreude und immer für ein spontanes Fest zu haben.

Die kocht leidenschaftlich gerne, was kaum zu übersehen ist, und auch sie weiß es. Ihre pinkfarbenen Hotpants – hier »schortschi« genannt – würden immer knapper, teilt sie mir lachend mit. Das winzige Oberteilchen scheint ebenfalls für zierlichere Figuren geschneidert, ist viel zu eng und hat zum Glück keine Knöpfe, denn diese würden bei der nächsten Bewegung abfliegen. Das elastische Material jedoch wächst mit wie eine zweite Haut.

Allem Körperkult und rekordverdächtigen Schönheitsoperationen zum Trotz, auch angesichts der vielen knackigen und durchtrainierten Körper, die an den Stränden flanieren, ist Brasilien Labsal für das Selbstbewusstsein, denn hier regnet es Komplimente für alle. Zudem wird nicht kaschiert, was der Herrgott gegeben hat. Die fülligere Damenwelt, und deren Kurven sind wahrhaft ausgeprägt, verhüllt sich nicht in sackartigen, kaschierenden Roben, sondern trägt, genau wie auch die schlankeren Frauen, figurbetonende Tops, winzige Shorts, Tangabikinis und Röhrenjeans, so eng, dass ich kaum zu sagen weiß, wie sie hineingeschlüpft sind. Da die Haut meist stark pigmentiert oder gut gebräunt ist, sind die Speckröllchen, die allerorten zutage treten, appetitlich und was am wichtigsten ist: weiblich. Ein bisschen Speck führt auf keinen Fall zu überzogenen Diäten, um am Strand figürlich zu glänzen. Was soll's, ist hier die Devise. Spaß kann man auch mit ein paar Pfunden zu viel haben und tanzen ganz und gar. Da man auch gerne glaubt, was man hört, fühlt man sich bestens, denn die Umwelt versorgt ja permanent mit süßesten Komplimenten. Da wird gelogen oder übertrieben, dass sich die Balken biegen, aber die Brasilianer sind eben freundliche Menschen, sie sagen gerne Nettes und Höfliches, gelästert wird kaum. Eine Frau muss sexy sein, und als sexy gelten in Brasilien nicht die androgynen Figuren internationaler Topmodels. Sie sind für den brasilianischen Geschmack viel zu dünn, sie haben ja nichts auf den Rippen. Weiblich, und so bevorzugen brasilianische Männer ihre Damen, bedeutet rund und kurvenreich,

Bucht an der Costa Verde
zwischen Rio und São Paulo.

Oben: An einem Strand in Bahia.
Unten: Typischer Straßenzug im historischen Paraty.

Oben: Blick auf Paraty und das Küstengebirge.
Unten: Ein buntes Land: grüne Echsen und blaue Krebse.

Oben: Am frühen Morgen wartet die schwimmende Bar noch auf Gäste.
Unten links: Kokosnüsse können ganz schön schwer sein. **Unten rechts:** Traditionelle Tracht auf Boipeba.

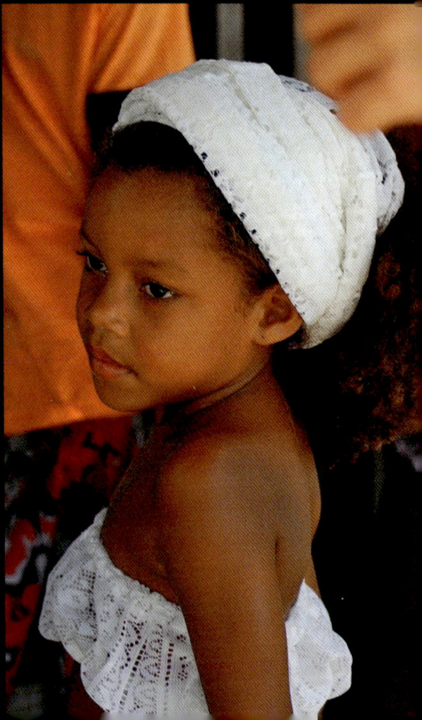

Oben: Mit schwingenden Besen beginnt so manches Fest.
Unten: Einbaum am Traumstrand von Moreré auf der Insel Boipeba.

Einfahrt in den einzigen Fjord Brasiliens, den Saco de Mamanguá.

Oben: Ballspiel im Atlantik.
Unten: Fußballmatch am Ebbestrand.

Oben: Frische Kokosnüsse, die Ladung muss noch gelöscht werden.
Unten: Küstenlandschaft im Nordosten.

Oben: Domino im historischen Alcântara.
Unten: Esel beim Strandspaziergang.

Oben: Im Bundesstaat Minas Gerais kommen Liebhaber von Cachaça auf ihre Kosten.
Unten: Fischfang und fette Beute.

Oben: Spektakuläre Steilküste in Ceará.
Unten: Strandkneipen auf der Insel Algodoal im Bundesstaat Pará.

Oben: Kokospalmen, so weit das Auge reicht.
Unten: Wahlkampf in Icapui, Ceará.

Oben: Traditionelles Fest auf der Insel Boipeba, Bahia.
Unten: Strandausflug mit dem Tuckerkahn.

Oben: Boi-Bumba-Zeremonie auf Boipeba.
Unten: Straßenzug in Ouro Preto.

Am Strand von Boipeba.

und wenn ein bisschen Speck für zusätzliche Rundungen sorgt, umso besser.

36. Grund

Weil in Brasilien die Fischer von Heinrich Böll leben

Dedé ist Fischer in einem kleinen Dorf an der Küste von Ceará. Langustenfischer. Ebenso Dudu, nur etwas weiter im Norden. Er hat sich auf den Krabbenfang spezialisiert. Silvio, dessen Boot an der Küste Bahias vor Anker liegt, lebt ebenfalls vom Fischfang. Natürlich ist ihre Arbeit auf dem Meer mit Gefahren verbunden, doch einen Herzinfarkt wegen Stress oder Burn-out werden sie nicht bekommen. Sie sind ihre eigenen Chefs und fahren nur aufs Meer, wenn es wirklich notwendig ist. Also um die Familie zu ernähren und mit dem Überschuss, den sie an lokale Fischrestaurants verkaufen, ihre Rechnungen zu bezahlen und sich einen Cachaça zu genehmigen. Sie leben einfach, in kleinen Fischerhäusern, schlafen in einer Hängematte und baumeln dort auch am helllichten Tag ganz gemütlich und stressfrei.

Eben genau so, wie der weise Fischer in der *Anekdote zur Senkung der Arbeitsmoral*, die Heinrich Böll 1963 für eine Sendung des Norddeutschen Rundfunks zum Tag der Arbeit schrieb.

Ich muss so oft an diese Geschichte denken, vor allem, weil auch ich mich, angesichts der in meinen Augen doch eher bescheidenen Lebensverhältnisse meiner Fischerfreunde, ertappe zu hinterfragen, weshalb sie sich nicht etwas mehr ins Zeug legen, um einige Fische mehr zu fangen, etwas mehr zu verdienen, sich etwas mehr leisten zu können, um dann sorgenfreier das Leben zu genießen. Falls Sie die Geschichte von Böll nicht kennen, empfehle ich diese kleine Lektüre. Sie steckt so voller Wahrheit.

Hier die Superkurzvariante: Tourist sieht faulenzenden Fischer in seinem Boot dösen und schießt einige Fotos von diesem Idyll, kommt über eine Zigarette ins Gespräch und erläutert, wie der Fischer mit mehr Ehrgeiz und Tatendrang zu Reichtum und einem erfolgreichen Großunternehmer werden könnte. Und dann, was dann, will der Fischer wissen. Dann könne er entspannt in der Sonne dösen.

Den Fischer von Böll gibt es in Brasilien auch. Natürlich haben sie auch Sorgen. Die Kinder krank, die Stromrechnung höher als angenommen, das Segel muss geflickt werden, der Sohn strebt eine ganz andere Karriere in der Hauptstadt an und will nicht als Fischer sein Leben fristen. Dennoch ist Fakt, dass sie ohne unnötige Investitionen, ohne Businesspläne, ohne Kopfschmerzen, ohne Zukunftsplanung und vor allem ohne Stress ihr Leben so einteilen, wie sie es möchten, und Zeit für die Matte haben.

Ich habe mit meinen Fischern darüber gesprochen, und natürlich sagen sie alle, dass das Leben ein Kampf sei, das Leben als Fischer hart und nicht ungefährlich sei. Doch letztlich sind sie zufrieden mit ihrem Dasein, die meisten streben einfach nicht nach mehr oder nach Höherem. Lieber unabhängig und frei statt Knecht eines stressigen Arbeitstages oder gar eines autoritären Chefs.

Deutlich wird dies am Beispiel der Langustenfischer. Sechs Monate im Jahr zahlt ihnen der Staat einen Mindestlohn, damit sie die Schonzeit der Langusten respektieren. Sie könnten in dieser Zeit natürlich trotzdem ausfahren, um Fische zu fangen, und somit doppelt verdienen. Das aber kommt eher nicht oder nur selten infrage, denn das Wenige reicht ihnen, Ehrgeiz ist kaum vorhanden, oberstes Lebensziel sind Ruhe und Zufriedenheit und nicht der kommerzielle Erfolg.

Heinrich Böll hat es auf den Punkt gebracht. Unsereins arbeitet monatelang, um dann völlig ausgelaugt irgendwo am Meer die Seele in einer Hängematte baumeln zu lassen, den Wellen zu lauschen, frischen Fisch zu essen und auszuruhen. Zugegeben, ich wollte nicht in einer brasilianischen Fischerkemenate wohnen, da ich glaube, auf gewisse Dinge, die für den Fischer unnötiger Luxus sind, nicht verzichten zu können. Doch Tatsache ist, und damit sind wir wieder bei Böll und der Arbeitsmoral, dass sie in der Einfachheit ihres Daseins bereits alles haben, was wir uns nur nach arbeitsreichen Monaten, nach Ansparen von kostbarer Zeit und mit genügend Geld erlauben können.

Und noch etwas: Sie sind autark und können sich in Krisenzeiten ernähren, denn zu essen haben sie immer. Das gilt nicht für den smarten Businessman, der ohne seinen Job aufgeschmissen ist, weil er dann weder seine Luxusbude noch seinen schicken Mercedes noch seine kostspieligen Urlaubsreisen finanzieren kann und ein Einkauf im Supermarkt dann auch nicht mehr drin ist.

Die Unabhängigkeit eines Fischers scheint mir erstrebenswert, es imponiert mir, wenn man auf niemanden angewiesen ist, ich denke, das macht unglaublich frei, und ich habe ein kleines Aluminiumboot angeschafft, um auch ab und an zu angeln und die Erfahrung zu machen, wie es ist, autark zu sein.

37. Grund

Weil ich mich noch nie so deutsch fühlte wie in Brasilien und das cool finde

Ich dachte immer, ich sei so »undeutsch«, wie es nur geht. Jahrzehntelang habe ich fremde Welten bereist, habe mich für andere Kulturen, andere Religionen und andere Menschenkinder begeistert. In Indien fühlte ich mich wohl und in der Türkei, in Ägypten und in Russland. Integration schien mir ein Kinderspiel, für mich als »Möchtegern«-Weltbürgerin kein Thema.

In Deutschland war ich dann frustriert, beschwerte mich über das fehlende Lächeln, die vielen ernsten und angespannten Gesichter, den offensichtlichen Stress und die permanente Hektik. Nach meinen ersten Brasilienreisen war schon die Ankunft am Frankfurter Flughafen eine Katastrophe für mich. Niemand lächelte und niemand wünschte mir einen guten Tag. Als ich selbst bei der Einreise einen wunderschönen guten Morgen wünschte, schreckte der Mann an der Passkontrolle in Frankfurt schier zusammen. Ebenso die Dame an der Kasse im Supermarkt am nächsten Tag.

Die Dinge ändern sich, ich habe hinzugelernt und wie so oft: Es ist nicht alles Gold, was glänzt. Acht Jahre lebe ich nun bereits in diesem riesigen und ganz anderen Land und freue mich noch immer über das Lächeln, die gute Laune, die überall verbreitet wird, die Herzlichkeit und Gastfreundschaft, die Spontaneität und das Sich-treiben-Lassen. Doch genau da liegt der Hase im Pfeffer, bin ich eben doch zu »deutsch« und erstmals wirklich stolz darauf. Man kann sich eben nicht immer nur treiben lassen. Spontan ist eben nicht immer am besten. Ein bisschen Planung kann durchaus hilfreich sein. Und das Arbeitsleben ist in Deutschland vielleicht doch etwas härter als der Tag in der Hängematte, also darf man auch ruhig ab und an ein grimmiges Gesicht machen. Darf man?

Mein Fazit: Die Verbindung von deutschem Perfektionismus, Pünktlichkeit, Zuverlässigkeit und Planungseifer mit brasilianischem Laissez-Faire, Alegria, Spontaneität, Improvisationstalent und Sucht nach Spaß und Zeitlosigkeit ergibt die perfekte Mischung.

In Brasilien habe ich gelernt, dass nicht immer alles perfekt sein muss, dass man sich vor allem Zeit zum Leben nehmen soll.

Ein schönes Beispiel: Unser Auto muckt, und es ist eine Frage der Zeit, dass wir damit irgendwo liegen bleiben. Wir wollen zum Supermarkt, doch spontan ändert mein Mann die Fahrtrichtung, und 30 Minuten später stehen wir bei einem der vielen Gebrauchtwagenhändler in der nächsten größeren Stadt.

Spontan schießt mein Mann zielstrebig auf einen Pick-up zu, läuft flott herum, ruft einen Verkäufer herbei, will den Chef sprechen, fragt diesen, was er für unseren Wagen noch gibt, diskutiert kurz und sehr freundschaftlich über den Preis, und fertig ist der Deal. Wir müssen nur auf die Papiere warten. Mein Mann hat weder in den Motor noch unter den Wagen geschaut, hat nicht einmal die Tür geöffnet. Es wird nicht lange gefackelt.

Genial eigentlich. Ich als Deutsche wäre erst nach einigen Tagen zum Autohändler, denn ich hätte mich vorab im Internet über die Preise informiert. Ich hätte die Auslagen sämtlicher Autohändler durchforstet, wäre dafür mindestens zwei bis drei Mal angereist, hätte in sämtlichen Wagen gesessen, abgewägt und überlegt, dann noch mal darüber geschlafen, doch eigentlich vor lauter Entscheidungsstress eine schlaflose Nacht gehabt.

So hat eben alles insgesamt weniger als eine Stunde gedauert, und nach dieser kurzen spontanen Einkaufsaktion saß mein Mann stolz und bis an die Ohrläppchen lachend im neuen Wagen, und los ging es bestens gelaunt zu einer Jungfernfahrt.

38. Grund

Weil es ein Land der Emotionen ist

Brasilianer sind sehr emotionale Menschenkinder, Gefühle werden gelebt und auch gezeigt, und das Zusammenleben mit ihnen ist ein wahres Wechselbad der Gefühle – von himmelhoch jauchzend bis zu Tode betrübt. Selten habe ich so viele Menschen so viel und so oft und so herzhaft lachen sehen, und wenn die Freude besonders groß ist, rollen Tränen. Die Tränendrüsen sind immer ein wenig geöffnet, und Tränen rollen bei vielen Gelegenheiten und glücklicherweise ohne Scham. Bei emotionaler Musik, beim Andenken an geliebte Personen, die weit weg sind, bei Enttäuschung, Liebeskummer, bei Entschuldigungen, nach zu viel Alkohol, wenn die sentimentale Seite zum Vorschein tritt, bei Zorn und Ärger, wenn sie voller Verzweiflung über die immensen Probleme ihres Landes diskutieren. Dabei sind die Brasilianer offene Bücher, sie verstecken ihre Gefühle nicht, nein, sie zeigen sie ganz offen. Natürlich auch wenn es ernst wird und eine Auseinandersetzung in der Luft liegt. Sie machen sich sofort Luft. Lautstark und offen werden Ehekrisen ausgetragen oder politische Meinungen. Dann knallt es kurz, aber heftig, das berühmte Donnerwetter, doch dann wird auch schnell wieder Liebe oder Freundschaft zelebriert, und sie liegen sich in den Armen, mit ebenfalls wortgewaltigen Schmeicheleien, wahren Kussorgien und Drückereien. Stolz sind sie, und wenn dieser verletzt wird, dann Prost Mahlzeit.

Ich liebe dies besonders deshalb, weil Konflikte nicht unausgesprochen vor sich hin brodeln, sondern das brasilianische Temperament dazu führt, dass die Bombe sofort platzt und somit die Situation entschärft ist.

Überraschungen, beispielsweise ein nicht angekündigter Besuch des besten Jugendfreundes, bewirkt ein wahres Feuerwerk an Emotionen, an verbalen und auch umarmenden Gesten und Tränen der Freude. Brasilianer freuen sich wie die Schneekönige und feiern ausgelassen ihre unzähligen Feste. Dass die nationale Leidenschaft Fußball auch starke Emotionen weckt ist kein Geheimnis.

Die Explosionskraft und das Temperament habe ich schon selbst erlebt und bin auch an diversen Orten Zeuge explosiver Szenen geworden. Bei Eifersuchtsszenen gibt es schnell mal einen kleinen Schlagabtausch, und wenn die Angebetete an anderen Fronten flirtet, dann »gute Nacht«, denn »gehörnt« zu werden, dass ist der Super-GAU für den brasilianischen Macho, der selbst allerdings ganz ungezwungen gerne auf Abwegen ist. Umgekehrt geben die Damen, wenn sie Konkurrenz verspüren, schnell mal eins mit der Handtasche über das Haupt der Gegnerin. Ganz klassisch.

39. Grund

Weil man überall sofort Anschluss findet

Berührungsängste? Sprachbarrieren? Alleine sein? Das dürften in Brasilien alles Fremdworte sein. Wer in Brasilien alleine unterwegs ist, wird auf jeden Fall Anschluss und neue Freunde finden. Egal wo man sich aufhält, ob in einer Strandbar, in einem Restaurant, am Flughafen oder in einem Bus, im Supermarkt oder mitten in der Stadt, man findet sofort Anschluss, denn die Brasilianer sind mehr als aufgeschlossen und suchen den Kontakt und das Gespräch. Auch wenn es keine gemeinsame Sprachbasis gibt, kann man sich hier blendend unterhalten. Sie reden einfach drauflos und lachen viel und gerne, und schon ist man mit von der Partie, landet am selben Tisch in lustiger Runde oder gemeinsam auf einem Ausflugsboot, im Kreis der Familie oder im Arm eines ambitionierten Tanzpartners.

Brasilianer setzen sich im Bus nicht so weit entfernt wie möglich, nein im Gegenteil, auch in einem fast leeren Bus wählen sie den Platz neben einem anderen Fahrgast. Und schon geht die Unterhaltung los. Neugierig sind sie, und es ist ihnen offensichtlich wichtig, dass man eine gute Zeit in ihrem Land verlebt, dass man sich amüsiert, dass man ihre Gastfreundschaft und ihre Herzlichkeit kennenlernt. Ich fühlte mich in Brasilien überall sofort willkommen, auch und obwohl die anfängliche Sprachbarriere mir oftmals Probleme bereitete. Für die Brasilianer war das umgekehrt kein Problem, mit unschlagbarem Charme haben sie permanent alles versucht, damit ich mich wohlfühlte, ihr Land kennenlernte und vor allem: mich amüsierte. Nach wenigen Tagen nur fühlte ich mich als zugehörig, mit von der Partie und hatte einen »Freundeskreis«. Natürlich keinesfalls vergleichbar mit meinen über Jahrzehnte aufgebauten Freundschaften in Deutschland, doch ein Anfang. Die Familie, in die ich dann später einheiratete, ließ keinen Zweifel offen, dass ich nicht nur einen Ehemann, sondern ab sofort auch brasilianische Eltern und Geschwister hatte. Die normalste Sache von der Welt. Sogar die berüchtigte Schwiegermutter war ab der ersten Sekunde meine »mae« – meine Mutter, die mich wirklich wie eine Tochter behandelte und meine Integration in dieses so andere Land sehr erleichterte. Sie kann mir natürlich niemals meine wahre, über alles geliebte Mutter ersetzen, die in Deutschland lebt und die ich trotz aller herzlichen und aufrichtigen Einbindung hier wahnsinnig vermisse.

Die Kontaktfreudigkeit und Herzlichkeit gegenüber fremden Menschen ist in Brasilien rekordverdächtig. Das bedeutet nicht, dass man allen Brasilianern sofort vertrauen sollte, denn auch negative Ausnahmen bestätigen – wie überall – die Regel.

40. Grund

Weil Brasilianer Lebenskünstler und Finanzgenies des Dolce Vita sind

Selten habe ich so viele Menschen so wenig tun sehen. Ich meine das ganz positiv. Als ich erstmals auf die Insel Boipeba kam, staunte ich nicht schlecht. Hier leben ja alle wie unsereins in den kostbaren Ferien, dachte ich voller Neid. In der Tat braucht man wenig, um an den kleinen Weltenden Brasiliens ein Dolce Vita zu führen. In den Hauptstädten sieht das natürlich anders aus, eben genauso wie in allen Metropolen dieses Erdballs, doch in den ländlichen, vor allem den am Strand gelegenen Gebieten lebt es sich ganz famos ohne viel Tamtam und ohne größere Anstrengung. Da es immer warm ist und das Leben hauptsächlich draußen stattfindet, braucht man fast nichts. Schon ein Shirt ist der pure Luxus, Schuhe sowieso, es lebt sich prächtig barfuß und mit freiem Oberkörper, als Frau reicht ein Bikini und ein Kanga, so werden hier die sarongartigen leichten Tücher genannt, die man sich locker um die Hüften wickelt. Vielleicht noch eine Sonnenbrille. Fertig ist das Outfit, und damit ist man perfekt ausgestattet für einen Ausflug per Boot, das Abhängen in einer Matte, ein spontanes Fest oder einen abendlichen Absacker auf dem Dorfplatz.

Prioritäten werden hier ganz anders, aber doch klar gesetzt. Es wird in die flüssigen Gaumenfreuden investiert und nicht in ein neues Dekoobjekt fürs Haus. Man arbeitet nicht jeden Tag, sondern nur wenn es wirklich nötig ist. Eine Bank gibt es auf der Insel nicht, wieso auch, man legt ja nichts zurück für Eventualitäten. Besser heute aus dem Vollen schöpfen, wer weiß schon, was morgen ist.

Die charmanten Rastas, die als Touristenguides arbeiten, offerieren ihre Dienste nur, wenn für den heutigen Tag tatsächlich ein bisschen Kleingeld nötig ist, eventuell um die gestrige Zeche zu zahlen. Lieber flirtet man mit den gerade angereisten attraktiven Mädels. Wenn Touristen anstranden, wird schnell mal mit den Koffern zur Hand gegangen, das Trinkgeld für den Viertelstundenjob reicht in der Regel, um diesen Tag gut gelaunt am Strand zu verbringen, ein bisschen Bob Marley zu hören und zu plaudern. Man sitzt und schaut, trinkt überall ein Gläschen mit, hängt zwischendrin die Seele zwischen zwei Palmen in die berühmte Matte, und zur Abkühlung wirft man sich kurz in die Wellen. Alegria eben!

Irgendwie haben alle eine Beschäftigung, aber nichts wird übertrieben, denn man will ja schließlich was vom Leben haben. Zeit für Spaß haben sie immer, diese fehlt höchstens zum Arbeiten. Fernando tuckert mit einem Boot Touristen zu den vorgelagerten Riffen und natürlichen Pools, doch wenn er heute einen Kater, keine Lust oder etwas Besseres vorhat, bleibt sein Holzkahn eben fest verankert. Bimbo grillt Käse am Stiel für die Touristen, doch sein mobiles rotes Grillwägelchen hat an vielen Tagen geschlossen. Dona Marta öffnet ihre Boutique für Damenklamotten nur dann, wenn es ihr in den Kram passt, und Dona Maria de Pomponha kocht in ihrem winzigen 1-Tisch-Restaurant leider nur, wenn sie gute Laune hat. Da alle mehr oder minder selbstständig sind und ihr eigener Herr, entscheiden sie über ihre Arbeitszeiten, und da wird nichts übertrieben, Überstunden kennen sie nicht.

Falls Ebbe im Tourismus herrscht und die Ausgaben, wie meistens, höher als die Einnahmen sind, dann steht zu Hause bei der Großfamilie immer noch der obligatorische Topf mit Bohnen und Reis auf dem Herd, und der Magen hört auf zu knurren.

Diese Leichtigkeit des Seins, verbunden mit der daraus resultierenden immer guten Stimmung, ist Labsal für gestresste Europäer, die hier ganz schnell ihren normalerweise durchgetakteten Lebensrhythmus vergessen und vom Leben im Paradies zu träumen beginnen. Auf diese Weise hat Brasilien bereits viele Aussteigerseelen beflügelt, hier ein neues und anderes Leben zu beginnen. Ich will mich da nicht ausschließen, die Versuchung ist einfach groß, alles scheint so einfach. Doch genau hier liegt die Problematik. Wir sind eben keine Brasilianer, und die so angestrebte schwerelose Glückseligkeit und Leichtigkeit des Seins wurde uns nicht mit in die Wiege gelegt.

41. Grund

Weil alle Europäer hier Millionäre sein dürfen, auch ohne Geld

Wer bei Günther Jauch kein Glück hatte, kann sich auch ohne Hauptgewinn in Brasilien einmal für kurze Zeit als Millionär fühlen. Die meisten Brasilianer sind nämlich der festen Überzeugung, dass alle Europäer Millionäre sind. Ich natürlich auch. Seit nunmehr fast acht Jahren werde ich als Millionärin gehandelt, denn in Europa muss das Geld ja auf den Bäumen wachsen. Nachdem man herausfand, dass ich einst für *The Wall Street Journal* und *The New York Times* gearbeitet habe, ist dies Fakt. Es kann und muss so sein. Die berühmte Wall Street und Amerika sind Synonyme für Geld und Reichtum und Deutschland als erfolgreiche Industrienation sowieso. Sofort war ich in den Augen der Lebenskünstler meiner neuen Inselheimat eine der zehn einflussreichsten Geschäftsfrauen, weltweit natürlich. Die Neigung der Brasilianer, gerne überschwänglich etwas zu übertreiben, hat auch meinen vermeintlichen Reichtum möglich gemacht. Dass ich jahrzehntelang gearbeitet und auch gespart habe wird großzügig übersehen.

Meine Freundin Kirsty, sie kommt aus Holland, arbeitete früher für Matell, das Unternehmen der Barbiepuppen also, die auch in Brasilien schwer gefragt sind. Sie lebt seit fünf Jahren ganz bescheiden auf der Insel Boipeba, arbeitet in einem kleinen Hotel, um sich und ihre Tochter zu ernähren. Doch der Mythos von ihr als millionenschwere Tochter und Erbin des »Barbieimperiums« lebt weiter.

Wir lachen uns halb tot über dieses Kombinationstalent unserer brasilianischen Freunde. Für sie muss es einfach so sein. Wir hatten genug Geld, um nach Brasilien zu reisen, dann um in Brasilien zu bleiben, weiterhin um uns ein Häuschen zu kaufen, und offensichtlich sind wir noch immer nicht pleite. Wie denn das? Weil wir eben Millionäre sind, es kann gar nicht anders sein.

42. Grund

Weil Brasilien ein so farbenfrohes Land ist

Wer es gerne farbenfroh hat, der ist in Brasilien bestens aufgehoben. Ich selbst war nie ein Freund von gedeckten oder pastellenen Farben, sondern habe es lieber knallig bunt, brasilianisch eben. Leuchtende Farben dominieren die Natur und die Traditionen, die Feste, die Kleidung, die Hauswände, einfach alles. Und das ist auch gut so, denn wo es in Brasilien eher bescheiden, um nicht zu sagen ärmlich zugeht, da sorgen knallbunt getünchte Häuser, leuchtendes Grün, feuerrot blühende Bäume, magentafarbene Bougainvilleen und auch die viel farbenfrohere Kleidung für ein fröhlicheres Ambiente. Auf den vielen Reisen durch das einsame Hinterland, durch kleine und abgeschiedene Nester, wo einfache Bauern oder Fischerfamilien leben, sorgt ein Klacks Farbe für bessere Laune, entschärft die Armut, auch wenn immer nur die Vorderseiten der einfachen Häuser getüncht sind, die Seitenwände bleiben meist unverputzt. Die hölzernen Boote, die entlang der Küste das Bild bestimmen, sind allesamt farbenfroh gestrichen. Klamotten sind in der Regel bunt, selten sieht man Menschen in mausgrauem oder schwarzem Outfit, die Farben und Muster sind fröhlich und bunt gemischt, und natürlich stehen den dunkelhäutigen Menschen die knalligen Shirts und Shorts besser als einem bleichgesichtigen Mitteleuropäer. Ein wahres Farbspektakel sind die Feste, wo Kostüme in allen Nuancen der Farbpalette das Herz jedes Fotografen höher schlagen lassen. Und die barocken Städte an der Estrada Real, der Königsstraße, oder im Recôncavo in Bahia, dort wo Brasilien begann, in Cachoeria oder Salvador, sie leuchten kunterbunt und sind auch deshalb so fotogen.

4. Kapitel

Unterwegs und persönliche Highlights

43. Grund

Weil Stefan Zweig recht hatte – Rio muss man einfach gesehen haben

Stefan Zweig, übrigens einer meiner Lieblingsschriftsteller, schrieb eines der faszinierendsten Bücher über Brasilien, und es ist auch heute noch, nach vielen Jahrzehnten, eine lesenswerte Lektüre für jeden Reisenden. Er war so begeistert von der Vielfalt der Landschaften und der Kulturen, von den natürlichen Schönheiten und der schier unfassbaren Größe und Unendlichkeit des Landes, dass er es zu seiner neuen Heimat machte. Leider fassten er und seine Gattin in Brasilien den Entschluss, ihrem Leben ein Ende zu setzen. Es gelang ihnen auch fern der alten Heimat nicht, die unglaublichen Schrecknisse des Krieges in Europa zu überwinden. Doch zuvor setzte er mit seinem Werk *Brasilien* seiner neuen Wahlheimat ein literarisches Denkmal und vor allem auch Rio de Janeiro. Als ich selbst vom Corcovado aus, zu Füßen der Erlöserstatue, meinen Blick über die Stadt Gottes schweifen ließ, musste ich ihm recht geben, er hatte es auf den Punkt gebracht:

»Die Schönheit dieser Stadt, dieser Landschaft lässt sich kaum wiedergeben. Sie versagt sich dem Wort, sie versagt sich der Fotografie, weil sie zu vielfältig, zu unübersichtlich, zu unerschöpflich ist. Selbst ein Maler, der Rio in seiner Gänze darstellen wollte mit all seinen tausend Farben und Szenen, käme in einem einzigen Leben nicht zu Ende. Denn hier hat die Natur in einer einmaligen Laune von Verschwendung von den Elementen der landschaftlichen Schönheit alles in einem engen Raum zusammengerückt, was sie sonst sparsam auf ganze Länder verteilt.«

In der Tat kann man nur atemlos die Aussicht genießen, die wohl noch schöner wäre ohne die Zutaten aus Beton, die von Menschenhand in dieses paradiesische Fleckchen Erde gefügt wurden, und ohne das Wissen, dass dort unten die grausamsten

Drogenkriege wüten und die meisten Bewohner der Stadt ein sicheres Leben nur hinter Gittern und unter strengster Bewachung führen können. Man muss Rio gesehen haben, doch angesichts der ausufernden Gewalt fällt es schwer, diese wunderbare Stadt unbeschwert zu genießen. Die traumhaften Strände, den Zuckerhut, den Botanischen Garten, die historischen Viertel, das mondäne Leben in den Luxusvierteln, die schicken Bars, den Weltklasse-Sushi mit geschmelzter Gänseleber, die Aussichten von den Favelas, die Churrascarias, den Hippiemarkt, die Heerscharen von Körperkult betreibenden, gestylten und mit Silikon perfektionierten Strandschönheiten in knappen Bikinis.

Schade, wirklich schade, dass ein solches Paradies so teuflisch verdorben wurde. Mein Besuch war eher ein gehetzter, ein unruhiger Kurzaufenthalt. Als mein Taxifahrer, mit klassischem Vornamen »Wagner«, fragte, ob ich den Film *Die Stadt Gottes* kenne, wurde mir ganz mulmig, und als er mir bestätigte, dass dieser erstklassige brasilianische Film über das Leben in einer Favela Rios mehr als ein realistisches Portrait sei, befand ich, dass die Cidade Maravilha zwar in der Tat traumschön, doch für mich eindeutig zu gefährlich beziehungsweise zu bedrückend sei. Wagner fuhr mich am kommenden Tag an die Costa Verde und überreichte mir – nachdem er mir zuvor drei Tage lang seine Fahrkünste und sein Wissen und seinen Humor schenkte – zum Abschied eine Flasche Cachaça. Damit ich wüsste, dass die Cariocas wunderbare Menschen seinen. Das wusste ich bereits.

44. Grund

Weil man die »girls« – und auch die boys – von Ipanema nicht verpassen darf

Strandfreaks haben in Brasilien die Qual der Wahl, und ich persönlich erfreue mich täglich – ja, ich weiß, dass dies ein fast unverschämtes Privileg ist – an den kilometerlangen menschenleeren Stränden des Nordostens. An den Stränden von Ipanema und Copacabana in Rio de Janeiro war ich nur ein einziges, ein unvergessliches Mal. Dort geht es weniger beschaulich zu, und für mich war es weniger ein Strandbesuch als ein ausgesprochen vielseitiges Unterhaltungsprogramm. Man kann sich dort auf keinen Fall langweilen, denn es gibt viel zu sehen. Es ist eine Mischung aus Catwalk, Sportfeld und Shopping Mall mit Food Corner. Am besten man leiht sich zunächst einen winzigen Klappstuhl, am besten mit Sonnenschirmchen, und positioniert sich. Der Rest ergibt sich, das Strandleben zieht ohne Unterlass vorbei. Es ist wie ein Dokumentarfilm, nur dass man mittendrin sitzt, 3D sozusagen. Die Luft leicht geschwängert von Lichtschutzfaktoren. Ein mehrere Kilometer langes Meer von Körpern und von nackter Haut zieht sich aus der Klappstuhlperspektive bis zum Horizont. Rio ist die Stadt des Körperkults, davon kann man sich hier überzeugen. Durchtrainierte Muskelmänner, die vor Kraft kaum laufen können, doch mit vor Stolz geschwellter Brust vorbeischreiten und ihre Blicke fachmännisch über die ebenfalls bestens trainierten und oder silikonisch perfektionierten, knackig proportionierten Sonnenanbeterinnen gleiten lassen. Jede Menge aufreizende Girls von Ipanema und an der Copacabana natürlich das Showgirl, her name was Lola. Mir fällt der Hit von Barry Manilow ein. Hier am Beach sind alle etwas gleicher, man spricht davon, dass die Strände die demokratischsten Orte Brasiliens sind. Reduziert auf Badehose und knappen Bikini zählt allein der Körper oder eventuell noch die sportlichen Fähigkeiten beim Beachvolleyball, Surfen oder Schwimmen. Der Strand ist gleichermaßen für alle da, hier punktet nicht der schicke Wagen, die Luxusvilla mit Meerblick oder kostbare Brillis von H. Stern. Nein, hier zählt die Schönheit des Körpers, die sportliche Fitness – zumindest auf den ersten Blick. Hier trifft Hautevolee auf Favela, Schwarz auf Weiß, Tourist auf Einheimische.

Geld spielt hier keine Rolle, man kann es wegen der hohen Kriminalität ja gar nicht mitnehmen, auch die Kamera oder das Handy bleiben besser zu Hause, insofern haben die meisten lediglich ein paar Real für den Klappstuhl – Brasilianer liegen nicht gerne im Sand! – und ein Fläschchen Wasser dabei.

Zwischen der Körperschau ziehen Unmengen von fliegenden Händlern vorbei. Es gibt fast nichts, was man hier nicht sitzender- und schauenderweise erstehen könnte, falls man Geld dabeihat. Es ist wie eine Shopping Mall am Beach. Sonnenschirme, Hängematten, Strandtücher und Kangas, T-Shirts mit Jesus dem Erlöser, gefakte Polos von Lacoste, gespiegelte Sonnenbrillen à la Ray Ban, Dominospiele, Beachball, traumschöne Bikinis in rauen Mengen – schade, dass ich wirklich kein Geld dabeihabe – Muschelketten und Armbändchen in Jamaicafarben für Marleyfans, CDs und DVDs, Sonnenhüte, Fußbälle, Schippchen und Förmchen für die Kleinen, Luftmatratzen, aufblasbare Delfine und Seepferdchen, Nüsschen, Tattoos, Ladekabel, Sonnencreme, Handtaschen, Gürtel, Strandkleider, Muscheldeko, Taschenlampen, winzige Blutoothboxen, Handyhüllen mit Zuckerhutmotiv, Eis in Plastiktütchen, Sacolè genannt, schwere Silberketten aus was-weiß-ich-denn welchem Metall für starke Männerhälse. Alle diese Händler brauchen kein Fitnessstudio, sie schleppen wahnsinnige Gewichte über den heißen Sand, und sie lachen dabei auch noch und halten gerne ein Schwätzchen, so wie der sympathische ältere Herr, der einen winzigen tragbaren Grill neben mir in den Sand stellt, darauf Käse am Stiel grillt und mit oder ohne Oregano offeriert. Fast hätte er den kleinen Gummiball geschmolzen, den das sportliche Paar rechts neben mir seit geraumer Zeit hin und her schlägt und der auf Abwegen war. Linker Hand vier coole Beaus, für den Strandtag und fürs Imponieren und Flirten körperlich und auch musikalisch bestens ausgerüstet. Ihr potentes Soundsystem beschallt mit brasilianischem Reggae einen beachtlichen Radius. Diverse vorbeischlendernde Strandnixen swingen sofort mit den Hüften, lassen sich aber auf keinen Fall anmachen und trollen sich kichernd von dannen.

Ein einzelner Tourist, die Kamera auf der Brust hängend, sitzt in khakifarbenen Shorts etwas deplatziert mitten in diesem Gewühl aus Lebensfreunde. Ausländische Touristen sind übrigens in ganz Brasilien sofort an den überdimensionalen Bikinis und den meist nagelneuen Badeshorts zu erkennen. Brasilianer tragen entweder eng anliegende Badehosen oder fast das Knie bedeckende Surf-Bermudas aus hauchdünnem Stoff mit coolen Designs. Am Strand den Bikini zu wechseln ist ein totaler Fauxpas, und niemals würden sich Brasilianer hinter und unter einem vorgehaltenen Handtuch verrenken, um die nasse Badekleidung wechseln. Das ist völlig daneben, ebenso wie oben ohne, das geht überhaupt nicht. Brasilianer gehen übrigens gestylt zum Strand, dort will man gesehen werden, dafür macht man sich schön.

45. Grund

Weil Brasiliens berühmtester Fotograf auch ein begnadeter Gärtner ist

Wir sind in Aimorés, der Heimat von Sebastião Salgado. Endlich darf ich mit eigenen Augen sehen, dass es nie zu spät ist, dass es Menschen mit großen Visionen, genügend Energie und Durchhaltevermögen gibt, starke Persönlichkeiten, die das Unmögliche möglich machen.

In seinem großartigen Film *Das Salz der Erde* porträtierte Wim Wenders das Leben und Schaffen meines angebeteten Lieblingsfotografen. Der Film berichtete auch über das Instituto Terra, die erfolgreiche Neupflanzung eines atlantischen Regenwaldes durch eine Initiative des Ehepaars Salgado. Würde Stefan Zweig noch leben, er hätte dies in seine »Sternstunden der Menschheit« aufgenommen.

Nirgendwo gibt es mehr Baumarten auf der Welt als im atlantischen Regenwald. Mehr als 450 pro Hektar. Insgesamt 20.000 Pflanzenarten. Wow! Leider sind mehr als 90 % des Mata Atlântica bereits Geschichte, dem Erdboden gleichgemacht, abgeholzt. Ist da noch etwas zu retten? Und ob!

Wer die Fotos von Brasiliens wohl berühmtestem Fotografen in der Weltpresse oder in einer seiner Ausstellungen gesehen hat, weiß, sie erzählen ganze Geschichten, dokumentieren Schicksale von Menschen. Wim Wenders hat Sebastião Salgado mit seinem Film ein Denkmal gesetzt, eine verdiente und wunderbare Hommage an das fotografische Werk des vielleicht weltbesten Fotografen und auch an das soziale Engagement der Salgados. Das Ehepaar exilierte in den 60er-Jahren vor der Militärdiktatur Brasiliens nach Frankreich. Nachdem er begann, mit der Kamera seiner Frau herumzuexperimentieren, wurde das Fotografieren, vor allem dort, wo das Elend der Welt zum Himmel schreit, für Jahrzehnte zum Lebensinhalt des sozial engagierten Salgado. Seine Fotos rüttelten auf, dokumentierten das Leben und Sterben der Verfolgten, der Entrechteten, der von Krieg und Hunger betroffenen Menschen in vielen Ländern. Als das Ehepaar in den 90er-Jahren nach Brasilien zurückkehrte, zurück nach Aimorés im Bundesstaat Minas Gerais, waren sie geschockt, erkannten ihre Heimat kaum wieder. Die Abholzung hatte aus dem einst fruchtbaren, mit atlantischem Regenwald bedeckten Gebiet, ehemals voller Leben und Vielfalt in Flora und Fauna, eine trockene Einöde gemacht. Lélia Salgado muss eine unglaublich starke Persönlichkeit sein, hat sie doch bereits immer ihren Ehemann mit den Krisengebieten dieser Welt, mit den Ärmsten der Armen, seinem Engagement für das Aufrütteln der Weltöffentlichkeit geteilt. Nun war sie es, die nichts für unmöglich hielt, sie war es, die den unglaublichen Vorschlag machte, den Regenwald neu anzupflanzen. Wie das? Unmöglich, war die Reaktion von allen Seiten. Zu viele Arten, zu komplex. Das war vor 20 Jahren. Martin Luther wollte heute noch einen Apfelbaum pflanzen, auch wenn morgen die Welt untergeht. Nach diesem Motto handelten auch die Salgados. Das Wunder nahm seinen Lauf.

In Aimorés, an der Grenze zwischen Minas Gerais und Espírito Santo, haben sie den atlantischen Regenwald neu gepflanzt. Ihre Wiederbelebungsinitiative heißt »Instituto Terra«, und ich habe es besucht, bin voller Hochachtung, Respekt und Andacht durch die wiedergewonnene Natur spaziert. Es war auch deshalb so wunderbar, weil es in einer Flut von Hiobsbotschaften über Polschmelze, Anstieg des Meeresspiegels, Klimawandel, Waldsterben, Plastiksuppe im Pazifik und vieles mehr ein kleiner, doch sehr bedeutender Hoffnungsschimmer ist.

Auch fotografisch hat Salgado einen weiteren Hoffnungsschimmer hinterlassen. Nach seiner jahrzehntelangen fotografischen Arbeit an den Abgründen unserer Zivilisation zeigt er in seinem Buch Genesis die noch unberührten und intakten Schätze und letzten Paradiese unseres Planeten, Orte die schwer zugänglich und deshalb noch nicht von Menschenhand zerstört sind. Ein fotografisches Meisterwerk, das neu motiviert, ein weiterer Silberstreifen am Horizont, der Hoffnung gibt.

46. Grund

Weil Brasiliens Küsten ein Paradies für Strandliebhaber sind

Klar, Ipanema und die Copacabana sind weltberühmt und das zu Recht. Doch Brasilien kann auf insgesamt 8000 Kilometer Strand verweisen, und nicht ohne Grund heißt es, der Strand sei das Wohnzimmer der Brasilianer. Dabei hat man die Qual der Wahl, denn ein Strand ist hier schöner als der andere. Schön ist natürlich relativ. Der eine will robinsonale Einsamkeit, der andere Remmidemmi mit Strandbars, Musik und Unterhaltung. Kein Problem, es ist für jeden das Richtige dabei.

Alleine auf der winzigen Halbinsel Buzios, nördlich von Rio de Janeiro gelegen, gibt es mehr als 20 Strände. An der Küste südlich von Rio reiht sich eine kleine Sandbucht an die andere, und wer eine Insel bevorzugt, bitte schön, die Bucht ist voll davon, auf jeder wiederum eine stattliche Auswahl an Stränden.

Die Sandstrände von Bahia sind legendär und mit Recht gut besucht, denn sie sind wirklich surreal schön. Ob auf der Insel Boipeba oder nebenan in Morro de São Paulo auf der Insel Tinhare, ob in Imbassaí nördlich von Praia do Forte oder im Süden in Itacaré, wo mein Lieblingsstrand Havaizinho seinem Namen alle Ehre macht. Man kommt aus dem Wasser kaum mehr heraus und würde auch gerne ein solches Wohnzimmer am Atlantik haben. Es gibt Beach Locations mit Nightlife für Nachtschwärmer auf der Suche nach einem Abenteuer oder gepflegte mondäne Orte wie Trancoso, wo sich verliebte Paare einige romantische Tage gönnen können.

An den von mir so geliebten Weltenden hat man den Strand für sich, kann man mit Einheimischen Kontakt pflegen und mit Fischern hinaussegeln, um Langusten zu fangen. Dafür ist abends nichts los, und das mag vielen zu ruhig sein.

Im Nordosten von Ceará kann man Hunderte von Kilometern mit dem Auto am Strand entlang der farbigen Steilküsten und grandiosen Dünenlandschaften fahren. Will man ins Getümmel, kein Problem! Will man für sich sein, kein Problem. Ob Steilküste, von Palmen gesäumt wie aus dem Tropenprospekt, auf einer Insel, in einer kleinen Bucht, bei 18 Grad in Cabo Frio oder mitten im Amazonas an einem der vielen Flüsse, wo es ebenfalls herrliche Sandstrände und Dünen gibt, mit Party und Getingel, oder mit einfachen Fischern in der Einsamkeit. Es ist alles zu haben. Man braucht nur eine Badehose, einen Kanga und ein paar Havaianas für die Zeit der Mittagshitze, denn dann verbrennt man sich im Sand leicht die Füße.

Der angeblich schönste Strand Brasiliens befindet sich auf der Insel Fernando de Noronha, etwa 350 Kilometer vor der brasilianischen Küste gelegen. Baia do Sancho. Ich kenne ihn leider bisher nur von unzähligen, Reisefieber verursachenden Fotos. Er steht aber ganz oben auf meiner Wunschliste.

47. Grund

Weil es mehr Tafelberge als in Kapstadt gibt und das brasilianische Monument Valley ein Paradies voller Wasserfälle ist

Ich komme mir vor wie in einem Hollywoodspektakel. Auf einem winzigen Aluminiumboot tuckern wir gemächlich durch die Wild-West-Kulisse des Monument Valley, das nach einer Überschwemmung zu Pferd nicht mehr zu durchqueren ist. Die riesigen tafelbergartigen Sandsteinformationen, die man zur Genüge mit John Wayne und diversen Indianerhäuptlingen auf dem Bildschirm durchquert hat, ragen majestätisch aus der spiegelglatten Wasserfläche.

Cut! Wir sind nicht im amerikanischen Südwesten, auch nicht in Kapstadt, wo ja viel Gedöns um einen einzigen Tafelberg gemacht wird, sondern im Süden des Bundesstaates Maranhão, im Nationalpark »Chapada das Mesas« – Hochebene der Tische – der Tafelberge eben.

Diese stehen auch nicht unter Wasser, das scheint nur so, wenn man einen Ausflug mit dem Boot auf dem Rio Tocantins macht, die für mich schönste Art, diese Landschaft zu erleben.

Tafelberg reiht sich an Tafelberg bis in die Endlosigkeit, es ist zauberhaft schön, auch deshalb, weil außer uns und Kapitän Eduardo mit Nachwuchs hier niemand unterwegs ist und wir dieses Naturschauspiel ganz alleine genießen dürfen, doppelt sogar, denn auf der spiegelglatten Oberfläche des Rio Tocantins sieht man die ganze Grandiosität dieser Landschaft noch einmal.

Die Chapada das Mesas liegt so weitab vom Schuss, dass kaum ein Brasilianer sie kennt. Ein Ausflug an dieses Weltende ist wie eine Zeitreise, der Tourismus steckt noch in den Kinderschuhen, die Unterkünfte sind in der Regel mehr als einfach, zum Frühstück gibt es Brot mit Margarine und dünnen Kaffee. Riachão ist unser erster Anlaufpunkt. Bekannt für eine Vielzahl von Wasserfällen und den Poço Azul und Encanto Azul, zwei tiefblaue natürliche Bademöglichkeiten, die man nach kurzer Wanderung durch den Urwald erreichen kann. Im historischen Örtchen Carolina geht es schon etwas »mondäner« zu, dort finden sich charmante Unterkünfte in historischen Gemäuern mit Flair. Doch es ist noch immer das Ende der Welt. Von dort kann man den besagten Ausflug zu Wasser machen oder weiter hinein in den Park zu den Tafelbergen fahren.

Die Chapada das Mesas ist ein Paradies für Wandervögel, Kletterer und Naturfreaks. Die Tafelberge stehen auf fruchtbarem Boden, und starke Regenfälle während der Regenzeit sorgen für Wasserfälle und eine üppig wuchernde Flora. Es sind die fernen Ausläufer des Amazonasregenwaldes, die Vegetation ist hier ganz ähnlich, denn der Rio Tocantins zählt zu den Amazonasflüssen. Stundenlang verbrachten wir andachtsvoll mitten in Mutter Natur, badenderweise unter Wasserfällen, in natürlichen blauen Grotten, im Regenwald dem Vogelkonzert lauschend und erfolglos bemüht, die herrlichen blauen Schmetterlinge mit der Linse einzufangen.

Die Aussicht von oben über die »Tafelberge« ist natürlich ebenfalls beeindruckend und den schweißtreibenden Aufstieg allemal wert. Am schönsten zu sehen vom »Portal das Mesas«, einem natürlichen »Fenster« hoch oben auf einem der Tafelberge. Traumhafte Wild-West-Atmosphäre besonders am späten Nachmittag, wenn die Sonne sich verabschiedet und den Tag mit ihren Beleuchtungskünsten beschließt. Da bleibt kein Wunsch mehr offen. Höchstens nach einem Sundowner, doch den gibt es erst später, am Ufer des Rio Tocantins, in Carolina.

48. Grund

Weil man in einer Wüste aus Bettlaken in karibische Fluten eintauchen kann

Ein Pool in der Wüste mit Blick auf Dünen? Aus den Vereinigten Arabischen Emiraten, wo bei 45 Grad selbst Skifahren möglich gemacht wird, kannte ich das. Aber hier in Brasilien? Eine Wüste mit Pool? Genau! Nur dass es hier kein künstliches, sondern ein natürliches Spektakel ist. Das schönste Bad der Welt kann man im Norden Brasiliens im Bundesstaat Maranhão mitten in einer Wüste nehmen. Die Wüste selbst trägt den wunderbaren Namen Lençóis Maranhenses – »die Bettlaken von Maranhão« –, und dies, weil der feine Sand weiß wie Schnee ist. Schon dies allein würde genügen, um die Lençóis Maranhenses zu einem lohnenden Reiseziel zu machen. Doch die Schöpfung hat hier noch das berühmte i-Tüpfelchen gesetzt. Während der Regenzeit füllen sich die Täler zwischen den Dünen mit Süßwasser, und es entsteht für einige Monate eine riesige Seenplatte, ein unendlicher Teppich gewebt aus schneeweißem Sand und blauen Lagunen. Nicht zehn oder 20, nein Tausende! Sie schillern in allen Farbschattierungen von Blau bis Grün und ab und an in meiner Lieblingsfarbe Türkis. Diese auf der Welt einzigartige Landschaft ist so zauberhaft, dass es einem wirklich den Atem raubt, egal ob man sich für die Vogelperspektive per Propellerflugzeug oder für einen allradgetriebenen Ausflug mit schweißtreibender Wanderung entscheidet, welcher dann auch die Möglichkeit des persönlichen Eintauchens in die eine oder andere Lagune bietet.

Ich habe wahrhaft schon an traumhaften Orten gebadet, doch dieses war eines der höchsten aller Badegefühle, Karibikflair mitten im Nichts, mitten in der Wüste, zwischen den riesigen, vom Wind so wunderbar modellierten Dünen. Ich hatte das Gefühl, in einem Paintbrush-Gemälde zu stehen.

Total surreal und mit Worten kaum zu beschreiben. Das muss man selbst erleben.

Eine Perle in dieser wüsten Einsamkeit, schwer zugänglich, doch der Weg lohnt sich, ist der kleine Ort Atins, der am Rande der Lençóis Maranhenses und gleichzeitig am Meer und der Mündung des Rio Preguiças liegt. Alles ist hier auf Sand gebaut, kein Asphalt, nur feiner Sand, über den man tagsüber kaum laufen kann, ohne sich die Füße zu verbrennen, denn man sinkt ein bis zu den Knöcheln. Die extrem guten Windkonditionen und die sich bei Ebbe bildenden flachen Lagunen machen Atins zu einem Mekka für Kiter. Eine coolere Kulisse für die Drachensurfer ist kaum denkbar.

Schon die Anfahrt war und ist ein Erlebnis, eine Art Paris – Dakar, und unser Allrad stand kurz vor der Explosion, der Motor kochte, der Innenraum war nach abenteuerlicher Durchquerung diverser Sumpfgebiete ein schlammiges Feuchtgebiet und feinster

Sand in allen Ritzen. Aber wir wollten es ja abenteuerlich auf eigene Faust erkunden, nicht wie »normale« Touristen in einem riesigen LKW-artigen Allradfahrzeug der ansässigen Reiseveranstalter sicher und stressfrei ankommen.

Glücklicherweise fand sich auf halber Strecke ein gastliches Haus, Häuschen eigentlich, ein winziges Tante-Emma-Lädchen, wo auf circa neun Quadratmetern das Wichtigste zu haben war, sprich: eiskaltes Bier und hausgemachter Schnaps besonderer Güteklasse. Im Hochprozentigen schwammen Skorpion, Giftschlange oder Lacraia, ein widerlicher und abscheulich anzusehender Tausendfüßler mit extrem giftiger Beißkapazität, der in vielen Teilen Brasiliens zu Hause ist. Dazu eine Live-Darbietung mit lebenden, noch nicht im Alkohol verendeten, potenten Gifttieren, die der Herr des Hauses sich mal ins Haar setzte oder auf den Schultern des Nachwuchses flanieren ließ. Der hochprozentige Schnaps, wir testeten alle drei Varianten, verfehlte seine Wirkung nicht. Übermütig fast und mit weniger Bedenken über den Ausgang der Reise und die permanente Gefahr, im Niemandsland stecken zu bleiben oder uns zu verfahren, ruckelten wir weiter durch tiefen Sand und wenig vertrauenserweckende Wasserlöcher, bis wir endlich am Ziel der Reise waren. Der beschwerliche und nicht ungefährliche Weg hatte sich gelohnt.

Hätte ich mein Herz nicht schon in Bahia und in Ceará verloren, wäre ich wohl heute noch in Atins. Es ist wie eine Zeitreise an einen Ort, wo die Welt noch in Ordnung ist, wo schlechte Nachrichten gar nicht erst ankommen, wo nichts eilig ist, wo Kinder aus Plastikflaschen Rennautos basteln, wo die einzige Bäckerei ihre Brötchen im Wohnzimmer verkauft, eine winzige Bar gleichzeitig Supermarkt und auch Stätte der Begegnung ist.

49. Grund

Weil Boipeba für mich die schönste Tropeninsel der Welt ist

»Alegria« heißt das Zauberwort, welches auch eine meiner ersten portugiesischen Vokabeln war. Ich hörte es an alles Ecken und von jedermann. Gebetsmühlenhaft kommt es ständig mit einem wunderbaren Lächeln über die Lippen und wird vor allem auch gelebt. Wo? Auf der kleinen Insel Boipeba im Bundesstaat Bahia. Die dortige Alegria, die Leichtigkeit des Seins in Verbindung mit der traumschönen Landschaft und der Flora und Fauna eines tropischen Eilands brachten mich im wahrsten Sinne des Wortes um den Verstand. Ein multikulturelles, immer gut gelauntes und wenig gestresstes Völkchen auf einer paradiesgartenartigen Insel, wo der Rest der Welt in andere Galaxien zu rücken scheint. Keine Autos, keine Bank, keine Zeitung, Nachrichten nur in Form von Inselklatsch. Riesige Blumen mit schwirrenden Kolibris, kristallklares Wasser und halbmondförmige, palmengesäumte weiße Sandstrände, die man fast immer ganz für sich alleine hat. Natürlich haben in den letzten Jahren das Internet, Smartphones und Facebook Einzug gehalten, und der Geheimtipp Boipeba wird bald keiner mehr sein. Doch die Anreise ist etwas beschwerlich, die Insel liegt weitab vom Schuss, und somit wird der Massentourismus hier fern und das Paradies hoffentlich intakt bleiben. Auf Boipeba gibt es alles und doch nichts, Dekadenz und Wohlstand sind hier naturgegeben, die Temperaturen immer angenehm und sehr warm. Niemand ist reich, niemand wirklich arm. Ein kleines Colégio, wo auch die älteren, meist analphabetischen Semester des Abends noch die Schulbank drücken, ein winziges Hospital, ein einziges Auto für die Ambulanz, zwei Motorräder für die beiden Inselpolizisten, die damit ab und an ziemlich auf den Putz hauen. Im kleinen Hafen wird permanent aus- und eingeladen.

Jeder hat ein wenig zu tun, doch niemand übertreibt es, und man nimmt sich Zeit für ein Schwätzchen hier und dort. Prioritäten werden klar gesetzt. Erst das Vergnügen, dann die Arbeit. Man lebt ja schließlich nicht, um zu arbeiten, sondern umgekehrt. Was hier zählt ist nicht der Titel auf einer Visitenkarte, sondern wer man ist und wie man sein Leben verbringt. Klingt doch ganz vernünftig, oder?

Boipeba ist ein noch authentisches Fleckchen Erde. Wenn auch viele Bewohner vom Tourismus leben, herrscht auf der Insel ganz normaler Alltag. Meine Gedanken kreisten nur noch um Boipeba, während ich unkonzentriert und unmotiviert zurück in meinem deutschen Alltag kaum mehr zu Bestleistungen in der Lage war.

Boipeba, das ist multikultureller Mix mit stark afrobrasilianischem Einschlag. Schöne Menschen mit schlanken und langen, gazellenartigen Gliedmaßen, zarter Haut in allen Schattierungen von Mokka bis Schoko. Überall liegt Musik in der Luft. Es gibt ein kleines sehr gemütliches Nachtleben, wo zu später Stunde auch das Tanzbein geschwungen wird, ab und an eine Liveband, alles immer fast privat, denn man kennt sich. Es gibt Schlangen und Krebse, Mosquitos und riesige Taranteln, Sonnenuntergänge der Extraklasse, Strandbars zum Abhängen, Tuckerboote für die Ausflüge in die Mangroven, zum Riff und zu den Sandbänken. Es gibt Rastas und Evangelikale, Candomblé und Capoeira, traditionelle Feste und ab und zu coole Strandpartys mit DJs aus aller Welt.

Nachdem man hier anstrandet, lebt man schnell wie im Rausch und fern der Realität.

Auf Boipeba werden Tropenträume wahr und Aussteiger produziert. Doch auch etwas Vorsicht ist geboten, denn im Paradies gibt es Schlangen, die wirklich giftigen Exemplare, und auch die Verführung nach biblischem Vorbild. Eva lässt grüßen. Auch ich habe in den Apfel der Versuchung gebissen und als Konsequenz mein gesamtes Leben umgeworfen, mit dem Schicksal gespielt, und es ist gut gegangen, doch ich hatte Glück, denn auch im Paradies ist nicht alles Gold, was glänzt.

50. Grund

Weil der beste Caipirinha am Außenriff serviert wird

Besser gehts nicht. Das ist die Krönung, denke ich und greife nach dem Caipi, der vor meiner Nase auf einem schwimmenden Holztablett leicht hin und her schaukelt. Nirgends schmeckt er besser als in Brasilien, doch hier – mitten im Atlantik – ist der Nationalcocktail eben noch eine Spur köstlicher. Ich sitze in kristallklarem, türkisfarbenem Wasser, das mir auch sitzend nur bis zur Brust geht. Komfortabel wie eine Badewanne. Keine Wellenbewegung, die Wassertemperatur ist so optimal, dass man stundenlang bleiben kann, ohne zu frösteln. Um mich herum tummeln sich schwarz-gelbe Fischchen, die für ein wenig Aquarienflair sorgen. Ab und zu zwicken sie mich in den Bauch. In der Ferne sehe ich die Silhouette der Insel Boipeba, wo wir vor gut einer Stunde mit einem tuckernden Holzkahn mit dem Namen Raça Negra – schwarze Rasse – aufgebrochen sind, ohne zu ahnen, welch spektakuläres Sitzbad uns hier am Außenriff bei Ebbe erwartet. Ein riesiger natürlicher Infinity Pool, und früh am Morgen, vor dem Ansturm der Ausflugsboote, gehört er uns allein. Selbstverständlich, wir sind ja in Brasilien, bleibt auch hier, mitten im Atlantik, die Kehle nicht trocken. Eine »Bar Flutuante«, eine schwimmende Bar, sorgt für diverse Gaumenfreuden. Ich juchze innerlich vor Freude und bestelle den nächsten Drink. Schnell wird man hier übermütig und beschwipst sich bereits während der frühen Morgenstunden auf nüchternen Magen. Deshalb bestellen wir als dekadente Krönung noch frische Muscheln und ein Dutzend gebratene Fischchen. Auf wundersame Weise kommt all dies lecker und schnell aus der winzigen Kajüte des schwimmenden Riffrestaurants, wo der Wirt auf einem improvisierten Herd mit einer Art Bunsenbrenner kleine Leckereien zaubert. Will man nicht mehr sitzen, so kann man sich ein bisschen treiben lassen, zwischen den Cocktails ein paar Runden schwimmen oder mit Taucherbrille am Riff weitere bunte Aquarienbewohner aufstöbern. Papageifische, kleine blaue und gelbe Schuppenträger. Wir sind natürlich nicht auf den Malediven, aber es ist nett anzusehen, und nach dem dritten Caipirinha sind größere Tauchgänge eh nicht mehr drin. Der frühe Vogel fängt den Fisch! Wir waren gut beraten, am zeitigen Morgen zu kommen. Plötzlich ist das Idyll verschwunden, der Zauber dahin. Eine ganze Armada von Schnellbooten nähert sich mit hoher Geschwindigkeit, vollgestopft mit Touristen, die Musik ohrenbetäubend aufgedreht. Sie springen fröhlich und grölend in mein karibisches Wannenbad. Der pure Horror und mehr als lästig. Nichts wie weg und morgen früh wiederkommen. Jetzt aber tuckern wir das nächste Inselhighlight an, den Strand von Moreré. Weißer Sand und vom Wind gebeugte Palmen. So muss es in der Südsee sein, die weite Reise dorthin kann ich mir also sparen, denke ich und springe von Bord, um die letzten Meter schwimmenderweise meinen beschwipsten Kopf etwas abzukühlen.

51. Grund

Weil knallblaue Krebse selbst gefangen am besten schmecken

Der Ausflug mit dem Tuckerkahn ist für 10 Uhr morgens angepeilt. Natürlich bin ich die Einzige, die pünktlich parat steht. Typisch deutsch eben. Der Kapitän, ein Onkel meiner Freundin

Katia, schläft noch, ihre Mutter hat eben einen Topf Bohnen aufgesetzt, und Katia selbst ist auf der Jagd nach einer möglichst potenten Kühlbox, entsprechend Eis und Dosenbier. Schließlich wollen wir den Tag in den Mangroven verbringen und Jagd auf Krebse machen.

Bekanntlich isst ja das Auge mit, und die knallblauen Siri, eine Krebsart die in ganz Brasilien vorkommt, ist ein besonders leckerer Beweis dafür. Fährt man beispielsweise in Bahia entlang der Costa de Dendê oder der Costa de Cacau, kann man am Straßenrand überall Männer und Frauen sehen, die die blauen Leckereien anbieten. Sie tummeln sich in den Mangroven und überall dort, wo sandiger Boden ist. Ein überdimensionales Exemplar wohnte ein Jahr in meinem Garten auf Boipeba und klapperte ab und an des Abends über die Veranda. Siri sind also weit verbreitet und schmecken am besten, wenn man sie selbst gefangen hat. Für einen Laien wie mich ist dies eine eher komplizierte und im Zweifelsfall schmerzhafte Angelegenheit. Erstens ist ein Ausflug in die Mangroven ein schweres Unterfangen, man versinkt schnell im Schlamm, wo auch die Objekte der Begierde flott verschwinden. Zudem kommt man kaum vom Fleck, und ich persönlich finde es ein wenig unheimlich dort. Geschickt und vorsichtig, denn es droht Verletzungsgefahr, sie sind immerhin mit einem festen Panzer und auch kräftigen Beißwerkzeugen ausgestattet, muss man schnell und an der richtigen Stelle zupacken. Dann hinein in einen Sack. Am besten lässt sich bei Regen auf Krebsfang gehen. Also heute, denn es ist Regenzeit, Dauerregen ist angesagt, und die Vorhersage stimmte. Gegen Mittag sind wir endlich alle so weit. Der Kapitän hat ausgeschlafen, die Bohnen sind gekocht, die Kühlbox ist gefüllt. Wir tuckern feuchtfröhlich zu den besten Fanggründen.

Wie immer geht es in erster Linie um den Spaß, also um die Getränke und die Musik. Selbstverständlich haben wir eine potente Box an Bord, und noch bevor der erste Krebs in Sicht kommt, wird getanzt und gesungen, zwischendurch übermütig von Bord gesprungen. Ein feuchter Tag in jeder Hinsicht.

Dann wird geankert. Wir verlassen das Boot und begeben uns in den Mangrovenwald. Dort wimmelt es nur so von den Objekten der Begierde. Ich möchte lernen, die Krustentiere am Schlafittchen zu packen, an der Stelle, die es ihnen nicht ermöglicht zu beißen, was mir als Amateur wenig gelingt, und ich gebe mich nach diversen Verletzungen geschlagen und beschließe mich schon einmal in die Nähe des riesigen Blechtopfes auf dem Boot zu begeben, wo die Mutter bereits den ersten Krebsen im brodelnden Wasser den Garaus gemacht hat. Sie warten darauf, nun verzehrt zu werden. Auch dies ein schmerzhaftes Unterfangen für Ungeübte, denn das zarte Fleisch ist bestens durch den starken Panzer geschützt. Doch zeige ich beim Knacken mehr Talent als beim Fang, und so wandert ein delikater, knallblauer Zangenträger nach dem anderen in meinen Magen.

52. Grund

Weil man in den brodelnden Dschungelpools von Jalapão nicht untergeht

Ein kleiner Pfad führt durch üppige dschungelartige Vegetation zu einem Naturphänomen ganz besonderer Art. Es sieht aus wie in einem wilden Palmengarten, die Natur war hier begnadeter Landschaftsgärtner. Bananenstauden, Stechpalmen, Lianen und andere Schlingpflanzen und Klettergewächse, dichtes Grün in allen Variationen. Plötzlich tut sich eine kreisrunde Lichtung auf, und wir stehen vor einer grünen Lagune, einem Naturpool mitten im Urwald. Rund, wie mit dem Zirkel abgemessen. Das Wasser ist kristallklar, der Grund feiner weißer Sand, einige winzige Fischchen tummeln sich darin. Etwas Schöneres habe ich selten gesehen.

Der lange Weg hat sich also gelohnt, denn wir haben dieses Dschungelidyll nicht zufällig gefunden, es ist berühmt geworden durch eine Novela, die im riesigen Nationalpark Jalapão gedreht wurde, dort nämlich sind wir unterwegs, im Bundesstaat Tocantins, mitten im tiefsten Brasilien. Zuvor hatte kaum eine Menschenseele davon gehört, erst die Seifenoper machte aus dem Weltende eine Travel Destination. Man braucht einen Allrad und muss Pisten mögen, die einem Steinbruch gleichen. Glücklicherweise waren diese während unserer Reise wenigstens trocken und nicht schlammig.

Die Novela hatten wir nicht gesehen, doch von den »brodelnden«, aber nicht heißen Lagunen im Dschungel hatten wir gehört. Ich sah Bilder im Netz, und schon wurde dieser abgelegene Teil Brasiliens Teil einer Reiseroute querbeet durchs Land.

Nach lässigen 200 Kilometern auf mehr als holprigen Pisten, vorbei an Tafelbergen und Felsformationen, die zum Teil Kathedralen glichen, erreichen wir das öde Nest São Félix.

Diverse Schilder weisen den Weg in Richtung »Fervedoura Bela Vista« und zur »Fervedoura Alecrim«. Fervedouras nämlich heißen die winzigen Lagunen im Grünen. Übersetzen kann ich das Wort nicht, weiß nur, dass es so viel wie »brodelnde Quelle« bedeutet. Da ansonsten in der Gegend wenig Grünes zu sehen ist, war ich umso erstaunter, plötzlich üppige Tropenvegetation vorzufinden. Unterirdische Flüsse, die ab und an ans Tageslicht kommen, sind für diese Oasen verantwortlich. Dort, wo sie entspringen, wo die Quelle ist, bildeten sich die natürlichen Badewannen mit Blubbereffekt. Nichts wie rein ins klare Wasser, denn jetzt erlebt man ein seltsames Phänomen. Man steht, nein man schwebt ohne Boden unter den Füßen über einem brodelnden Loch. Ich denke an Treibsand und bin zunächst skeptisch. Doch unter den Fußsohlen wirbelt und blubbert es mit so starkem Druck nach oben, dass man quasi im Wasser steht und nicht untergehen kann. Wahnsinn, denke ich, das ist fast wie im Toten

Meer, nur ohne Hilfe des hohen Salzgehaltes. Ein Whirlpool im Dschungel und eine andächtige Stille, die nur von dem Geschrei der Aras unterbrochen wurde.

Wir haben alle Fervedouras besucht und als krönenden Höhepunkt auch den Wasserfall der Ameise, den Cachoeira da Formiga. Eine weitere Oase im Dschungel, ein wirklich türkisfarbener Wasserfall, unter dem man ein paradiesisches Massagebad nehmen kann.

Weit war es, und wir waren mehr als durchgeschüttelt, doch die besonderen Badesensationen werden uns unvergessen bleiben. Sie sind wohl auf der Welt einzigartig.

53. Grund

Weil in Ouro Preto eine kräftige Prise Europa in der Luft liegt

Ouro Preto, die Barockperle und ehemalige Goldgräberstadt im Bundesstaat Minas Gerais, ist ein Paradies für Kulturbegeisterte. Man kann hier ein bisschen Europa atmen. Portugal und die Kolonialzeit sind mehr als präsent, man macht eine Zeitreise. Ouro Preto liegt spektakulär eingebettet in einer hügeligen Berglandschaft mit tropischer Vegetation. Barockkirchen unter Königspalmen, Kopfsteinpflaster und Stadtpaläste. Alles scheint so authentisch, so perfekt erhalten, dass man ständig erwartet, portugiesische Edelleute und elegant ausstaffierte Damen in Reifröcken unter Sonnenschirmchen flanieren zu sehen. Die komplett erhaltene Barockstadt ist einzigartig auf der Welt und deshalb zu Recht Weltkulturerbe.

Ouro Preto heißt sie, weil hier schwarzes Gold gefunden wurde, schwarzes Gold deshalb, weil es durch Eisenoxid schwarz gefärbt war und sich erst beim zweiten Hinschauen als Gold entpuppte.

Portugiesisches Kolonialerbe und Barockarchitektur vom Feinsten gibt es in vielen Städten entlang der Estrada Real, der Königsstraße, über die Gold und Edelsteine aus dem Landesinneren zu den beiden zentralen Häfen, Rio de Janeiro und Paraty, transportiert wurden. Von dort gingen die Schätze direkt nach Portugal. Die Ausbeutung war beispiellos, übertroffen höchstens von den spanischen Kolonisatoren in Mittel- und Südamerika.

Sehenswert sind auch die Städte Diamantina, der Name verrät, um was es hier ging, oder Tiradentes und viele andere Barockperlen, die europäisches, also portugiesisches, Flair verströmen und irgendwie ganz anders als der Rest von Brasilien sind. Aber wie gesagt, was ist eigentlich Brasilien? Es ist so viel, und es ist eben auch Europa.

Ouro Preto ist und bleibt jedoch mein Städte-Favorit auf dieser kulturellen Reise, auf den Spuren der brasilianischen Geschichte, der Geschichte von Reichtum und Ausbeutung, von Kolonialisierung und Sklaverei, von der Entstehung eines neuen Landes in der neuen Welt. Mein Favorit auch deshalb, weil Ouro Preto nicht nur Magnet für Kultur, und Geschichtsfreaks ist, sondern weil in dieser Stadt ein ganz normales Leben vor historischer Kulisse stattfindet.

Die Besiedlung begann bereits im 17. Jahrhundert. Die Goldfunde übertrafen alles, was die Portugiesen zuvor in Brasilien entdeckt hatten. Zehntausende von Sklaven wurden unfreiwillig aus Afrika eingeschifft, um den Reichtum an Bodenschätzen für die Portugiesen zu bergen. Am Höhepunkt des Goldrausches, Ende des 18. Jahrhunderts, hatte Ouro Preto an die 100.000 Einwohner, es war die reichste und die größte Stadt der neuen Welt. Ihr Name damals war Vila Rica, reiche Stadt. Kein Wunden, denn 80% der Weltproduktion an Gold wurden hier gefördert.

Schweißtreibend ist ein Spaziergang über die mit Kopfstein gepflasterten Straßen von Ouro Preto. Die Stadt ist auf Hügeln erbaut, und von einem Platz zum anderen muss man gewaltige Höhenunterschiede überwinden, Hunderte von Stufen erklimmen und steilste Straßen hinauf und hinab wandern. Kleine Geschäfte, Kaffeehäuser, Restaurants, coole Kneipen, Schokoladenhäuser, Märkte mit geschmackvollem Kunsthandwerk aus Seifenstein. Filmreife Häuserkulissen, pittoreske Postkartenmotive, stilvolle Stadthäuser und imposante Paläste, Kirchen allüberall, kleine Brunnen und durch die vielen Anhöhen eine Aussicht schöner als die andere. Und noch eine Besonderheit: die Küche! Im Bundesstaat Minas Gerais und natürlich auch in seiner Vorzeigestadt, die heute viele Universitäten und somit Studenten beherbergt, also eine junge Stadt ist, lässt es sich vorzüglich speisen!

54. Grund

Weil die schönste Panoramastraße des Nordostens der Strand ist

Wir planten unsere erste Reise von Fortaleza, Ceará in die Lençóis Maranhenses, die weiße Wüste im Norden von Maranhão und dann weiter über die Insel Algodal nach Belém, Pará, und ich wollte mir bei Google Maps die beste Route herauszusuchen. Wir brauchen keine Karte, wir fahren die meiste Zeit und den größten Teil der Strecke am Strand entlang, war die einfache Lösung und Antwort meines Mannes. Natürlich kennt er als Brasilianer sein Land besser als ich, die Zugezogene, doch da eine typische brasilianische Eigenschaft auch das Übertreiben und »dick Auftragen« ist, glaubte ich nicht wirklich an eine Strandfahrt derartigen Ausmaßes. Ich wurde eines Besseren belehrt. Dass es in Brasilien Strände ohne Ende gibt, ist ja bekannt, doch im Nordosten sind sie wirklich endlos, das heißt, man kann wirklich Hunderte von Kilometern am Beach entlangsausen – mit einem Allrad und natürlich nur bei Ebbe. Man ist gut beraten, sich vorher über die Gezeiten kundig zu machen, und ab und an muss man auch einige Kilometer Landstraße in Kauf nehmen oder eine längere Wartezeit an einer der vielen archaischen Fähren, dort wo ein Fluss oder ein Meeresarm den Weg versperrt. Die Nutzung der Fähren erfordert einigermaßen Mut. Es sind oftmals nur winzige Flöße aus Holz, Marke Eigenbau, auf denen genau ein Auto Platz hat. Man muss auf zwei halsbrecherisch gelegten Bohlen den Wagen hinaufbugsieren, dann legt der Fährmann entweder mit einer langen Holzstange los und stakt zum anderen Ufer oder zieht – ebenfalls unter Einsatz seiner Muskelkraft – den schwimmenden Untersatz an einem dicken Seil, das über den Fluss gespannt ist, auf die andere Seite.

Die Strände des Nordostens sind breit und der Sand nach Rückzug des Meeres wie eine festgebackene Ebene, und so rauscht man mit 100 Sachen direkt am Atlantik entlang, vorbei an kleinen Fischerorten, Steilküsten in allem Schattierungen von Rot bis Gelb oder auch Schneeweiß und an die Tuffsteine Kappadokiens erinnernd, an touristisch erschlossenen Urlaubsorten, an Esel- und Ziegenherden, an Fußballspielen, an einsamen Friedhöfen mit Meerblick und an jeder Menge traumhafter Bademöglichkeiten. Es fehlt nur die Geschwindigkeitsbegrenzung und die Ausschilderung, weshalb man ab und an mal nachfragen sollte, wie es denn so weitergeht, ob man ohne Probleme bis nach hier oder dort kommt. Zwischendurch hält man an, wo es am nettesten ist, um ein Bierchen zu zischen und einen gebratenen Fisch zu futtern, dann geht es weiter, solange das Meer die Naturstraße und wunderbare Panoramastrecke freigibt.

55. Grund

Weil in Jericoacoara auch die Esel Urlaub haben

In der *New York Times* oder der *Washington Post* las ich erstmals etwas über Jericoacoara. Ich erinnere mich nicht mehr genau. Nur der klangvolle Name blieb hängen und dass es einer der zehn schönsten Strände der Welt sei. Reiselustig und strandsüchtig setzte ich es auf die Liste der Ziele unserer nächsten Brasilienreise. Es lag ja nur schlappe 2.500 Kilometer entfernt von meinem damaligen Wohnort in Bahia. Jeri, wie Jericoacoara von seinen Fans fast zärtlich genannt wird, liegt an der Küste im Norden des Bundesstaates Ceará in einem Naturschutzgebiet aus Dünen, feinstem Sand und Lagunen. Auch in der kleinen gemütlichen Stadt ist alles Sand, kein Asphalt, am besten, man geht barfuß. Sogar in einigen schicken Boutiquen steht man auf feinstem weißen Sand, während man die neuesten Bikinikollektionen oder coole Surfklamotten durchstöbert. Denn chic und hip ist es in Jeri. Trendiges Understatement, deshalb fühlt man sich in dieser Oase auch sofort wohl. Es ist für jeden Geschmack das Richtige dabei, ob Sushi oder ein einfacher Sandwich, gegrillter Fisch oder französische Küche.

In Jericoacoara lässt es sich aushalten, der Strand ist schön, zauberhaft sogar, doch unter die weltweit zehn schönsten kann ich ihn bei aller Liebe nicht setzen. Das Flair macht die Gesamtkomposition aus Landschaft und Städtchen aus, und dazu gehören die lebenden Wahrzeichen von Jeri. Die Esel. Diese nämlich schlendern gemütlich über die Dünen, am Strand entlang und durch das Dorf. Graue Einzelgänger, doch auch kleine Karawanen ziehen am Strand vorbei, lungern auf den Dünen herum und machen gerne auch mal einen Ausflug durch die Gärten der Pensionen und Hotels. Wenn draußen die leckeren Frühstücksbuffets aufgebaut sind, schauen sie mit Vorliebe kurz rein, um ein Stück des köstlichen Schokoladenkuchens zu ergattern und einen kräftigen Schluck aus dem Pool zu nehmen. Liebevoll werden sie dann nach draußen geleitet. Ich musste an Indien und die Kühe denken, es scheint hier ähnlich mit den grauen Langohren zu sein. Überall in Brasilien habe ich Esel gesehen, als Arbeitstiere im Einsatz, schwere Lasten tragend. Auf der Insel Boipeba beispielsweise, wo es keine Autos gibt, transportieren sie von Kokosnüssen bis zu Baumaterial alles in riesigen Körben auf ihrem Rücken oder ziehen schwer beladene Wagen über die Sandstrände zu den jeweiligen Abnehmern. Es sind Arbeitstiere und Transporteure. In ganz Brasilien fahren kleine Fuhrwerke mit vorgespannten Huftieren auch auf befahrenen Landstraßen zwischen riesigen Brummis herum.

In Jeri aber haben sie offensichtlich Urlaub. Unbegrenzte Ferien, und so grasen sie, wo sie wollen, beobachten die Kitesurfer beim Spiel mit dem Wind und vermehren sich prächtig. Niemand weiß genau, wie viele Esel es im Nationalpark gibt, die Schätzungen, die ich hörte, schwanken zwischen 500 und 2000. Egal. Ich mochte Esel schon immer gerne leiden und freue mich, dass auch sie an diesem magischen Ort Ferien haben.

56. Grund

Weil ein Segeltörn an der Costa Verde Postkartenmotive ohne Massentourismus garantiert

Der Küstenabschnitt zwischen Rio de Janeiro und São Paulo gehört zu den landschaftlichen Highlights einer Brasilienreise. Hunderte von kleinen und größeren Buchten reihen sich hier vor der spektakulären Kulisse des Küstengebirges, welches komplett mit atlantischem Regenwald bedeckt ist, aneinander, und vorgelagert liegen in kurzer Entfernung im Atlantik unzählige Inselchen. Schon mit dem Auto ist die circa 400 Kilometer lange Fahrt ein wahrer Augenschmaus, man ist verführt, nach jeder Kurve anzuhalten, denn immer wieder ergeben sich neue fantastische und traumschöne Ausblicke. Die Panoramastraße schlängelt und windet sich entlang der Serra durch den tiefgrünen tropischen Wald, vorbei an einer Aussicht nach der anderen.

Schöner noch ist der Ausflug zu Wasser, und da hat der Reisende die Qual der Wahl, fast aus jeder Bucht heraus kann man mit einem Ausflugsboot durch die Inselwelt der Costa Verde cruisen. Es gibt fast nichts Schöneres, und ich empfehle die »private« Variante mit einem Fischer auf einem kleinen Ausflugsboot, das man ganz für sich hat, sodass man ankern und verweilen kann, wo und wie lange man will. Auf diese Weise hält man sich abseits der großen Ausflugsschiffe, fern von den schreienden und grölenden Gruppen, die mit Styropornudeln lauthals im Wasser toben und in der Regel die idyllische Atmosphäre besonderer Orte entzaubern.

Besonders empfehlenswert sind in meinen Augen die Gewässer rund um die Ilha Grande, die Buchten von Paraty und auf keinen Fall zu vergessen das kleine Fischerdorf Picinguaba, wo man gemeinsam mit den Geiern vor Traumkulisse baden kann. Von dort aus sollte man es nicht versäumen, einen Abstecher an die Strände des hippen Badeortes Trinidade zu machen, die eingerahmt sind von riesigen, von Wind und Meer glatt geschliffenen Steinmonolithen. Ein wenig Seychellenflair. Glücklicherweise muss man sich heute nicht mehr mit einem 36er-Film begnügen, um die unzähligen Perspektiven einzufangen. Mir blieb da förmlich die Spucke weg vor Begeisterung. Doch zurück zu den Eindrücken zu Wasser.

Von Angra dos Reis, einem in meinen Augen touristisch viel zu überlaufenen Küstenstädtchen, bricht man am besten mit einem kleinen Tuckerkahn zur Ilha Grande auf, um dort natürlich den Traumstrand Lopez Mendes kennenzulernen – fast ein »Muss« –, doch man sollte dem Kapitän andeuten, dass er auch einige einsame Orte ansteuert, kleine Strände, wo man Robinson spielen kann, und Buchten mit kristallklarem Wasser, wo sich rote Seesterne auf dem Meeresgrund tummeln.

Die Ausflugsmöglichkeiten von Paraty und seinen vielen Nebenbuchten aus reichen für ein ganzes Jahr. Wir landeten rein zufällig in Corumbé. Man kann hier auch nur zufällig landen, weil es so versteckt liegt, dass wir geschlagene zwei Stunden die Einfahrt zu einer Airbnb-Unterkunft suchten, die sich hier befindet. Die winzige Bucht von Corumbé ist mehr oder minder in Besitz einer großen Fischerfamilie, und sogar die winzige Kirche, hoch oben über der kleinen Sandbucht gelegen, machte einen privaten Eindruck. Ob der Pfarrer zur Familie gehört und private Gottesdienste im engsten Kreis abhält, konnte ich nicht herausfinden. Doch abends wurde hier gesungen, während der Sonnenuntergang alles in rotgoldenes Licht tauchte. Mit einem der Fischersöhne fuhren wir am nächsten Tag aus. Quer durch eine Landschaft aus Buchten und Inseln. Im Hintergrund das imposante Küstengebirge in Nebelwolken gehüllt, bei uns an Bord »just plain sunshine«. Wir ankerten mal hier, mal dort, um in kristallklarem Wasser zu schwimmen und zu schnorcheln, um dann am Praia Vermelha, auf einem der vorgelagerten Eilande gelegen, zu lunchen. Postkartenmotiv in einem Idyll wie aus dem Bilderbuch. Besser geht es nicht. Als »i-Tüpfelchen« wird man in einer Strandbar mit Meeresfrüchten und leckeren Drinks verwöhnt. Die Seele baumelt und man will gar nicht mehr weg.

Am nächsten Tag tuckerten wir, ebenfalls privat, mit einem anderen Kapitän auf einem anderen Holzkahn etwa 20 Kilometer weiter südlich. Das Modell mit winziger, doch mit riesigen Kissen bedeckter Chill-out-Terrasse obenauf gefiel mir nicht schlecht, konnte ich doch den Tag liegenderweise, sehr bequem durch einen Hauch Norwegen tuckern. Denn auch einen Fjord hat Brasilien zu bieten, ebenfalls ganz in der Nähe von Paraty.

Zum Glück ist das Wetter etwas freundlicher als im Norden Europas, und ein Fjord mit tropischer Vegetation ist eine charmante Mischung. Es gibt im Fjord – dem acht Kilometer langen Saco de Mamanguá – sogar einen Nebenbuhler von Rios Zuckerhut.

57. Grund

Weil in Paraty ein weiterer FLIP kein Flop ist, sondern literarische Blüten treibt

Paraty ist immer eine Reise wert, denn hier kann man alles haben. Sonne, Meer, Kultur, Geschichte, Kunst und Kulinarisches, Strand und Regenwald, Berge und Inseln. Es zählt zu den barocken Juwelen der »Estrada Real« und liegt fantastisch in einer Bilderbuchbucht mit unzähligen vorgelagerten Inseln, im Hintergrund das gewaltige Massiv der Serra, überwuchert mit einem intakten atlantischen Regenwald. In Paraty kann man nette Bootsfahrten zu mehr oder minder einsamen Sandbuchten unternehmen, kann man bestens schnabulieren, stundenlang durch die historischen Gassen flanieren, mal hier einen Kaffee oder dort ein kühles Getränk nehmen, Livemusik hören, nett shoppen. Die komplett erhaltene historische Altstadt ist eine wahre Augenweide und ein Mekka für Fotografen, und einmal im Jahr, im Juli, wird es zur Pilgerstätte auch für Literaturfreaks.

Seit 2003 ist Paraty Gastgeber des FLIP – Festa Literária Internacional de Paraty – eines der bedeutendsten Literaturfestivals Südamerikas, für das man sich keinen schöneren Rahmen wünschen könnte.

Ein vielfältiges Programm mit Lesungen, Diskussionsrunden, Ausstellungen, Konzerten, Kochveranstaltungen und vielem mehr präsentiert sich interessierten Leseratten in dem charmanten Städtchen ganz im Süden des Bundesstaates Rio de Janeiro.

Es war Liz Calder, eine der Mitbegründerinnen des Bloomsbury Verlages, Herausgeber unter anderem der *Harry Potter*-Reihe, die von einem Literaturfestival in Paraty träumte und diese Vision seit 2003 dann in die Tat umsetzen konnte.

Das FLIP ist nach 15 Jahren bereits Institution geworden und konnte bekannte Namen der internationalen Autorenszene zur Teilnahme bewegen, darunter Isabel Allende, Salman Rushdie, Michael Ondaatje, Orhan Pamuk, Don DeLillo, Karl Ove Knausgård, Ian McEwan oder Margaret Atwood. Selbstredend ist die brasilianische Gegenwartsliteratur stark vertreten mit Autoren wie Milton Hatoum, Luiz Ruffato oder Paolo Lins.

Das FLIP in Paraty sollten Leseratten und Brasilienfans oder die, die es werden wollen, auf jeden Fall als Reiseziel in Betracht ziehen. Ein kultureller Leckerbissen der Extraklasse an einem der schönsten Flecken Brasiliens.

58. Grund

Weil Delfine wunderbare Schwimmpartner sind

Die traumhaft schöne Küste zwischen den mondänen Urlaubsorten Tibau do Sul und Pipa offeriert nicht nur hippe Resorts, weiße Sandbuchten, üppige Natur sowie nette Restaurants und Shopping-Möglichkeiten. An diesem Küstenabschnitt bleibt kein Wunsch offen. Spektakuläre Steilküsten, gigantische Dünen, Surfstrände für die Wellenreiter und spiegelglatte Lagunen für Stand-up-Paddler.

Landschaftlich gesehen ein Leckerbissen, ein Fest für die Sinne. Wer hier einige Tage verweilen will, kommt auf jeden Fall auf seine Kosten.

Doch ganz besonders war für mich die sehr natürliche, weil unerwartete und nicht angekündigte Begegnung mit einigen Meeresbewohnern am Strand von Madeiro. Ich paddelte im seichten Wasser vor mich hin, suhlte mich in den herrlichen Fluten und war mit meinem Dasein mehr als zufrieden. Kann es denn irgendwo noch schöner sein, dachte ich, als mir bei Sichtung einer riesigen Flosse, ganz in der Nähe, also eigentlich direkt neben mir, der Schreck in die Glieder fuhr. Spielberg hat auch bei mir ein Trauma hinterlassen. Doch unbegründet das Trauma und der Schreck, denn es war nur der erste von drei Delfinen, die mit und neben mir das Bad im Atlantik ebenso zu genießen schienen wie ich. Voller Freude und Übermut schossen sie pfeilschnell durch die Fluten, präsentierten sogar den einen oder anderen Salto. Schwimmen mit Flipper, einfach so, ohne ein Ausflugsboot zu chartern, das war für mich ein besonderes Erlebnis. Erst später fand ich heraus, dass diese Touren zum festen Repertoire des Tourismusangebotes dieser Gegend gehören.

Am nächsten Tag war ich morgens die Erste am Strand, was selten ist, und wie erhofft warteten meine neuen Freunde schon auf mich. Das bildete ich mir jedenfalls ein und erfreute mich erneut an der netten Gesellschaft in den Wellen.

59. Grund

Weil es beim »Zahnzieher« so unerwartet romantisch ist

Joaquim José da Silva Xavier, der aus einfachen Verhältnissen kam und früh Vollwaise wurde, erlernte das Zähneziehen von seinem Lehrer, der auch Chirurg war. Er wurde deshalb Tiradentes, Zahnzieher, genannt. Berühmt wurde Brasiliens berühmtester Zahnarzt nicht aufgrund seiner zahntechnischen Fähigkeiten, sondern wegen seines Einsatzes für die Unabhängigkeit von Portugal und für die Abschaffung der Sklaverei. Tiradentes war

Anführer der Bewegung Inconfidência Mineira im Bundesstaat Minas Gerais, wo die portugiesische Krone Gold und Edelsteine schürfte und hohe Abgaben erhob. Der glücklose Held wurde leider verraten und 30 Jahre vor der Unabhängigkeit in Rio de Janeiro hingerichtet. Sein Kopf wurde im heutigen Ouro Preto, der damaligen Vila Rica, der reichen Stadt, zur Schau gestellt. Sein Schicksal erinnert stark an das von Zumbi dos Palmares, des unsterblichen Führers der afrobrasilianischen Bewegung in Brasilien.

Heutzutage kann man nicht nur den Kopf von Tiradentes, sondern sein gesamtes Konterfei als Denkmal in fast allen historischen Städten von Minas Gerais finden, und der 21. April ist in Brasilien nationaler Feiertag zu seinen Ehren. *Dia de Tiradentes.* Plätze und Straßen sind nach ihm benannt, und auch die romantische Schöne »Tiradentes«, eine der barocken Juwelen an der ehemaligen Königsstraße. Tiradentes scheint vom anderen Stern zu sein. Alles ist hier zu schön, um wahr zu sein. Die Restaurierung der historischen Bauten, die Beleuchtung, die Präsentation der Speisen und der Getränke in den eleganten Restaurants. Man schlendert gemütlich über überdimensionales Kopfsteinpflaster, das von den Sklaven aus Afrika hier verlegt wurde. Man kommt aus dem Fotografieren der schnuckeligen Häuserfassaden und Kirchen nicht mehr heraus, und natürlich will man mindestens ein Andenken aus dem berühmten Seifenstein mit nach Hause nehmen. Wer es ganz romantisch, bequemer und ein bisschen albern will, kann sich mit einer rosa Pferdekutsche durch die geschichtsträchtigen Gassen ziehen lassen. Alles ist hier fürs Auge aufs Schönste drapiert und hat mit der ansonsten überall großen Improvisation in Brasilien nichts gemein. Man wähnt sich eigentlich kaum noch in Brasilien. Alles zu perfekt und sehr geschmackvoll, doch eben auch irgendwie künstlich. Es fehlt Brasilien.

Romantisch ist Tiradentes für einen Ausflug zu zweit, verführerisch für die Liebhaber schöner Dekorationsartikel, guter

Schnäpse und leckeren Essens. Kein Wunsch bleibt für den Besucher unerfüllt. Traumhafte Kulisse, doch mit einem Touch von Disneyland. Wer mehr über den Namensgeber und Revolutionshelden erfahren möchte, sollte sich den Film *Joaquím* ansehen, ein 2017 auf der Berlinale vorgestelltes Epos über Tiradentes, den unsterblichen Helden der Unabhängigkeitsbewegung.

60. Grund

Weil in Brasilien der Baobab des kleinen Prinzen steht

Der kleine Prinz und seine Sorge um das enorme Wachstum der Baobabs, der Affenbrotbäume, die seinen kleinen Planeten bedrohten, ist weltweit bekannt. Die wunderbaren Zeichnungen von Antoine de Saint-Exupéry von den Baumriesen werden seit Jahrzehnten wieder und wieder gedruckt. Was dies mit Brasilien zu tun hat? Der berühmte Baobab des kleinen Prinzen wächst und gedeiht auf brasilianischem Boden, in der kleinen Gemeinde Nisia Floresta, ganz in der Nähe von Natal im Bundesstaat Rio Grande do Norte. Hier auf den Spuren des kleinen Prinzen zu wandeln hat mich sehr erstaunt und auch berührt. Weder hätte ich hier ein Exemplar des für Madagaskar so typischen Baumriesen vermutet, noch ahnte ich, dass der französische Flieger und Autor auch in Brasilien unterwegs war. Und doch, Brasilien, schon wieder für eine Überraschung gut, hat auch Saint-Exupéry inspiriert, hier steht der Baobab, der angeblich Modell für seine Zeichnungen stand. Tatsächlich weilte Exupéry in den 20er-Jahren des letzten Jahrhunderts an diesem Ort, und so scheint es plausibel, dass er hier seine Inspiration fand.

Der »Baobab des Poeten« wird der riesige Baum genannt, der sich heute im Besitz des Professors und Dichters Diógenes da

Cunha Lima befindet. Dieser rettete den Baumriesen vor der Fällung, indem er den Grund und Boden kaufte und ihm so ein ewiges Zuhause und Liebhabern besonderer Bäume ein lohnendes Ausflugsziel schuf. Als großer Anhänger des kleinen Prinzen habe ich selbstverständlich dort eine kleine Gedenkminute eingelegt, war nur traurig, dass er hier ebenso wenig Platz wie auf dem Planeten des kleinen Prinzen hat, denn rechts und links führen asphaltierte Straßen vorbei, er steht wie auf einer kleinen Verkehrsinsel, beengt und nur wenig idyllisch. Ein kleines Schild weist ihn als Baobá aus, und würde man nichts von seiner Existenz und seiner besonderen Geschichte wissen, würde man fast vorbeifahren, ohne ihn zu bemerken.

Zugegeben, der Baobab des Poeten hat nicht annähernd die Ausmaße der Affenbrotbäume, die ich auf Fotos von Madagaskar sah oder auf dem Planeten des kleinen Prinzen. Dennoch ist es ein Baumriese, sein Stamm ist mit 20 Metern Umfang gewaltig, es fehlt ihm noch an Höhe, aber in dieser Richtung ist noch Raum für Wachstum, und so werden zukünftige Generationen hier vielleicht noch mehr Gemeinsamkeiten mit dem Prinzenexemplar finden.

61. Grund

Weil Rio keine Exklusivrechte für Zuckerhüte hat

Der berühmteste steht natürlich in Rio de Janeiro, das steht fest. Doch eine Fahrt durch den angrenzenden Bundesstaat Espírito Santo zeigt, dass der Zuckerhut von Rio kein Einzelfall ist.

Im Nationalpark Monumento Natural dos Pontões Capixabas gibt es jede Menge der fotogenen Monolithen, und ein Ausflug in diese fantastische Bergwelt ist mehr als atemberaubend. Kaum jemand scheint diese traumhafte Gegend zu kennen, zumindest kenne ich keinen einzigen Brasilianer, der davon schon gehört hätte. Wenn ich jedoch meine Fotos zeige, wollen alle sofort hin. Wir fanden es eher zufällig auf dem Weg von Rio Richtung Norden. Ich studierte wie immer abends die Landkarte, las den Namen des Nationalparks, wurde neugierig und hatte gerade nichts Besseres zu tun, als ihn bei Google einzugeben und auf Bilder zu klicken. Wow. In einem Reiseblog las ich, es sei der helle Wahnsinn und zum Glück sei man dort fast alleine unterwegs. Dies und die vielversprechenden Fotos genügten, um unsere Reiseroute weiter ins Landesinnere zu verlegen. Auf gut ausgebauten, kurvigen Straßen näherten wir uns einer Landschaft, wie ich sie zuvor nie gesehen hatte, Ähnliches nur auf Bildern und zwar auf Bildern von Guilin, China. Immer hatte ich diese kegelförmigen Felsformationen sehen wollen, doch nie schaffte ich es, in diese fantastische Welt zu reisen. Jetzt, in Brasilien, kam mit jeder Kurve eine ganz ähnliche Landschaft ins Blickfeld und vor die Linse. Atemberaubend und erneut eine Überraschung beim Erkunden meiner neuen Heimat. Am Horizont erstreckten sich bis in die Endlosigkeit riesige, kegelartige und kugelförmige Granitmonolithen. Dazwischen üppige Vegetation und kleine Dörfer, friedliche Idylle, die zu Füßen dieser monströsen Launen der Geologie, der Megaskulpturen aus Stein liegen. Hunderte von Metern hoch sind die Felsberge und deshalb ein Mekka für die wenigen Freeclimber, Drachenflieger und Wandervögel, die sich hierher verirren. Doch auch für faulere Besucher wie uns hat sich die Reise nach Pancas, dem kleinen Städtchen inmitten dieser surrealen Landschaft, gelohnt. In jeder Richtung ein Bild für die Götter und unerwartetes Fazit: Espírito Santo ist mehr als eine Reise wert, und wir kommen auf jeden Fall wieder und dann mit mehr Zeit. Übrigens ist auch die Hauptstadt Vitória und ihre Umgebung verführerisch und landschaftlich ähnlich gelegen wie Rio de Janeiro, nur kleiner, gemütlicher und ohne den Glamour und Hype der Stadt Gottes.

Weil ein Krater voller Aras und ein natürliches Aquarium einen Abstecher wert sind

Pantanal! Davon hat man schon gehört und Dokumentationen gesehen. Er ist das weltgrößte – schon wieder ein Superlativ – Binnenlandfeuchtgebiet, etwa so groß wie Deutschland vor der Wiedervereinigung. Süßwasserseen und gewaltige Flüsse sorgen dafür, dass es hier richtig sumpfig zugeht und in den Regenmonaten fast alles unter Wasser steht. Ein Paradies für die circa 35 Millionen Kaimane, für Reptilien und Amphibien aller Art, für Fische, Riesenotter und vieles mehr. Auch die Großkatzen Jaguar, Puma und Otzelot sind hier heimisch und Papageien in allen Größen und Farben. Ökotouristen und Naturfreaks, Angler und Ornithologen kommen hier ins Schwärmen. Leider ist auch dieses Paradies stark bedroht. Die unkontrollierte Abholzung, die Verschmutzung der Gewässer, die Gier nach bunten Federn und nach Reptilien für dekadente Taschen oder Schuhe, verheißen nichts Gutes für die Zukunft.

Deshalb sollte man es besser schnellstens auf den Reiseplan setzen. Wer es nicht ganz so abgeschieden und flach und sumpfig mag, der kann in Bonito, im Bundesstaat Mato Grosso, einige Highlights erleben. Zugegebenermaßen ziemlich ab vom Schuss, doch es lohnt sich, einen Flug nach Campo Grande zu buchen und von dort mit einem Mietwagen die zwei Stunden in die kleine Stadt Bonito zu fahren, dort für ein paar Tage Quartier zu nehmen und einige der angebotenen Ausflüge zu unternehmen. Es ist für jeden Geschmack etwas dabei. Klettern in der Serra da Bodoquena oder Absteigen in unterirdische Grotten mit tiefblauen Seen, Rafting oder gemütliches Duschen unter Wasserfällen. Ich persönlich finde einen Schnorchelausflug im Rio Sucuri, dessen Wasser zu den klarsten der Welt zählt, besonders empfehlenswert.

Die Unterwasserwelt ist fantastisch, es ist, als ob man in einem riesigen Aquarium unterwegs ist. Bequem kann man sich mehr als einen Kilometer mit der Strömung über Unterwassergärten und ihre bunten Bewohner treiben lassen.

Doch das Beste ist das »Loch der Aras« – Buraco dos Araras. Ein Krater von mehr als 100 Metern Tiefe und einem Umfang von 500 Metern ist zum bevorzugten Wohnort vieler einheimischer Tierarten geworden. Ein ganz eigenes Ökosystem hat sich hier entwickelt. Tief unten gibt es einen kleinen Dschungel und einen grünen See, wo Kaimane leben – niemand weiß genau zu sagen, wie sie hineingekommen sind – sowie Schlangen, Gürteltiere und andere Säuger. Doch es dominieren die Vögel, mehr als 150 Arten, darunter Tukane und eben besagte Aras, die man an den steilen karstigen Wänden des Kraters zu Hunderten beobachten kann. Es ranken sich viele Legenden um das Loch der Aras, vielleicht war es ein Meteorit, der für dieses abgelegene Vogelparadies den Aus- oder besser gesagt den Einschlag gab. Der Besitzer auf jeden Fall, denn es befindet sich auf dem Gelände einer privaten Rinderfarm, war zunächst nicht begeistert, als er bemerkte, dass sein Weideland in einem tiefen Abgrund endet. Heute ist er stolz auf das kleine Ökojuwel, und die Eintrittspreise sind zum lukrativen Einkommen geworden. Man munkelt, dass in der Vergangenheit der tiefe Abgrund ohne Ausweg als idealer Ort für Selbstjustiz galt und Kriminelle kurzerhand in die Tiefe befördert wurden. Später dann wurde es ein praktischer Abladeplatz für die Entsorgung alter Autos und Müll, doch glücklicherweise gewann der Ökotourismus die Oberhand, und somit scheint die Bewahrung dieses kleinen Paradiesgartens gesichert.

63. Grund

Weil man in Brasilien wirklich lernt, dass weniger mehr ist

Jahrzehnte meines früheren Lebens habe ich mit dem Sammeln und Anhäufen von in meinen Augen schönen, mehr oder weniger notwendigen Dingen verbracht. Hier noch ein Döschen, dort noch eine Amphore, ein weiteres, weil andersfarbiges und zudem aus der Provence stammendes Geschirr, Buddhaköpfe, marokkanische Laternen, noch ein Teppich. Irgendwann dann der Stress: wohin damit? Zudem Klamotten bis zum Ersticken, das meiste völlig überflüssig.

Ganz bin ich nicht darüber hinweg, noch immer kann ich mich für schöne und eigentlich nutzlose Dinge begeistern. Doch in Maßen, denn ich habe gelernt, weniger zu brauchen. Gewiss hat sich meine Nachbarin Raimunda, eine Fischersfrau, noch niemals Gedanken über eine neue Blumenvase gemacht. Sie hat gar keine, ihre Blumen wachsen allesamt im Garten. Ob das Shirt ihres Mannes zu den durchgewetzten Bermudas passt? Wen interessiert das schon. Die Söhne der Familie haben zwar ein Smartphone, das in ständigem Einsatz ist, doch sie schlafen allesamt in einer Hängematte. Im Haus gibt es einen grisseligen Fernseher, die Wände sind sowohl innen als auch außen unverputzt und ohne Anstrich, ein wackeliges Regal, auf dem der Fernseher steht, ist, abgesehen von einem wenig vertrauenerweckenden Stuhl, das einzige Möbel der Familie. Gekocht wird meistens draußen, mit Holz, auf einem Grill, der in einem früheren Leben ein Ölfass war.

Lele, der Herr des Hauses, ist Fischer in der ich-weiß-nicht-wievielten Generation, so auch seine Söhne, die ihn auf dem täglichen Segeltörn begleiten. Morgens um 5 Uhr setzen sie Segel, mittags gegen 15 Uhr kommen sie mit mehr oder weniger lukrativem

Fang zurück, erschöpft und reif für die Hängematte, wo sie sich wie Mumien einwickeln und Siesta halten. Später gibt es Fisch – in der Regel die Köpfe, die Filets haben sie verkauft – mit Farinha, dem hier sehr groben Maniokmehl, so hart, dass eventuell die hiesige Zahnlosigkeit auch damit zu erklären ist. Komme ich zu Besuch, wird Kaffee angeboten, in zartem Hellbraun gehalten, so dünn wie Tee. Mir als Gast wird der einzige Stuhl angeboten, den ich immer ablehne und mich wie Raimunda auf einen »bloco« setze, einen Ziegelstein. Jetzt kann es losgehen, wir plaudern über Gott und die Welt, amüsieren uns über den letzten Tratsch aus dem Dorf, und es fehlt eigentlich nichts, um gemeinsam einige schöne Stunden zu verbringen. Weder ein bequemer Stuhl noch ein starker Kaffee und schon gar nicht eine Blumenvase.

Natürlich möchte ich nicht tauschen, doch trotz der offensichtlich mehr als bescheidenen Lebensverhältnisse meiner Nachbarn muss ich einsehen und erkennen, dass in unserer verwöhnten Welt das »Zuviel des Guten« nicht unbedingt zur Zufriedenheit beiträgt. Im Gegenteil, man will immer mehr, immer größer, immer komfortabler, immer luxuriöser. Man belastet sich mit einem Überschuss an eigentlich wertlosem »Tand« und verbringt viel Zeit und Gedanken damit, darauf aufzupassen, ihn zu versichern, nicht zu verlieren. Die Fischerfamilie nebenan hat nichts zu verlieren, niemand könnte hier etwas wegnehmen, und so leben sie ganz entspannt, mit immer offenen Türen und ohne Verlustängste. Frei eigentlich und ohne Verpflichtungen.

Ausgenommen die Smartphones der jüngeren Generation, die werden gehütet wie ein Augapfel und führen per Internet in neue und ganz andere Welten und hin zu neuen Träumen und Wünschen. In ihrem Haus wird ganz sicher später ein Flachbildschirm eine verputzte Wand schmücken, eine Skyantenne für Unterhaltung sorgen, der Wunsch nach einem Auto einen Bankkredit nötig machen und die Abzahlung dieser Schulden dann an mageren Fangtagen für schlaflose Nächte sorgen. Alles in Veränderung.

64. Grund

Weil ich schätzen lernte, was in Europa allzu selbstverständlich war

Bei aller Liebe und Verbundenheit zu meiner neuen Heimat – der Beweis ist dieses Buch – stelle ich täglich erneut fest, wie sehr mir Dinge fehlen, die ich in der Vergangenheit nicht zu schätzen wusste, weil sie schlichtweg zu meinem normalen Alltag gehörten und somit nichts Besonderes waren.

Die weitaus größte Einschränkung in meinem neuen Leben resultiert aus der immens hohen Kriminalität und der Unmöglichkeit, sich vor allem in den Metropolen, doch auch in kleineren Städten uneingeschränkt und unbeschwert angstfrei zu bewegen. So sollte man – und dies gilt nicht nur für die Nächte – nicht auf offener Straße mit teuren Fotoapparaten oder Handys flanieren. Sie werden mit hoher Wahrscheinlichkeit unfreiwillig den Besitzer wechseln. In Rio oder Salvador da Bahia, in Fortaleza oder São Paulo, in Natal oder Maceió ist ein sicheres Leben nur hinter Gittern möglich. Fast wie im Knast leben Mittel- und Oberschicht ständig auf der Hut vor Überfällen, Einbruch oder gar Schlimmerem. Eine riesige Einschränkung der Lebensqualität, und fast alle Brasilianer, die nach Europa reisen, sind fassungs- und sprachlos angesichts der Tatsache, dass es problemlos möglich ist, nach einem Kinobesuch in Hamburg oder Berlin, nach der Disco in Paris oder London sicher nach Hause zu kommen. Im Zweifelsfall zu Fuß. Unglaublich! Dass ich in der Bank meiner deutschen Heimatstadt ohne vorherige Kontrolle meiner Handtasche an den Schalter gehen konnte und auch keine bis an die Zähne bewaffneten Sicherheitskräfte an der Tür postiert waren, hat mein Mann bis heute nicht überwunden. Die Brasilianer haben sich mit dieser Situation arrangiert, alle haben schon irgendetwas »Schlimmes« erlebt, und Gewalt gehört zum Tagesablauf, der so abgestimmt ist, dass man eben nachts nicht mehr ins Parkhaus fährt und wie im Bunker lebt – wenn man es sich leisten kann.

Meine Schwägerin, die sich gerne teure Handtaschen leistet, verbirgt diese bei Verlassen des Hauses in der billigen Plastiktüte eines Discounters, um ja kein Aufsehen zu erregen. Meine Freundin Ana hat immer ein Zweitportemonnaie mit ein wenig Bargeld und abgelaufenen Kreditkarten dabei. Sie hofft im Ernstfall damit den Dieb schnell abspeisen zu können. An roten Ampeln wird nachts nicht gerne angehalten, und ich selbst bevorzuge nach einem schweren Raubüberfall, Entführung und Aussetzung in einem abgelegenen Waldgebiet und Verlust unseres Wagens nur noch mit verbeulten und verschmutzten Autos älteren Jahrgangs zu reisen.

So viel zu den dramatischen und einschränkenden Lebensumständen, die – und das muss und möchte ich betonen – meiner Liebe zu Brasilien und seinen liebenswerten Bewohnern keinen Abbruch tun. Glücklicherweise wohne ich zudem an einem kleinen Weltende, wo die brasilianische Welt noch in Ordnung ist.

Weniger dramatisch sind die kleinen Dinge des brasilianischen Alltags. Niemals in Deutschland habe ich mir Gedanken über das Wasser gemacht, das problemlos, und zwar warm oder kalt, ganz nach Wunsch und auch selbstverständlich jahrzehntelang für mich aus der Leitung floss. Oder über den Strom, der ebenfalls ganz wie von selbst aus der Dose kam. Darauf war Verlass. Nicht so in Brasilien. Wasser ist kostbar, habe ich gelernt, seit ich wochenlang täglich einen Wassertankwagen bestellen musste. Ab und an geht abends der Fernseher und das Licht aus, für einige Stunden oder auch für die ganze Nacht. Empfehlenswert ist es für diese Fälle, beziehungsweise für diese Ausfälle, eine starke Taschenlampe und ein paar Kerzen parat zu haben. Kürzlich musste die Übertragung eines wichtigen Fußballspiels unterbrochen werden, nicht weil bei uns der Fernseher streikte, sondern weil im Stadion in São Paulo plötzlich alles dunkel war. Kann vorkommen, öfter als man denkt.

Ein Bankkonto eröffnen! In Deutschland kein Problem, in Brasilien ein bürokratischer Marathon, und die Zahlung von Rechnungen ganz und gar. Nicht alle lassen sich überweisen, die Wasserrechnung kann man nicht auf derselben Bank wie den Strom bezahlen, und kritisch wird es bei der Krankenversicherung, die so teuer ist, dass nur wenige ausgewählte Institutionen solche Überweisungsbeträge bearbeiten. Dauerauftrag, ja, gibt es wohl, doch das ist so kompliziert, dass ich lieber jeden Monat die kleine Rennerei auf mich nehme. Normalerweise sollte all dies sogar übers Handy möglich sein, auch in Brasilien, aber eben nicht an unserem kleinen Weltende, wo nach einem versuchten Raubüberfall die Bank für Monate geschlossen war und Schalterstunden nur noch Ausnahmen ohne feste Zeiten sind. Ja, man lernt zu schätzen, wie gut und einfach bei »uns« alles funktioniert. Deutsche Bürokratie? Was ist das?

Was mir, abgesehen von meiner Familie und meinen Freunden, die ich alle täglich vermisse, und das ist normal, besonders fehlt, sind die langen Sommerabende in Europa, wenn im Juni und Juli die Sonne noch bis spät am Abend am Himmel steht. Das ist einfach Lebensqualität und Energiequelle. Die Tage in den Tropen sind spätestens um 18 Uhr zu Ende, die Dunkelheit kommt schlagartig, und irgendwie ist man dann auch schon müde und bettreif. Damit muss ich mich eben abfinden. Ebenso mit meinen Heißhungerattacken auf Sauerteigbrot mit Rügenwalder Teewurst oder Gänsebraten mit Rotkraut und Klößen. Dafür würde ich jede Languste, die es hier in Massen gibt, verschmähen.

Es ist wie immer, man sehnt sich nach den Dingen, die man gerade nicht hat. Wie war das mit der »saudade«? So habe ich zeit meines Lebens über die langen, nasskalten Winter in Deutschland gejammert. Jetzt habe ich konstante angenehme 25 bis 30 Grad und sehne mich plötzlich nach Rollkragenpullovern und Kaminfeuer und Kerzenschein nach einem Spaziergang bei feuchtkaltem Wetter in einem schönen Tannenwald – ohne Palmen!

Der Mensch ist wohl doch ein kompliziertes Wesen.

65. Grund

Weil Barfußlaufen für mich Luxus ist

In meinem früheren Leben habe ich mit Freuden ein Vermögen für coole und schicke Schuhe ausgegeben, ja ich konnte gar nicht genug davon bekommen. Doch die Dinge ändern sich.

Während ich dies zu Papier bringe, überlege ich, wann ich das letzte Mal festes Schuhwerk an den Füßen hatte. Es war während meines letzten Deutschlandbesuches im vergangenen Jahr.

Seit fast sieben Jahren lebe ich mehr oder minder barfuß – abgesehen von den Havaianas, die ich ja schon erwähnt habe –, und das ist Luxus, eine Freiheit vor allem für die Füße und bequem. Passen die Schuhe zum Outfit? Sind sie geputzt? Frisch besohlt? Kann ich damit tanzen? Weit laufen? Drücken sie? Alle diese Fragen sind in meiner neuen Heimat Schnee von gestern.

Zugegeben, ich lebe in Brasilien in einem Dorf am Atlantik mit viel Sand, und in der Nähe gibt es nur einige kleinere Städte und Ortschaften. Doch außer wenn um die Mittagszeit der Sand oder Asphalt glühend heiß ist und die Schmerzgrenze eines Fakirs nötig wäre, um sich nicht die Fußsohlen zu verbrennen, lebt es sich beim Autofahren, beim Einkauf im Supermarkt, auf der Bank und natürlich in den eigenen vier Wänden am besten barfuß.

Das funktioniert natürlich auch wegen des fantastischen, ganzjährig warmen Klimas im Nordosten. Während es im Süden Brasiliens auch kalte Monate gibt und bei Schmuddelwetter Rollkragenpullover, Socken, dicke Jacken und Schals benötigt werden, ist es in den nordöstlichen Bundesstaaten immer warm. Die Abende, an denen Frierkatzen ein langärmliges Shirt brauchen, kann man an einer Hand abzählen, Wollpullover sind tabu.

Natürlich sind nicht alle barfüßig unterwegs, das ist eher meine Angewohnheit und die meines Mannes. Die meisten Brasilianer – auch die Nordestinos – tragen mindestens Havaianas und seit neuestem gerne auch Sportschuhe, dies eher, weil es angesagt ist, praktisch ist es im Sand auf keinen Fall und verursacht Blasen an den Füßen.

Barfuß laufen, das ist eine Leichtigkeit des Seins, ein unbeschreiblicher Wohlfühlfaktor für mich.

66. Grund

Weil es die besten Krabben in einem Haus aus Muscheln gibt

Ich liebe Muscheln und Schnecken, auch im Kochtopf übrigens, doch lieber sind mir diejenigen, die ich am Strand finde. Es scheint mir immer wieder an Wunder zu grenzen, dass diese unscheinbaren Lebewesen sich so perfekte Häuser bauen und derart fantasievolle Architekten sind.

Ich muss nochmals auf das trendige Weltende Atins in den Lencois Maranhenses im Bundesstaat Maranhão zurückkommen, denn dort habe ich mein Herz an einen ganz besonderen Ort verloren, an das Restaurant von Luzia, einen guten Fußmarsch von Atins entfernt, an den Ausläufern der Dünen und auch direkt am Atlantik gelegen. Luzia ist berühmt für ihre ausgefallenen Krabbengerichte, die auch wirklich lecker sind. Mich hingegen begeisterte weit mehr ihr Haus, das komplett – und wirklich komplett – mit den Schalen einer dort am Strand vorkommenden weißen Muschelart »tapeziert« ist. Es müssen Millionen sein, denn das Haus, die Küche, das Restaurant und einige Gästezimmer, das sind schon einige Quadratmeter, sind nahtlos bedeckt mit den kleinen runden Schalen. Zudem Muschelvorhänge, Muscheldekoration, Muscheln überall. Angeblich hat es fünf Jahre gedauert, doch Geduld zahlt sich aus, und ich war außer mir vor Begeisterung. Noch mehr Respekt vor dieser Sisyphusarbeit habe ich, nachdem ich mir nach diesem Vorbild den Boden meiner Außendusche dekorieren wollte. Ein schlichter Quadratmeter, und ich dachte, dies sei ruck, zuck zu realisieren. Pustekuchen, ich sammelte mich am Strand fast buckelig, und das Anbringen war eine Höllenarbeit. Weit über 500 Muschelschalen für einen knappen Quadratmeter, da musste ich schon einige Strandspaziergänge machen. Voller Respekt dachte ich an Luzia in Atins und nahm, um meine Ungeduld wissend, von weiteren Projekten dieser Art weise Abstand.

67. Grund

Weil segelnde Europaletten Ferrari heißen und die leckersten Langusten fangen

Entlang der endlosen Küste Brasiliens schaukeln überall farbige Holzboote mit illustren Namen auf den Wellen. Die christlichen Exemplare »Fé em Deus« – Vertrauen in Gott, oder »Jesus está voltando« – Jesus kommt zurück, liegen neben den Angebermodellen, die auch schon mal »Ferrari« heißen, oder der Hommage an die Filmindustrie »Tubarão branco« – der weiße Hai. Es kann auch politisch werden mit »Raca Negra« – schwarze Rasse. Jede Fischergemeinde schwört auf die Seetüchtigkeit des eigenen Modells, jede Region hat eine für sie typische Bootsform kreiert. Die in meinen Augen mit Abstand charmanteste Variante findet sich im Bundesstaat Ceará, wo die kleinen Fischergemeinden Peroba und Redonda, die heute meine Heimat sind, ein besonderes Design bevorzugen, sie nennen es Jangada. Es sieht aus wie eine leicht geschwungene Europalette, die gefüllt mit Styropor zum quasi unsinkbaren Floß wird, und beim Setzen eines elegant geschwungenen Segels bewegt sie sich mithilfe des hier immer kräftigen Windes geschwind hinaus aufs Meer. Der Kapitän, meist ohne Mannschaft, denn auch die Größe ähnelt der Europalette, sitzt dabei auf einer winzigen, fast zerbrechlich anmutenden Holzbank. Eine Kabine oder eine Reling gibt es nicht. Ein Balanceakt sozusagen, doch Übung macht wohl auch in diesem Fall den Meister. Kleinere Modelle dienen lediglich als Zubringer zu größeren Booten, die weit draußen Reusen versenken, um Langusten zu fangen. Auch diese Reusen sind eine für die Region typische Konstruktion, sie ähneln einem schmalen Vogelkäfig.

Nach einigen Tagen segeln sie wieder hinaus aufs Meer. Auf wundersame Weise finden die Fischer die ausgesetzten Reusen in der Endlosigkeit des Atlantiks wieder und hoffen, dass sich möglichst viele Objekte der Begierde – wir sind im Schlaraffenland für Liebhaber von Langusten – von den Ködern täuschen ließen und in Kürze ihr Ende in einem Kochtopf bevorsteht.

Auch Dudu hat heute bei Sonnenaufgang Segel gesetzt, und gegen 11 Uhr kehrt er mit reicher Beute zurück. Die Reusen sind voll, und der stolze Fischer lässt die Krustentiere im Außenbereich des kleinen Restaurants, um das sich Martha, seine Frau, kümmert, frei. Wir sind die einzigen Gäste und landen zufällig in einer »Herde« freilaufender Langusten, mindestens 120 an der Zahl, die vielleicht bereits ahnen, dass es das Schicksal heute nicht gut mit ihnen meint und ihre letzten Stunden geschlagen haben. Ihre langen schmalen Fühler kitzeln an meinen wie immer nackten Füßen. Einen Ausweg gibt es nicht, wir sind eingekreist, auch gelingt es mir nicht, sie zu greifen, denn sie tragen eine stachelige Rüstung, einen Panzer, und nur eingefleischte Spezialisten wissen um die Schwachstelle – die Achillessehne sozusagen – der köstlichen Meerestiere. Mir läuft schon das Wasser im Mund zusammen, als plötzlich zwei Enkel von Martha und Dudu freudestrahlend ihre

Schultaschen abwerfen und sich sofort auf die größten Exemplare stürzen. Nicht weil sie gerne Langusten essen, sondern weil sich mit diesen wunderbar ein Wettrennen veranstalten lässt.

Die Kinder tragen sie problem- und schmerzlos, als wären sie aus Watte, in einen anderen Teil des Restaurants und lassen sie um die Wette rennen. Ein Startpunkt wird markiert, die Panzer festgehalten, gezählt: 3 – 2 – 1 und los gehts. Sie amüsieren sich köstlich und wir als erstaunte Zuschauer ebenfalls. Der Spaß hat erst ein Ende, als der potenzielle Käufer, Besitzer eines Fischrestaurants im 20 Kilometer entfernten Canoa Quebrada, mit einer speziellen Messlatte auftaucht, um die Beute zu messen und den entsprechenden Preis auszuhandeln.

Wir handeln nicht lange, denn so frisch kommt derart köstliches Getier selten auf den Tisch, und für umgerechnet 8 Euro das Kilo haben wir unverschämt zugeschlagen. All dies in einem Ambiente wie aus dem Bilderbuch und purer Zufall. Sich treiben und die Dinge geschehen lassen. Ein Lebensmotto der Brasilianer, welches sich für den Fall, dass man ohne Zeitlimit und Planung, also typisch brasilianisch, unterwegs ist, auszahlt.

In zwei Tagen kommen wir wieder, denn Dudu hat mit leuchtenden Augen berichtet, dass eine Regatta stattfindet und er optimistisch ist, erneut das Rennen zu machen.

Eine Regatta also der Europaletten!

Mittlerweile wissen wir mehr über den lokalen »Admirals Cup«, der ein Highlight für die Strandbewohner entlang der Küste ist und auch für jeden Vorbeireisenden. Wochenlang werden neue Segel genäht, die Jangadas mit neuem Anstrich versehen und »frisiert«. Es geht immerhin um ein Preisgeld in Höhe des halben durchschnittlichen Monatslohnes und – was viel wichtiger ist – um die Ehre und den Spaß.

Dudu hat mit seinen Söhnen seinen Flitzer bereits liebevoll »getuned«, doch mein Lieblingsmodell, in Knallrot gehalten, heißt Ferrari. Das schnellste ist es nicht, doch ein echtes Liebhabermodell, ein kleiner Angeber auf der endlosen türkisfarbenen Wasserfläche, dem Atlantik.

68. Grund

Weil die Fischer von Ceará Meister im Stand-up-Paddling sind

Immer häufiger sieht man neben Kitern, Schwimmern, Seglern und Surfern auch Paddler auf den Gewässern. In der von Mangroven umgebenen Lagune von Tibau do Sul, im Bundesstaat Rio Grande do Norte, habe ich selbst erstmals Bekanntschaft mit dem riesigen Brett und dem Paddel gemacht und musste feststellen, dass das Halten der Balance durchaus schwierig und die ganze Sache sportlicher ist, als es zunächst den Anschein macht. Ich mühte mich also auf den seichten Gewässern der spiegelglatten Lagune, und da Geduld nicht eben meine Stärke ist, gab ich recht schnell das Equipment an ambitioniertere Wasserratten weiter.

Einige Tage und etwa 500 Kilometer weiter nördlich, im kleinen Fischerdorf Peroba, welches in der Zwischenzeit zu meiner Heimat geworden ist, muss ich beim Blick auf das hier hellgrüne Meer schmunzeln, denn ich sehe zwei Fischerjungen bei einer Art Stand-up-Paddling. Auch sie haben einen schwimmenden Untersatz und eine Art Paddel, doch eben ganz anders. Trotz des beachtlichen Seegangs scheinen sie keinerlei Probleme mit dem Gleichgewicht zu haben.

Sie stehen auf kleinen Flößen – jangadas – aus Holz. Sie haben eine lange Holzstange zur Hand, mit der sie sich in seichtem Wasser abstoßen. Wo das Meer tiefer ist, wenden sie eine Art »Rührtechnik« an, um vom Fleck zu kommen.

Nach meinen eigenen erfolglosen Versuchen in stillen Gewässern ziehe ich den Hut vor diesen akrobatischen Meisterleistungen auf offener See. Die Fischer, nicht nur die Söhne, auch die älteren von Sonne und Wind gegerbten Semester, schweben hier in Peroba und in den benachbarten Fischergemeinden mit Leichtigkeit über die Wellenkämme. Während die neuen Sportler auf schicken stylishen Boards mit coolen – extra für diesen Sport »geeigneten« – Badeshorts und Shirts mit UV-Schutz balancieren, sind die einheimischen »Flößer«, die auf Fischfang und somit beruflich unterwegs sind, in langärmlige Hemden und Tücher eingehüllt wie Mumien, um sich vor der Sonne zu schützen. Stundenlang sind sie draußen auf dem Meer, winzige Punkte im endlosen Blau, stundenlang Netze oder Reusen auswerfend und wieder einziehend. Es scheint die einfachste Sache der Welt, und mir scheint, sie könnten auch als Gondoliere in Venedig glänzen, da der Bewegungsablauf stark an die italienischen Kollegen erinnert.

Ich habe gelesen, dass Fischer aus Polynesien Vorbild für das Stand-up-Paddling waren, dass dort das stehende Paddeln auf einem Floß seine Wurzeln hat. Ich möchte behaupten, dass es die Fischer von Ceará waren, und sie würden bei einem Wettkampf all die neuen Freizeitpaddler schwer in den Schatten stellen.

5. Kapitel

Fußball, Feste und Karneval

69. Grund

Weil in Brasilien Fußball zum Leben gehört

Eins vorweg: Der beliebteste Fußballer in Brasilien heißt nicht Pelé. Es ist auch nicht Neymar, wenngleich Letzterer wohl der meistdiskutierte Spieler in den letzten Jahren ist. Das liegt aber wohl daran, dass Brasilien derzeit keine wirklichen Cracks zu bieten hat. Also beschäftigt man sich mit dem Fall Neymar – Fallstudien im wahrsten Sinne des Wortes –, seinen extravaganten und nicht immer praktischen Frisuren und seiner Reise durch europäische Vereine. Die Nation schwelgt wehmütig – mit saudade – in Erinnerungen an Romario, Ronaldo Fenômeno, Ronaldinho oder Zico.

Brasilianer haben bekanntermaßen eine hohe Affinität zum Fußball, es ist *der* Nationalsport und auch *die* nationale Leidenschaft schlechthin. Sie fachsimpeln nicht nur, nein, sie alle können kicken und tun es auch überall. Ganz Brasilien ist flächendeckend mit mehr oder minder guten Fußballplätzen ausgestattet. Jedes noch so kleine Nest verfügt neben mindestens einer Kneipe und einer Kirche über einen Platz für die Kicker. Und an den endlosen Küsten sorgt die Ebbe zeitweise für annehmbare Bedingungen, um die Spieler des Nachbardorfes direkt am Strand herauszufordern. Barfuß oder mit geliehenem Schuhwerk, bestens ausstaffiert oder nur in Badehose, Hauptsache es wird geschossen und danach Sieg oder auch Niederlage begossen.

Mein brasilianischer Ehemann war in seinem früheren Leben Profifußballer. Da es nicht sein eigener, sondern der Wunschtraum des Vaters war, endete die Karriere trotz entsprechenden Talents frühzeitig. Der ambitionierte Vater war untröstlich und legte sich selbst bis ins hohe Alter – wo und wann immer sich eine Chance bot – ins Zeug und kickte sowohl in Altherrenrunden sowie auch mit den Teenagern auf dem Naturplatz am Ebbestrand. Viele Eltern träumen vom Aufstieg des Sprösslings in die mondäne Fußballwelt, und so kicken Kleinkinder schon den Ball, bevor sie laufen können.

Meine Freundin und Ziehtochter Magna träumte davon, Profifußballerin zu werden, doch hier war die Sachlage eine andere. Die strenge Mutter hielt davon ebenso wenig wie von der Idee, stattdessen Polizistin zu werden. Ihre Ersatzkarriere als Köchin in meiner Pousada gefällt ihr, sprich der Mutter, da schon besser. Heute kickt Magna nur ab und an in der hiesigen Damenmannschaft oder mit mir am Strand. Wie man sieht, nehme ich meine Integration in ein fußballverrücktes Land ernst.

Fußball als Lebenselixier und als Passion. Wer nicht selbst spielt, feuert am Bildschirm oder im Stadion sein Team an. Kein Brasilianer, egal welchen Geschlechts, ohne Favoritenteam. Die Liebe der Fans kann unermesslich werden. Ein Freund von uns trägt täglich und ausschließlich die Shirts seiner Lieblingsmannschaft. Auf dem Dach seiner Bar weht immer die entsprechende Flagge, und die Spiele werden allesamt am Strand übertragen. Während der spannenden Spielphasen sollte man auf weitere Bestellungen verzichten und den Gastwirt besser in Ruhe lassen.

Im brasilianischen Fernsehen laufen rund um die Uhr auf diversen Kanälen Sportsendungen. Zu 99 Prozent dreht sich alles um den Ball, und zwar um den Fußball. Das restliche Prozent müssen sich weniger relevante Sportarten wie Volley- und Basketball, Tennis, Leichtathletik und Formel 1 teilen. Jeder Pass und jeder Schnupfen eines Spielers, alles wird in Talkshows und am runden Tisch, in Interviews mit Cracks und Spezialisten im Detail diskutiert. Spiele laufen permanent, und zwar nicht nur die brasilianischen Wettkämpfe, von denen es reichlich gibt, auch die europäischen Championships werden verfolgt und analysiert. Doch was letztlich zählt, fast mehr als das Abschneiden der »Seleção« auf der internationalen Fußballbühne, sind die Resultate der brasilianischen Meisterschaften, also des eigenen Teams und auch die südamerikanische Variante der Champions League, der Copa Libertadores da América.

Familien bleiben über Generationen ein und demselben Team treu ergeben, es ist fast wie ein Erbe, das man antritt. Problematisch wird es, wenn durch Heirat ein feindliches Team ins Haus einzieht, da können schon einmal die Fetzen fliegen.

Um dies zu vermeiden, habe ich mich weise für das Team meiner neuen brasilianischen Familie entschieden. Ich habe sozusagen nicht nur einen Mann, sondern auch das zugehörige Team geheiratet. Vitória, ein Team aus Salvador da Bahia. Während der Übertragungen entscheidender Matches sitze ich nun auch in meinem Fan-Shirt vor der Glotze, ein eiskaltes Bier an meiner Seite, immer hoffend, dass sie es schaffen, den Abstieg zu vermeiden. Ich würde mir ein erfolgreicheres Team wünschen, doch das wäre ein echter Fauxpas.

70. Grund

Weil Karneval viel mit Fußball gemein hat

Der Karneval von Rio ist genauso spannend wie ein gutes Fußballspiel, bloß viel witziger, unterhaltsamer und schöner anzusehen. Natürlich ist das Ansichtssache, eingefleischte Fußballfans sehen es vielleicht umgekehrt. Auf jeden Fall hat Karneval viel mit Fußball gemein. Es ist die Champions League der Karnevalisten, ein sportlicher Wettkampf, in dem mehrere Teams, die Sambaschulen, gegeneinander antreten. Für den großen Tag trainieren sie das ganze Jahr, was das Zeug hält. Es gibt, wie beim Fußball, vorgegebene Spielzeiten für das Turnier, das in einer Art Stadion, dem Sambódromo, ausgetragen wird. Kein Geringerer als Brasiliens Stararchitekt Oscar Niemeyer hat diese Arena für das närrisch-sportliche Treiben entworfen. Die teilnehmenden Sambaschulen werden von ihren Fangemeinden angefeuert, und Fanartikel in den Teamfarben haben Hochkonjunktur. Es gibt Schiedsrichter – die Jury –, Spielzeiten und jede Menge Lampenfieber und sportlichen Ehrgeiz.

Es muss fantastisch sein, das Turnier vor Ort zu sehen und hautnah dabei zu sein. Ich persönlich musste mich bisher mit der häuslichen Variante per »Fernsehen« begnügen, doch auch dies kann ein spaßiges Erlebnis sein. Rita hat einige Freundinnen und auch mich eingeladen, die Paraden – Desfiles genannt – mit ihr und einigen Freundinnen am Bildschirm zu verfolgen. Zuvor hat sie mich natürlich gebrieft und mir die nötigen Accessoires ausgehändigt, die ich als Fan von Beija-Flor brauche. Die Familie ist seit Jahrzehnten der Sambaschule Beija-Flor treu ergeben und hofft, dass die Blumenküsser, die Kolibris also, heute erneut den Meistertitel ergattern. Ein Sieg im Sambódromo ist wie olympisches Gold für die Teilnehmer. Rita und die anderen Damen und Mädels sind allesamt in den Farben ihres Teams gekleidet, Blau und Weiß, auch ich darf und muss ein Shirt in diesen Farben tragen und ein Stirnband anlegen. Beides liegt schon bereit für mich, das Bier ist eisgekühlt, und das Fest kann losgehen.

Eine entfernte Verwandte der Familie, die in Rio lebt, ist angeblich unter den Trommlern und Tänzern der Sambaschule Beija-Flor. Es sind Tausende! Natürlich ist die kostümierte Dame in dieser Menge und auf dem relativ kleinen Flachbildschirm nicht auszumachen, doch meine aufgekratzte Damenrunde ist sicher, sie gepeilt zu haben. Nicht weniger als 65 und auf keinen Fall mehr als 82 Minuten darf die Parade durch die 700 Meter lange Tribünenstraße dauern. Für diese kurze Zeitspanne haben Tausende Mitglieder die vergangenen zwölf Monate geprobt, gebastelt, genäht, getanzt, komponiert, choreografiert und sich fit gehalten. Denn Samba ist körperliche Schwerstarbeit. Die rasend schnellen rhythmischen Bewegungen, vor allem die Beinarbeit, und dies über eine Stunde lang mit strahlendem Lächeln, erfordern mindestens so viel Kondition wie zwei Halbzeiten beim

Spiel auf dem Rasen. In jedem Jahr präsentiert jedes Team einen Song, selbstverständlich Samba. Dieser eine Ohrwurm wird ohne Unterlass die gesamte Zeitspanne des Auftrittes gespielt, gesungen, getanzt und von den Fans bejubelt. Auch wir singen im winzigen Wohnzimmer Dona Ritas mit und tanzen schon bestens gelaunt und leicht beschwipst. Vergeblich versuche ich das Tempo zu halten, doch wie bereits erwähnt, dieser Rhythmus liegt mir nicht im Blut, und nach knapp fünf Minuten bin ich bereits schweißgebadet und außer Atem. Die Präsentation der Blumenküsser ist atemberaubend, ein wahres Feuerwerk an Farben und fantasievollen Kostümen, Federpüscheln, Exotik, nackter Haut und schneeweißem Lächeln. Eine choreografische Meisterleistung. Auch inhaltlich enttäuscht die berühmteste aller Sambaschulen nicht. Die politischen und sozialkritischen Botschaften sind zwar farbenfroh, doch klar und sehr scharf verpackt. Angeprangert wird letztlich alles, was in Gottes schönem Land schiefläuft. Politiker und Funktionäre werden karikiert, die Taschen voller Geld. Es geht gegen Korruption – symbolisiert durch eine riesige Ratte – gegen die unfähige Regierung, falsche Prioritäten, Betrug am Volk, Kriminalität und Drogen. Die Parade rüttelt auf, zeigt bewaffnete Kriminelle und ihre toten unschuldigen Opfer in Särgen, eine ganze Favela fährt vorbei. Eine andere Sambaschule, Paraíso de Tuití, präsentiert gar Präsident Temer als Dracula, als Blutsauger. Alles nach dem Motto: Es reicht!

Mein Karnevalskränzchen im Haus von Rita tanzt noch weiter bis in die frühen Morgenstunden. Lange habe ich mich nicht so amüsiert. Jetzt heißt es abwarten und Daumen drücken. Erst am Aschermittwoch gibt die Juri die Gewinner bekannt.

Und es hat geklappt, Beija-Flor, die Blumenküsser, haben das Rennen wieder einmal gemacht. Überglücklich haben wir schon wieder Grund zu feiern!

Der Ohrwurm 2018, der Sambasong der Gewinner, handelt vom Monster, das nicht zu lieben weiß, von den verlassenen

Söhnen des Vaterlandes, den Kindern, die es hervorgebracht hat, doch die es nicht mehr ertragen.

Der Triumph der systemkritischen Parade wurde in ganz Brasilien als kleiner Sieg des Volkes gefeiert. Geändert hat sich leider nichts.

71. Grund

Weil ein blauer Stier für blaue Coca-Cola im Dschungel sorgt

Stimmt, der Karneval in Rio ist der helle Wahnsinn, doch die wildeste und abgefahrenste Party Brasiliens findet in Parintins, auf einer Insel im tiefsten Amazonas, statt.

Boi-Bumba heißt das farbenfrohe Spektakel, und es geht – wie beim närrischen Treiben in Rio – um die schönsten Kostüme, die beste Show und die beste Stimmung. Im Mittelpunkt stehen zwei Stiere aus Pappmaschee, ein roter und ein blauer, deren Teams in einer eigens dafür konstruierten Arena – dem Bumbodromo – gegeneinander antreten, ohne sich wirklich zu nahe zu kommen, denn sie präsentieren ihre fantasievollen folkloristischen Figuren und Tänze zeitversetzt an verschiedenen Abenden.

Parintins ist in zwei Fan-Lager geteilt, die Roten und die Blauen. Tagelang sind sie wie im Rausch, alles muss die richtige Farbe haben: Shirts, Haarbänder, die Sitzplätze der Arena und ja, sogar rote und blaue Särge werden angeboten, damit die Fans auch in der letzten Ruhestätte Farbe bekennen können.

Für durstige Anhänger des blauen Stieres wird selbst Coca-Cola seiner Hausfarbe untreu und bietet den Softdrink in blauen Dosen an. Coca-Cola, seit über 100 Jahren konsequent seiner Hausfarbe treu, musste seine Marketingstrategie der Dschungelfolklore anpassen.

Hintergrund für die tagelang andauernde Urwaldorgie bildet die romantische Legende von Catirina und Francisco. Catirina, die schwanger ist, gelüstet es nach Ochsenzunge, und Francisco, der alles für die Geliebte riskiert, schlachtet für sie einen Ochsen des portugiesischen Gutsherrn. Dies bleibt natürlich nicht unentdeckt, und dem Amazonas-Romeo droht die Todesstrafe. Glücklicherweise gelingt es einem Schamanen, den Ochsen aus dem Jenseits zurück ins Leben zu holen. Boi Bumba! – Steh auf, mein Ochse! – und rettet so die Verliebten.

Kein Weg ist zu weit, um hier dabei zu sein. An die 100.000 Fans sind tagelang auf unzähligen kleineren und größeren Dampfern und Tuckerkähnen, die wie eine Karawane über den Amazonas ziehen, ins abgelegene Parintins unterwegs. Sie werden rund um die Uhr feiern, tanzen und trinken. Sie werden in der Arena die stundenlangen Darbietungen ihres Teams anfeuern, ohrenbetäubend vor allem, denn ihr Applaus dient der Juri als Indikator für die Bestimmung des Siegers.

Die mehreren Tausend – ja, mehrere Tausend – Tänzer und Musiker jedes Teams, präsentieren jeweils zweieinhalb Stunden im Bumbodromo und erzählen in einer Mischung aus theatralischer Tanzshow und Musik die Legende des auferstandenen Ochsen nach. Überdimensionale Fabelwesen aus Pappmaschee und Tänzer in prächtigen Federschmucken symbolisieren Jaguare und andere Bewohner aus dem Amazonas. Im Mittelpunkt steht natürlich der blaue oder der rote »Boi«. Bis zur Erschöpfung wurde vorbereitet, gebastelt und geprobt, um aus diesem Wettkampf als Sieger hervorzugehen und dann im Rausch und Delirium den Sieg zu feiern oder die Niederlage wegzustecken. Es ist ein einzigartiges Spektakel, ein exotisches Feuerwerk der Fantasie und der Farben und der Leidenschaft.

In diesem Jahr, 2018, hat der blaue Stier das Rennen gemacht. Die Vorbereitungen für das kommende Jahr laufen bereits auf Hochtouren.

72. Grund

Weil ich die lustigsten Karnevale mit einem einzigen Umzugswagen und einem tauben Esel gefeiert habe

Geraldo und seine Gattin feiern seit nunmehr 37 Jahren, ohne auch nur eine einzige Auszeit, Karneval an allen Fronten. Sie lassen keines der Megaevents aus. Los geht es immer in Rio, wo sie sich schon in der Vorkarnevalswoche amüsieren. Sie besuchen die Probesessions einiger berühmter Sambaschulen, kommen so in den Genuss der herrlichen Kostüme und Vorführungen, nur in eben etwas kleinerem Rahmen als im überfüllten Sambódromo. Wenn dort die Paraden passieren, sind sie schon weitergereist und für ein bis zwei Tage beim ganz anderen Karneval in Salvador da Bahia. Sie lassen Brasiliens größtes Musikspektakel an sich vorbeiziehen, tanzen und singen mit den Hunderttausenden, die die abgesperrten Straßen der Metropole säumen. Damit nicht genug. Weiter geht es Richtung Norden, nach Olinda, wo der traditionellste Straßenkarneval Brasiliens stattfindet. Dort mieten sie sich mitten im Geschehen in einer Pousada ein und mischen sich – zwischen diversen Verschnauf- und Schlafpausen – kostümiert zwischen die durch die historische Altstadt von Olinda ziehenden Narrenscharen. Das dreifache närrische Treiben scheint ihnen gut zu bekommen, denn mit über 70 Jahren strotzen sie nur so vor Energie, und das ausufernde Leben scheint eine Art Jungbrunnen zu sein. Typisch brasilianisch eben: Spaß geht über alles und ist oberstes Lebensziel.

Doch damit nicht genug, pünktlich zum Aschermittwoch sind sie zurück in unserer kleinen Fischergemeinde im Bundesstaat Ceará, wo normalerweise der Hund begraben ist, auch an den klassischen Karnevalstagen, die man hier nur am Bildschirm miterleben kann. Ausnahme ist der Aschermittwoch, denn an diesem

Tag fliegt hier die Kuh, und die beiden Marathonkarnevalisten können sich gebührend von den närrischen Tagen verabschieden.

Und ich für meinen Teil kann an diesem Tag ebenfalls in kleinem Rahmen aus dem Vollen schöpfen. Wiederum typisch brasilianisch liegt der Charme in der Improvisation, nichts ist perfekt, Hauptsache man amüsiert sich.

Und so gibt es für den hiesigen sehr bescheidenen Umzug genau einen Wagen. Mit entsprechend starker Wattzahl ausgestattet, bringt er unsere kleine und überschaubare Gemeinde zum Toben. Anvisiert ist der Umzug für zwei Uhr nachmittags, kurz nach fünf geht es endlich los. Ich dachte schon, der Spaß fällt ins Wasser. Typisch deutscher Pessimismus und Pünktlichkeitswahn. Obenauf sitzt sehr beengt eine Amateurband aus der Gegend. Eine einzige Standartenträgerin im goldenen, gewagt knappen Outfit mit Hochhackigen läuft vorweg und die Menge, darunter auch ich, hinterher. Tanzender- und trinkenderweise versteht sich. Wer nicht aufpasst, bekommt eine Tüte Mehl über den Kopf, eine Tradition, die gewöhnungsbedürftig ist und deren Wurzeln ich nicht kenne. Schadenfroh lachen sich die noch nicht weißhaarigen Narren ins Fäustchen. Einige wenige Kostüme sind dabei, mäßig fantasievoll, doch egal, wir sind am Ende der Welt, und auch hier gibt es einen »Trostkarneval«, der es stimmungsmäßig in sich hat. Der Zug tanzt bis zum Strand, dreht dort einige Runden, so lange, bis alle heiser und am Rande der Erschöpfung sind.

Ich sage ja schon immer, dass die kleinen Feste die besten sind. Ich kann mir unmöglich vorstellen, dass ich mich zwischen den Hunderttausenden in Salvador da Bahia besser amüsiert hätte.

Einen anderen netten Mini-Karneval durfte ich mehrfach auf der Insel Boipeba erleben, wo bis vor einigen Jahren der obligatorische Umzugswagen ein hölzernes Fuhrwerk mit Box obenauf war. Ein sicherlich tauber Esel zog die dröhnende Musikanlage drei Tage lang über die Sandwege der Insel. Man erzählt sich, dass das arme Huftier altersschwach das Zeitliche gesegnet hat, und ersetzte es durch eine modernere Variante. Nun zieht ein feuerroter Traktor einen Wagen mit Liveband über die Insel. Ich persönlich glaube, das Grauohr erlag einem Infarkt, weil er nach drei Tagen weder die hinter ihm hertanzende Menge noch das immer und ewig gleiche Lied, den Ohrwurm des Jahres, ertragen konnte. Auch die Nachtschicht war ihm sicher zu viel, denn das wilde Treiben dauert bis in die Morgenstunden.

73. Grund

Weil Kaugummi mit Banane das Volk zum Toben bringt

Ohrenbetäubend laut dröhnt es aus dem Fernseher meines Freundes Sergio. Es ist Karneval in Salvador da Bahia, die größte Straßenparty der Welt. Für diejenigen, die nicht den Mut oder die Mittel haben, sich persönlich in diese Mammutorgie zu stürzen, oder wie ich Angst haben, in den Menschenmassen erdrückt zu werden, wird fast rund um die Uhr live berichtet. Gerade fährt die riesige Bühne von Sergios absoluter Lieblingsband Chiclete com Banana, zu gut Deutsch Kaugummi mit Banane, über den Bildschirm, und sofort wird die Lautstärke auf Maximum gestellt. Die Musiklegende aus Bahia ist beim Karneval in Salvador seit Jahren Rekordhalter und kann stolz auf eine riesige Fangemeinde blicken, die Chicleteiros. Chiclete, wie sie kurzerhand genannt werden, sind eine Institution, seit über 30 Jahren. Ihr Repertoire besteht aus mehr als 400 Songs, eingefleischte Fans singen die meisten davon auswendig mit. Sie prägten stark die Entwicklung der Musik in Bahia, und 20 goldene Schallplatten und zehnmal Platin sprechen Bände. Als vor einigen Jahren Gefahr im Verzug war, die Band sprach von Trennung, kam das einer nationalen Tragödie gleich. Doch alles wurde gut und der Karneval in Salvador gerettet. Im August 2018 spielten sie sogar in Köln, vielleicht gibt es dort auch bald Fans von Kaugummi mit Banane. Zurück nach Salvador. Auch bei diesem Karneval gibt es Paraden, nur eben ganz anders als in Rio. Karneval in Salvador da Bahia hat in erster Linie mit Musik zu tun, und zwar im ganz großen Stil. Tagelang fahren die Ikonen der Musikindustrie auf Sattelschleppern mit bis zu 100.000 Watt, die aus haushohen – dies ist keine Übertreibung – Boxen dröhnen, durch die auf über 20 Kilometer abgesperrten Straßen der Hauptstadt Bahias, vorbei an den tanzenden, singenden, trinkenden und berauschten Fans. Eine Rund-um-die-Uhr- und Quer-durch-die-Stadt-Party der berühmtesten Stimmen Brasiliens, eine Megashow der Superlative, und auch internationale Legenden wie U2 waren schon dabei. Bono beschrieb den Karneval in Salvador als »Tsunami der Musik«, und das ist es. An die 20.000 Künstler, 1000 Stunden Musikprogramm, sechs Tage und Nächte. Ein Marathon für Zuschauer und Musiker, die täglich erneut stundenlang animieren, tanzen und alles geben, um das Volk zum Toben zu bringen. Ivete Sangalo, Claudia Leite, Olodun, Timbalada und viele mehr. Es ist in etwa so, als ob die Stones, Pink Floyd, Cold Play und Udo Lindenberg mit ihren Konzertbühnen tagelang durch ein dafür abgesperrtes Berlin fahren würden. Tausendschaften an Fans ziehen mit den Bühnen durch Salvador. Mein Freund Sergio und seine Familie swingen und singen im heimischen Wohnzimmer auf der Insel Boipeba. Die Reise nach Salvador, um seine Idole live zu sehen, kann er sich nicht leisten, doch er ist bester Stimmung und zufrieden.

Eine *Explosion der Freude* nennen die Baianer ihren Karneval, und in der Tat, es steckt an, so viele Menschen zu den rhythmischen Klängen tanzen zu sehen.

74. Grund

Weil mit schwingenden Besen die schönsten Feste beginnen

Die gesamte weibliche Bevölkerung des kleinen Ortes San Francisco an der Costa de Dendê im Bundesstaat Bahia trägt einen weißen Plüschrock und ein rosa Shirt. An die 100 Damen aller Altersklassen tummeln sich vor einer himmelblauen Kirche, und der Rest der Gemeinde, die männliche Bevölkerung, hat es sich in und vor diversen Bars gemütlich gemacht und beobachtet das wilde Treiben. Der Tag ist noch jung, und sie »essen Wasser«. *Comer agua* bedeutet auf gut Brasilianisch, dass sie sich einen hinter die Binde gießen. Der Ort ist zudem mit Girlanden geschmückt, und jede Menge improvisierte kleine Stände auf dem Hauptplatz vor der Kirche zaubern eiskaltes Bier aus gewaltigen Kühlboxen hervor. Die weiß-rosa Damen sind allesamt mit einem Besen bewaffnet, und mit diesem machen sie sich auf zu einer kurzen Prozession, marschieren in Reih und Glied um die Kirche herum und wirbeln dabei ihre Besen über den Köpfen. Vor der Kirche kommt dann viel Wasser ins Spiel, und singender- und swingenderweise wird sehr fröhlich der Boden vor dem Gotteshaus geschrubbt.

Der Brauch der Kirchenwaschung hat seine Wurzeln in Bahia. Die sehr alte Tradition stammt aus der Kolonialzeit, als Sklaven regelmäßig die monströsen Bauwerke der katholischen Kirche schrubben mussten. In Salvador da Bahia ist die »Lavagem do Bonfim« ein jährlich stattfindendes Mega-Event, das zum »immateriellen Kulturerbe« erklärt wurde. Hunderttausende gläubige Anhänger der katholischen Kirche und auch des Candomblé ziehen mehr als acht Kilometer durch die Stadt zur Kirche von Bonfim, wo die Anhänger afrobrasilianischer Religionen symbolisch die Stufen des Gotteshauses reinigen.

Bei der Kirchenwaschung im kleinen Ort Sao Francisco geht es um den heiligen Franz, dem hier auf diese Weise gehuldigt wird. Ein religiöses Fest also? Ja und nein. Für viele ganz sicher, doch für die meisten ein guter Grund, es richtig krachen zu lassen. Nach der feuchtfröhlichen Besenaktion, die wie eine wilde Putzfrauenparty anmutet, geht es dann mit Live Band auf einer Bühne erst richtig los, und ob dies im Sinne des heiligen Francisco war, muss stark bezweifelt werden. In meinem Sinne war es. Selten habe ich mich besser amüsiert und im Eifer des Gefechts und nach diversen Caipis sogar bei einem Sambawettbewerb auf der Bühne einen Preis gewonnen. Der winzige Altar aus Glas wurde mir sicher nicht für meine Sambakünste überreicht, sondern war eine gastfreundliche Geste für die einzige Ausländerin weit und breit. Eine Sympathiebekundung sozusagen fürs Dabeisein und Mitmachen.

75. Grund

Weil jeder Tag in Brasilien ein besonderer ist

Wie gesagt, in Brasilien werden Feste gefeiert, wie sie fallen, und sie fallen täglich, denn es gibt für so gut wie alles einen Ehrentag. Neben den wichtigen nationalen Feiertagen wie dem Karneval, dem Revolutionstag, den Festen zu São João, dem Unabhängigkeitstag und dem Tag der Republik gibt es unzählige Feste mit religiösem Hintergrund, man denke an den Círio de Nazaré, die Kirchenwaschungen, die Folklorefeste im Dschungel, den Tag der Königin der Meere, Iemanja.

Doch Brasilien hat noch mehr zu bieten. Fast täglich erreichen mich per zappi-zappi, wie die Brasilianer WhatsApp nennen, elektronische Glückwünsche zu diversen Anlässen. Tag der Freundschaft, des Kusses, der Liebenden, der Sehnsucht oder der Kinder, und oft geht damit ein kleines Festchen einher, spontan gibt es was zu trinken, Kuchen für die Oma oder einen Ausflug für die Kids.

Jeder Kalendertag gibt Grund zum Gratulieren, zum Feiern, zum Einladen, zum Nachdenken oder auch zum Schmunzeln. Natürlich kennen auch wir Weltkindertag, Vatertag, Muttertag, Valentinstag oder den Tag der Arbeit. Doch der Tag der Schwiegermutter, der Schildkröte, des Hamburgers, der Maniküre, des Hundes, der Eiscreme und natürlich auch der Pediküre, des Gynäkologen, der Bienen, des Fußballtrainers, des Steuerbeamten, der Glatzköpfigen, der Lüge, des Optimisten oder der Tomate stehen weniger im Mittelpunkt unserer Aufmerksamkeit. Und jetzt kommt der Unterschied. Viele dieser Tage sind international bekannt, doch ein Festchen machen in erster Linie die Brasilianer daraus. Ein schönes Beispiel ist eine Initiative der Kleinstadt Esperantina im Bundesstaat Piauí. Sie bringt es auf den Höhepunkt und feiert am 9. Mai, im Wonnemonat, gebührend den Tag des Orgasmus. Den Lokalpolitikern ist das Recht jedes Menschen auf sexuelle Erfüllung und ein somit glücklicheres Leben ein wichtiges Anliegen.

Besonders schön und sehr typisch brasilianisch ist die Tatsache, dass der klassische Karneval offensichtlich vielen Brasilianern nicht reicht. So feiern die Narren einiger Städte und Gemeinden einen zusätzlichen Karneval außerhalb der traditionellen Karnevalswoche. Der Extra-Event wird Micareta genannt. Fortaleza feiert die Micareta als »Fortal« im Juli und Natal als »Carnatal« Anfang Dezember. Weihnachten findet nur einmal im Jahr und auch eher bescheiden und ohne allzu viel Tamtam statt.

76. Grund

Weil eine Prise Wild-West-Romantik in der Luft liegt

Es ist fast unmöglich, zu den weißen Plastiktischen durchzukommen. Meine Erfahrung mit Pferden hält sich in Grenzen, und ich habe Angst, zwischen den riesigen Huftieren bis zur Kneipe vorzudringen, wo einige Freunde schon mit meinem kühlen Bier warten. Die Tiere sind vor dem brasilianischen »Saloon« festgebunden, abgeparkt genau dort, wo gestern einige jugendliche Motorradhelden ihre zweirädrigen Pferdestärken zur Schau stellten. Doch heute herrscht im kleinen Ort Coqueiros Wildweststimmung. Man ist im Sattel unterwegs, und wer nicht mehr ganz sattelfest ist, sitzt eben schon gemütlich in der Kneipe. Gestern noch mit freiem Oberkörper, Bermudas und Havaianas. Heute in Jeans, Stiefeln, Sporen, frisch gebügelten Hemden und mit Hüten à la John Wayne. Die Damen sind ebenfalls aufgetakelt, sehen nicht aus wie aus dem Saloon, doch elegant sind sie und farbenfroh gestylt, frisch lackiert und frisiert. Die engen Straßen des kleinen Ortes im Recôncavo, unweit von Salvador da Bahia gelegen, sind übervoll, ein Verkehrsstau aus Rössern und preisgeldverdächtigen, bulligen Rindern, die obenauf sitzende, kreischende Kinderscharen transportieren. Die Pferde sind alle gestriegelt und glänzen in der heißen Mittagssonne. Die Sättel sind auf Hochglanz poliert, ebenso die Stiefel. Das außergewöhnlichste Ross führt zu wilden Diskussionen, die ich zunächst nicht verstehe. Es ist weiß mit schwarzen handtellergroßen Punkten. Der stolze Besitzer ist ganz in Schwarz gekleidet, sehr elegant, ihm fehlt nur die Maske des Zorro. Doch sein Spaß flog auf, zu perfekt die schwarzen Tupfen, zu gleichmäßig, und unter riesigem Gelächter wurde seine Maskerade entdeckt. Er hatte dem schneeweißen Gaul die schwarzen Punkte aufgemalt. Spaß muss sein.

Ich habe das Gefühl, einen bedeutenden Zeitsprung gemacht zu haben. Vorgestern noch waren wir in einem 3-D-Kino in einer luxuriösen Shopping Mall in Salvador, heute, zwei Tage später und nur 100 Kilometer entfernt, sitze ich mitten unter Cowboys. Es fehlen nur die Indianer.

Der heutige Tag hält weitere Überraschungen bereit. Auf dem Dorfplatz wurde eine Rennstrecke von schlichten 50 Metern abgetrennt, und jeder, der eine Pferdestärke sein Eigen nennt und Mumm in den Knochen hat gibt nach dem Startschuss seinem Gaul die Sporen. Es treten immer zwei Reiter gegeneinander an, und die Menge, vor allem die Kinderscharen rechter und linker Hand der Rennstrecke, feuern an, was das Zeug hält. Mitmachen ist Ehrensache, und oft halte ich die Luft an, denn nicht alle Reitkünstler sind einem derartigen Wettkampf gewachsen, schon gar nicht nach den Unmengen Alkohol, die hier, wie auf allen Festen in Brasilien, in Strömen fließen.

Ein himmlisches Badevergnügen im Nationalpark Jalapão.

Oben: Ouro Preto, Barockperle im Bundesstaat Minas Gerais.
Unten: Am 2. Februar wird die Meeresgöttin Iemanjá geehrt.

Historischer Straßenzug in Penedo, Bundesstaat Alagoas.

Oben: Gläubige bringen hölzerne Körperteile nach Bom Jesus da Lapa und hoffen auf Genesung.
Unten: Tafelberge im Bundesstaat Tocantins.

Oben: Die Hängematte ist die Siesta der Brasilianer, und sie hängt sogar in den riesigen Wurzeln der Mangroven bei Jericoacoara.
Unten: Jesus-Limonade im Nordosten – farblich passend zu den riesigen tropischen Blumen.

Canavieiras ist ein typisches Dorf an der Costa do Dendê, Bahia.

Oben: Kunterbuntes Lençóis im Bundesstaat Bahia.
Unten: Brazilian Waxing und gut gelaunte Köchin an einem Weltende in Bahia.

Oben: Felsskulpturen im Bundesstaat Espírito Santo.
Unten: Der weltgrößte Cashewbaum in der Nähe von Natal.

Oben: Exotische Tierwelt.
Unten: Schnapskneipe in Maranhão.

Oben: Alegria heißt das Lebensmotto.
Unten: Lagunen in den Lençóis Maranhenses.

Entlang der Estrada Real, der Königsstraße, kann man in barocke Architektur und die Kolonialzeit eintauchen.

Oben: Typisches Dorf am Rio Preguiças, Maranhão.
Unten: Supermarkt »Gott wird geben«.

Oben: Caipi und Kokosnuss werden dekadent auf schwimmenden Tabletts serviert.
Unten: Capoeira in Bahia.

Baumriese bei São Domingos, Goiás.

6. Kapitel

Musik und Kultur, Kino und Literatur

77. Grund

Weil brasilianische Musik meine Leidenschaft geworden ist

Es liegen immer Musik und Rhythmus in der Luft. Ohne Musik ist Brasilien kaum denkbar, und die musikalische Vielfalt erstaunt und begeistert mich täglich von Neuem, denn der Fundus ist unerschöpflich. Schon vor meinen ersten Reisen nach Brasilien hörte ich Bossa Nova, Samba oder elektronische Clubvibes zum Chillen. Doch diese machen nur einen winzigen Bruchteil des unendlich abwechslungsreichen Repertoires an Stilrichtungen aus, die in Europa kaum bekannt sind – oder haben Sie schon einmal von Axé, Pagode, Sertanejo, Forro, Chorro, Maxixi, Caipira, Tropicalismo, Braga oder brasilianischem Reggae gehört?

Seine musikalische Vielfalt verdankt Brasilien seiner Ausdehnung und den Einflüssen so vieler Völker mit so unterschiedlichen Wurzeln. Afrikanische Musik und hier besonders der starke Einsatz von Trommeln und rhythmischen Instrumenten vermischte sich mit indianischen und europäischen Stilrichtungen und schuf ganz eigene, nur in Brasilien existente Musikstile. Musik war schon in den Zeiten der Sklaverei eine Möglichkeit, sich auszudrücken, im Gesang sowohl Trost zu finden, als auch eine Meinung, einen Schmerz, die Sehnsucht nach Freiheit zu verpacken. Während der Militärdiktatur wurden Musik und Kunst instrumentalisiert, um Regierungs-, System- und Gesellschaftskritik zu üben. Eine neue Musikrichtung, der Tropicalismo, verkörpert durch Caetano Veloso und Gilberto Gil, war der Militärregierung ein besonderer Dorn im Auge, provozierte sie doch durch Kritik. Ein neues Gesetz ermöglichte seit 1968 die schnelle und unkomplizierte Verhaftung und Exilierung unbequemer Künstler und Regimekritiker. Veloso und Gil, beides Opfer dieser Maßnahmen, sind unsterblich mit der brasilianischen Kultur und der jüngeren

Geschichte verbunden, bis heute tonangebend, und Gilberto Gil wurde unter Ex-Ex-Präsident Lula sogar zum Kulturminister. Barden wie Raul Seixas, der brasilianische Bob Dylan, werden bis heute, Jahrzehnte nach seinem verfrühten Tod, wie Helden verehrt. Seine kritischen Texte, auch er musste dafür ins Exil, kennen so gut wie alle Brasilianer auswendig, und so werde ich oft Zeuge einer kollektiven Ergriffenheit mit Tränen in den Augen und seinen unsterblichen Texten auf den Lippen. Das Gleiche gilt für die Rockband Legião Urbana, deren Leadsänger Renato Russo nach seinem frühen Tod Idol einer ganzen Generation wurde und noch immer ist.

Man kann dicke Wälzer über brasilianische Musik schreiben, ich beschränke mich nachfolgend auf einige meiner Lieblinge.

Auf jeden Fall sehr poetisch, intellektuell anspruchsvoll und tiefgreifend sind die Kreationen des Barden Zé Ramalho, die eine große Herausforderung für meinen Intellekt sind, denn seine wortgewaltigen Kompositionen sind mehr als anspruchsvoll und ein Event für die Sinne.

Stimmgewaltige Damen wie Nana Caymmi oder Alcione haben mein Herz im Sturm erobert, und die wunderbaren rhythmischen Kompositionen von Jorge Ben Jor oder Seu Jorge brauche ich fast zum täglichen Glück. Auch brasilianischer Reggae hat es in sich. Bob Marley hat in Brasilien eine riesige Fangemeinde und auch talentierte Kollegen, vor allem im Nordosten. Die blinden Reggaebarden – Tribo de Jah – machen wirklich Musik vom Feinsten. Cooler seichter Reggae. Ihre samtigen Stimmen singen von einer besseren Welt. Souliges gibt es natürlich auch. Leider ebenfalls schon Historie, doch seine gewaltige Stimme und seine großartigen, emotionsgeladenen Songs sind heute so aktuell wie vor 30 Jahren. Die Rede ist von der Soulstimme Brasiliens, Tim Maia. Er sollte in keiner Sammlung fehlen. Der softe Rock von Capitão Inicial, Skank oder Jota Quest haben meine Passion für Rockmusik geweckt, und die mehr als schnulzigen, doch traumschönen Melodien von Raça Negra und Soweto runden eine ausgewogene Sammlung ab.

78. Grund

Weil Samba einfach Wahnsinn ist

Mit dem Samba ist es ähnlich wie mit dem Fußball. Alle Brasilianer scheinen das Talent zum Kicken und auch zum Sambatanzen im Blut zu haben. Es wurde ihnen sozusagen in die Wiege gelegt, und tatsächlich saugen sie den Samba und auch andere Rhythmen schon vor der berühmten Muttermilch ein. Wie oft habe ich hochschwangere Frauen fast mühelos das Tanzbein schwingen sehen.

Es ist zum Verrücktwerden. Seit Jahren nunmehr versuche ich alles, um annähernd so schnell wie Brasilianer meinen Körper und vor allem die Beine im Rhythmus des Samba zu bewegen. Bis zu dem Tag, als ich erstmals Brasilianer Samba tanzen sah, dachte ich, mein musikalisches und rhythmisches Gehör würden mich nie im Stich lassen. Weit gefehlt. Meine Beinarbeit mutet im Vergleich wie eine Zeitlupenstudie an, und zudem ist es Hochleistungssport und meine Kondition diesem nicht gewachsen. Nach 30 Sekunden spätestens treten bei mir die ersten Erschöpfungszustände auf, während Brasilianer, alt und jung, Männlein und Weiblein, keine Müdigkeit aufkommen lassen. Im Gegenteil, sie kommen nach diversen Songs erst richtig in Fahrt, und es scheint ihnen nichts mehr Spaß zu bereiten, als mir immer wieder erneut vorzuführen wie simpel es doch ist. Ich gebe nicht auf und mache Fortschritte, wissend, dass meine europäischen Wurzeln offensichtlich und nicht zu verleugnen sind. Mir fehlt die Prise Afrika, die Gene, die für die ganz natürliche Verschmelzung mit der Musik verantwortlich sind.

Der Samba ist ein starkes Symbol brasilianischer Nationalität. Wir bringen ihn gerne mit Rio und dem dortigen Karneval in Verbindung, doch wiederum weit gefehlt. Seine Wurzeln liegen in Afrika, in Angola, wird behauptet. Afrikanische Sklaven haben ihn zunächst nach Bahia gebracht, und von dort erst gelangte er nach Rio. Die originale Variante, der Samba de Roda, wurde von der UNESCO sogar zum Kulturerbe der Menschheit erklärt. Während er voller Lebenslust zu pulsieren scheint, liegt sein Ursprung allerdings in einer dunklen Stunde brasilianischer Geschichte, in der Zeit der Sklaverei, als die aus Afrika verschleppten Arbeitskräfte versuchten, mit Getrommel und Tanz eine gewisse Fröhlichkeit, ein wenig Ablenkung in das harte Leben fern der Heimat zu bringen.

Ich gebe zu, es ist sehr touristisch! Dennoch sollte man sich in Rio eine Samba-Show gönnen.

Wer in Rio den Karneval erlebt, kann sich dies sparen, doch wer zu einer anderen Zeit in der Cidade Maravilhosa weilt, muss einfach einmal live erleben, wie schnell und vor allem wie erotisch Brasilianerinnen wackeln können. Am besten für die Herren ein Riechfläschchen mitnehmen, falls sie beim Anblick von so vielen und so knackigen temperamentvollen Körpern einer Ohnmacht nahe kommen.

79. Grund

Weil der Forro ein so sinnliches und erotisches Tanzvergnügen ist

Bekanntschaft mit dem »Forro« machte ich auf einer meiner ersten Reisen nach Bahia. Ich traf gegen halb elf in meiner Lieblingsbar ein, wo wie meistens um diese Uhrzeit brasilianischer Reggae lief. An diesem Abend allerdings waren zudem einige Jungs dabei, sich mit ihren Musikinstrumenten in einer Ecke der winzigen

Kneipe einzurichten. Meine Freundin Katia, die Seele und Inhaberin der »Zumbi-Bar«, klärte mich auf. Heute gäbe es Forro! Forro? Nie gehört! Lass dich überraschen, sagte sie schmunzelnd. Und überrascht war ich in der Tat, als Stunden später die Musiker endlich bereit und auch nach einigen Getränken in Stimmung waren. Feste beginnen in Brasilien spät und Liveveranstaltungen oftmals erst weit nach Mitternacht. Dann ging es los. War das noch Brasilien? Eine ganz neue Musikrichtung, sehr folkloristisch angehaucht, eher wie auf einem Volksfest und mit einer Prise Polka. Mit der mir bis dato bekannten brasilianischen Musik hatte das nichts zu tun. Die größte Überraschung aber spielte sich auf der improvisierten Tanzfläche zwischen den zur Seite gerückten Stühlen ab. Die anwesenden Herren, die coolen Jungs, die Rastas und Bonvivants schnappten sich alle in Windeseile eine Tanzpartnerin, und mehr als eng umschlungen schwebten ihre Leiber mit Leichtigkeit übers sandige Parkett. Ich konnte mich kaum sattsehen. Sehr erotisch und sehr sinnlich waren die Tanzschritte, die Bewegungen der Körper, die vom Scheitel bis zur Sohle aneinanderzukleben schienen, ja eigentlich »eins« wurden, auch »eins« mit der Musik. Mein Leben lang war ich begeistert vom argentinischen Tango und seiner Sinnlichkeit. Der Forro ist zwar ganz anders, aber hat es ebenso in sich, und ich nahm meine ersten Forrostunden in dieser langen Nacht, immer etwas auf Abstand bedacht, denn die körperliche Nähe vor allem in den Körperregionen unter der Gürtellinie und dann auch noch mit den entsprechenden rhythmischen Bewegungen war mir doch ein wenig zu heikel und gewagt. Um emotionsgeladene Eifersuchtsdramen zu vermeiden, sollte man, falls man einen festen Partner hat, Forro auch nur mit diesem tanzen, und wenn er gerne tanzt, dann ist das die tänzerische Erfüllung.

Forro ist keine Musik, mit der ich mich zu Hause beschallen würde, doch zu gewissen Anlässen macht es Laune und vor allem Spaß. Forro hört man nicht, man tanzt ihn.

Der Forro ist ein typischer Musikstil des brasilianischen Nordostens, die Instrumente Basstrommeln, Triangel, eine Art Akkordeon und Gitarre. Er dominiert vor allem die unzähligen Feste zur brasilianischen Wintersonnenwende am 24. Juni – zu São João, dem Johannistag zu Ehren Johannes des Täufers. Es ist nach Karneval das zweitwichtigste Fest in Brasilien.

São João ist sehr traditionell, ja bäuerlich geprägt, mit riesigen Johannisfeuern, Squaredance, Folkloredarbietungen, besonderem Likör, Maiskolben und typischen Trachten. Die Männer tragen karierte Hemden und Strohhüte, die Frauen farbige weite Röcke. Es wird getanzt, gesungen und gefeiert bis in die Puppen.

Lust auf Forro bekommen? Kein Problem, der sinnliche Paartanz ist auch in Europa auf dem Vormarsch.

80. Grund

Weil Capoeira mehr als ein afrobrasilianischer Kampftanz ist

Ich hatte meine erste und bislang einzige »Aula de capoeira« mit einem Capoeirameister um 6 Uhr morgens am Strand. Sergio, mein Lehrer, redete ohne Unterlass auf mich ein, so als ob ich über Nacht gelernt hätte, seine Sprache zu verstehen. Meine Portugiesischkenntnisse beschränkten sich damals auf einfache Begrüßungsfloskeln, das selbstständige Bestellen eines Caipirinhas und »obrigada« – danke. Der Rest jedweder Konversation war eine Mischung aus Mimik und dem berühmten Einsatz von Händen und Füßen. Letztere sollten in dieser Unterrichtsstunde tatsächlich zum Einsatz kommen, doch sportlich kämpferisch. Sergio sprach ohne Punkt und Komma und schaute mich dabei eindringlich an. Wie es genau funktionierte, vermag ich nicht zu erklären, doch plötzlich schien ich genau zu verstehen, was ich tun sollte, wie ich die Schritte, den Rhythmus des Ginga, den Grundschritt des Capoeira, ausführen, wie ich mich im Verhältnis zu ihm, meinem Lehrer und jetzt auch Gegner im kämpferischen Tanz, bewegen sollte. Ich war wie hypnotisiert, wusste intuitiv, was ich tun musste – und zwar nur während der einstündigen, schweißtreibenden Lehrstunde. Es war sagenhaft! Ich führte Bewegungen aus, von denen ich sonst nur träumen konnte, war offensichtlich so in einer Art von Trance, dass mein Körper Dinge tat, für die er normalerweise viel zu ungelenk und steif ist. Voll motiviert und glückselig berichtete ich zu Hause von meinem erfolgreichen Start in den Tag, und während ich noch voller Enthusiasmus über meine neu entdeckten kampftänzerischen Talente sprach, meldete sich mein wahrer Körper zurück, und zwar mit Schmerzen und mehr als Muskelkater in fast allen Körperteilen von Kopf bis Fuß. Drei Tage lang war ich wie gelähmt, Capoeira ist eben aus dem Stegreif nicht so einfach zu erlernen, denn es ist eine Mischung aus Hochleistungssport, Akrobatik, Kampf, Ritualen und Musik.

Capoeira hatte ich erstmals in der Altstadt von Salvador, dann auf Boipeba gesehen, wo viele Traditionen gepflegt und auch gelebt werden. So auch Capoeira und das intensive, unter die Haut gehende Getrommel, welches den Rhythmus der angedeuteten Kampfschritte bestimmt. Er ist Teil des kulturellen Erbes, eine Tradition, die ihre Wurzeln in Afrika hat, doch wohl erst in Brasilien von den eingeschleppten Sklaven perfektioniert wurde. Man geht davon aus, dass die schwarze versklavte Bevölkerung den Capoeira erlernte und nutzte, um sich ohne Waffen zur Wehr setzen zu können. Eine große Rolle spielt dabei die Beinarbeit, oftmals waren die Hände ja gebunden, sodass mit den unteren Gliedmaßen gekämpft werden musste. Zur rhythmischen Musik mit Trommeln, Berembau und Caxixi bildeten sich Bewegungsabläufe als direkte Reaktion auf die Bewegungen des Gegners. Schnelle fließende Reaktionen, Disziplin und Körperbeherrschung sind gefragt.

Capoeira ist Symbol für den Freiheitskampf, aus dieser Zeit auch stammt er, im 16. Jahrhundert wurde er zur »geheimen« Waffe der Aufständischen gegen die Ausbeutung und Versklavung. Während der brasilianischen Geschichte wurde er verboten, dann wieder ins Leben gerufen, mittlerweile wird die Tradition vor allem in Bahia wieder gepflegt, besonders natürlich dort, wo die afrobrasilianischen Wurzeln noch stark ausgeprägt sind und die Traditionen stolz erhalten werden. So lernen auf Boipeba schon die ganz Kleinen einfache Schrittkombinationen und Drehungen, die für den Capoeira so typisch sind. Ausstaffiert mit den typischen weiten weißen Hosen, die fast wie Schlaghosen aus den 70er-Jahren anmuten, kämpfen auch sie bereits tanzend zum Rhythmus in der »roda«, im Kreis, der aus den Zuschauern, den Musikanten (Trommlern und Berembauspielern) und Capoeiristas besteht. Immer zwei begeben sich in die Mitte des Kreises, führen einige typische Bewegungsabläufe durch, und dann kommen die nächsten beiden. So geht es möglicherweise ein oder zwei Stunden. Capoeira gehört zu jedem traditionellen Fest, ist beliebter und auch wichtiger kultureller Bestandteil. Ich kann mich daran gar nicht sattsehen, habe mich mittlerweile aber aufs Zusehen beschränkt und meine eigene Karriere frühzeitig geschmissen.

81. Grund

Weil Olodum nur einer von vielen Gründen ist, den Pelourinho zu besuchen

Ich kenne keinen Brasilianer, der freiwillig den Pelourinho, das barocke Altstadtviertel Salvador da Bahias, besuchen würde, denn dort gibt es »nur Gauner und Betrüger«. Diese gibt es ganz sicher, aber es gibt eben auch viel mehr, und für mich als Besucherin aus einer anderen Welt ist der Pelourinho ein »Muss«, denn hier kann man Kurioses erleben. Zugegeben, man ist zwischen sehr vielen Sicherheitskräften unterwegs, die an den Ecken der verwinkelten Gassen stehen und aufpassen, dass Touristen hier nicht nur eine eindrucksvolle, sondern auch eine sichere Zeit verbringen. Abends, wenn das Leben hier pulsiert, wird man als offensichtlicher Fremdling auch ganz klar in seine Schranken verwiesen – bis hierher, aber nicht weiter schlendern. Kein Problem, es gibt genug kopfsteingepflasterte Gassen, Plätze, Kneipen, Restaurants, Museen, Theater, Kirchen, kleine Hotels, Shops und Kunsthandwerk in dem Areal, das »freigegeben« ist.

Pelourinho heißt übrigens Pranger und ist somit ein Name, der auf die tragische Vergangenheit der schwarzen Bevölkerung hinweist. Hier in Salvador war der Hauptumschlagplatz für afrikanische Sklaven, und hier im Pelourinho wurden sie an den Pranger gestellt.

In der Nähe meines kleinen, aber sehr feinen Hotels, der Vila Bahia, geben einige Jungs eine kleine Capoeira-Darbietung, und ich setze mich in ein Straßencafé, um zuzuschauen. Das ist fast unmöglich, denn permanent kommt ein großes Lächeln vorbei, um mir etwas anzudrehen. Glücksbändchen, Rosen aus Schilfgras, am Tisch für mich in Windeseile gefertigt, Handtaschen, die aus einem einzigen Reißverschluss gefertigt sind, kleine und große Ölbilder mit den kunterbunten Häuserfassaden des Viertels. Ein Junge jongliert riesige und schwere Kokosnüsse. Plötzlich wird alles von einem eindringlichen Trommelrhythmus dominiert, der sich zu nähern scheint. Olodum, ruft mir der Kokosnussjongleur zu und winkt mir zu mitzukommen. Olodum, nie gehört, aber hörenswert scheint es zu sein, und ich folge ihm in Richtung Getrommel. Ich vermag es nicht zu sagen, doch an die 100 jugendliche Trommler, fast alle schwarzer Hautfarbe, zogen durch die Gassen der Altstadt, und ihre ohrenbetäubend lauten, getrommelten Rhythmen gingen unter die Haut. Afrika, denke ich wieder, Brasilien ist auch Afrika, vor allem Bahia. Ich hatte Glück, eine solche Probe der berühmten Olodumschüler mitzuerleben.

Mittlerweile weiß ich, dass Olodum vieles ist. Musikschule, Kulturverein, Band und auch der berühmte Karnevalsverein »Bloco Olodum«. Ohne es zu wissen, habe ich auch früher schon Olodum gehört, sie trommelten zusammen mit Michael Jackson für seinen Hit *They don't really care about us.*

Olodum entstand Ende der 70er-Jahre als Bewegung gegen Rassismus und für mehr soziale Gerechtigkeit. Als Kulturverein und Musikschule ist es Olodum ein großes Anliegen, mit der Musik Jugendliche von der Straße zu holen. Die Musik ist ein ganz eigener Stil. Samba wurde mit afroafrikanischen Rhythmen gemischt, und es entstand der sogenannte Samba-Reggae, und wenn dieser, hundertfach getrommelt, durch die malerischen Straßen des historischen Stadtkerns zieht, dann ist das Gänsehaut pur, und man muss einfach hinterhertanzen.

82. Grund

Weil ich nach dem Film »Xingu« von einer Reise zu den Indianern träume

Die drei Brüder Villas-Bôas – Orlando, Cláudio und Leonardo – waren wenig über 20, als sie sich als Teilnehmer einer von der Regierung ausgeschriebenen Expedition zur Erkundung und Erforschung des brasilianischen Westens und des nördlich angrenzenden Amazoniens meldeten.

Es war im Jahr 1943, als sie zur Expedition Roncador-Xingu aufbrachen und ihr komfortables Leben in São Paulo aufgaben, um im Landesinneren Pionierarbeit zu leisten. Sie konnten nicht ahnen, dass diese Reise ihr eigenes Leben für immer verändern und bestimmen sollte und dass sie Geschichte schreiben würden.

Die Expedition führte auch durch Gebiete indigener Völker, und die Jungs aus São Paulo machten Bekanntschaft mit indianischer Kultur und Lebensweise, einem friedlichen und respektvollen Miteinander und Respekt vor der Natur. Sie fühlten sich so angezogen von den anderen Werten, lernten die Eingeborenen schätzen und lieben und verschrieben sich dem Ziel, dieses so andere Universum intakt zu halten und für die Sicherung des Lebensraumes dieser Völker zu sorgen und im Zweifelsfall auch zu kämpfen.

Es war Orlando, der 1952, nach vielen gemeinsamen Jahren mit den Xingu-Indianern, die Idee zu dem Parque National de Xingu hatte. 1961 wurde der Park offiziell von der Regierung anerkannt, ein Gebiet von 27.000 Quadratkilometern wurde seinen Bewohnern übereignet, damit sie hier für alle Zukunft ihr Leben so führen könnten, wie es seit Urzeiten ihre Vorfahren lebten. Weitgehend können die dort ansässigen Stämme bis heute ohne fremde und schädliche Einflüsse in ihrer eigenen Kultur leben und diese somit auch erhalten.

Der Film *Xingu*, herausragend inszeniert von Cao Hamburger, porträtiert sowohl das Lebenswerk der Brüder Villas-Bôas als auch das Leben und die Bräuche der Indianerstämme in diesem Gebiet und die Probleme, die mit der Erschließung ihres »Landes« aufkamen. Hamburger drehte unter Mitwirkung der betroffenen Indianergruppen, was den Film so realistisch macht. Er zeichnet ein detailliertes Bild von den Problemen, mit denen beide Seiten konfrontiert waren, den Rückschlägen, den Mentalitätsunterschieden, den Krankheiten, die beide Seiten heimsuchten, den Schwierigkeiten im Dialog mit der Regierung, den persönlichen Problemen, Leid und Liebe.

Bis heute, also mehr als 50 Jahre nach Gründung des Parks, leben die Xingu und andere indigene Stämme in diesem Gebiet, pflegen ihre Traditionen und Rituale und ihr Leben in Einheit mit der Natur. Sie verteidigen ihr Gebiet gegen die Einfälle von Rinderzüchtern und Holzfällern, die versuchen einzudringen und sich hier – weitab von Zivilisation und staatlicher Kontrolle – zu bereichern.

Leider ist *Xingu* bis heute das einzige Projekt dieser Art. Die Bürokraten und Entscheidungsträger in Brasilia sehen nicht ein, weshalb kleine, in ihren Augen unterentwickelte Völker von wenigen Hundert Menschen derart große Landmassen benötigen, um ihr einfaches Leben zu fristen. Es bleibt meist bei Lippenbekenntnissen. Umgekehrt könnte man sich fragen, weshalb in Brasilien riesige Ländereien in der Hand so weniger reicher Großgrundbesitzer sind.

Man kann die Xingu besuchen, kann vor Ort für einige Tage eintauchen in eine ganz andere Welt. Der Film hat mich so fasziniert, dass ich dies einerseits unbedingt machen möchte, auf der anderen Seite aber denke, ich sollte mich mit den Eindrücken des Filmes begnügen, denn sicher bringt jeder auch noch so respektvolle, neugierige und interessierte Besucher die noch intakte Welt der Xingu ein wenig mehr ins Wanken. Auf jeden Fall ist es nicht einfach hinzukommen, es gibt – zum Glück – viele Restriktionen und Regeln für einen Einblick in das Leben des Stammes und bedarf einer Genehmigung der FUNAI – der Fundação Nacional do Indio.

83. Grund

Weil brasilianisches Kino unter die Haut geht

Ich wiederhole mich. Brasilien ist immer wieder für eine Überraschung gut. Eine davon habe ich am Bildschirm kennengelernt, wo nicht nur Seifenopern, sondern erstklassiges brasilianisches

Kino zu sehen ist, das in vielen Fällen weit mehr unter die Haut geht als aufwendige Hollywoodproduktionen. Zu Beginn schaute ich selbstverständlich alles, was aus meiner neuen Heimat kam, um erstens die Sprache zu lernen und zweitens so viel wie nur möglich über das riesige Land zu lernen. Heute bin ich ein großer Fan brasilianischen Kinos geworden, das durch sehr ausdrucksstarke und ungewöhnliche Kameraführung und Perspektiven großartige Nahaufnahmen der Mimik und somit des Gefühlslebens der handelnden Personen liefert. Es ist eine ruhigere, doch eindringlichere Dramatik, eine realistischere Erzählweise.

Einige meiner Lieblingsfilme, mit deren Hilfe ich auch vieles über Brasilien lernte, will ich hier nennen.

Sonhos de Peixe, *Fishdreams*, ist einer meiner Favoriten, weil er mir heute, nach fast acht Jahren Brasilien, wie ein realistisches Spiegelbild des brasilianischen Küsten»hinter«landes scheint.

In einem kleinen Fischerort an der Küste von Rio Grande do Norte bemüht sich der Fischerjunge Juscelino um die Gunst seiner angehimmelten Ana, die sich allerdings eher gelangweilt gibt und mehr Interesse an der täglichen Telenovela als an einer amourösen Beziehung mit Juscelino hat. Als der aufschneiderische Nebenbuhler Rogério, ausgestattet mit einem Buggy, der schönen Ana ebenfalls den Hof macht und diese nicht uninteressiert scheint, muss Juscelino zu stärkeren Waffen greifen. Er verkauft Haus und Hof an einen Gringo, der hier am Ende der Welt vom Leben als Aussteiger träumt, fährt in die nächste Großstadt und kauft seiner großen Liebe den größten Flachbildschirm, der zu haben ist. Er investiert ein Vermögen, sein ganzes Vermögen. Den Dimensionen des riesigen Kartons mit Superglotze ist die winzige Tür des einfachen Hauses von Ana nicht gewachsen. Kein Problem, kurzerhand und in Minutenschnelle wird hier mit einigen Hämmern Abhilfe geschaffen und der Eingang in die richtige Größe gebracht. Das Heimkino kann im winzigen Häuschen von Anas Familie kaum aufgestellt werden, die Mutter ist entsetzt über das Chaos und besteht auf Abtransport. Der Super-GAU für Juscelino. Mehr will ich nicht verraten.

Der Film fängt die Atmosphäre an diesem abgelegenen Ort perfekt ein, humoristisch, melancholisch und realistisch. Eben genau so ist es in vielen Teilen Brasiliens, ich kenne genau solche Orte und solche Menschen. Die Bedeutung der Telenovela, die für eine kurze Stunde in eine andere Welt entführt und Träume und Helden kreiert, der Alltag der Fischer, die auf dem Meer ihr Leben für ein paar Real riskieren, die Spontaneität der Brasilianer Dinge zu tun, die im Moment genau das Richtige zu sein scheinen, doch ohne die Konsequenzen zu bedenken. Der Fischerjunge verliert sein Zuhause in der Hoffnung, mit dem TV-Monster seine Liebe zu realisieren. Zu schön! Ein Leckerbissen für Filmfreunde des etwas anderen Kinos.

Als ich *Fishdreams* erstmals sah, vor meinem Leben in Brasilien, dachte ich, das sei zwar alles ganz nett, aber so ziemlich an den Haaren herbeigezogen. Nein, ist es ganz und gar nicht, es ist Brasilien pur.

Cidade de Deus – Die Stadt Gottes – machte weltweit Furore und ist ebenfalls ein hautnahes Spiegelbild des von unglaublicher Gewalt und Drogen dominierten Alltags in einer Favela Rio de Janeiros. Eine wahre Geschichte übrigens, die deshalb so realistisch wirkt, weil Fernando Meirelles für seinen Film Laienschauspieler aus eben besagtem Favela-Viertel einsetzte, Menschen also, die wissen, was es bedeutet, hier zu leben, die wissen, dass das Leben hier nichts wert ist.

Tropa de Elite von José Padilha ist eine dramatische und gelungene Inszenierung über die Arbeit einer Spezialeinheit der Militärpolizei in Rio im Kampf gegen Drogenkriege und Korruption. Den Goldenen Bären 2008 hat der Film mehr als verdient. Leider wird auch hier ein trauriges Kapitel Brasilien präsentiert.

Trinta ist dem Leben und Einfluss auf den Karneval des großartigen Joãosinho Trinta gewidmet, der in den 60er-Jahren aus dem Norden Brasiliens nach Rio de Janeiro kam, um Ballett zu tanzen. Seine Karriere sollte eine andere sein. 1974 wurde er beauftragt, die Parade, das *desfile,* der Sambaschule Salgueiro zu entwerfen und zu organisieren. Seine fantasievollen Ideen, seine überbordenden Dekorationen, seine aufwendigen Kostümentwürfe, seine komplexen Themen wurden zunächst schwer kritisiert, doch waren sie ein voller Erfolg und sollten den Karneval von Rio für immer und bis heute revolutionieren.

A Casa de Areia – das Haus im Sand – zählt ebenfalls zu meinen Favoriten und ist großes Kino, spielt der Film doch zudem in einer der schönsten Gegenden Brasiliens, in den Lençóis Maranhenses, dem Wunder aus Dünen und Lagunen von Maranhão. Doch was heute das Herz des Reisenden höher schlagen lässt war zu Beginn des 20. Jahrhunderts eine schwer zugängliche Gegend und wurde einer Siedlerfamilie zum Verhängnis, die hier Land gekauft hatte, um ein neues Leben zu beginnen. Der Schock war groß, als sich das gelobte Land als Wüste entpuppte und nicht als fruchtbarer Boden. Der unvorhergesehene Tod des Familienoberhauptes und die heimliche Flucht der mitgeführten Arbeitskräfte wurde den Frauen der Familie zum Verhängnis, zum Gefängnis im Sand. Über Jahrzehnte gelang es den drei Frauen – Mutter, Tochter und Enkelin – nicht, aus diesem Albtraum zu entkommen, es gab schlichtweg keine Transportmöglichkeiten, sie waren abgeschnitten vom Rest der Welt.

Schauspielerisch hervorragend umgesetzt von Fernanda Montenegro und ihrer Tochter Fernanda Torres, Regie führte Andrucha Waddington.

Die wunderbare Fernanda Montenegro glänzt auch in *Central do Brasil* – Central Station –, einem international bekannten und ausgezeichneten Road Movie, das unter die Haut geht. Es ist die Geschichte einer skrupellosen frustrierten ehemaligen Lehrerin, die am Hauptbahnhof von Rio de Janeiro Briefe für Analphabeten schreibt, um ihr Einkommen aufzubessern. Leider schickt sie die

Briefe selten ab, ja wirft sie sogar weg. Im Falle einer Mutter mit Sohn, die ihren in einem anderen Teil Brasiliens lebenden Mann kontaktieren will, wird die Sache kompliziert, denn die Mutter des Jungen wird nach Diktat des Briefes direkt vor den Augen des Kindes von einem Bus überfahren. Kaltblütig interessiert sich Dora zunächst nicht für den Jungen, der alleine am Bahnhof zurückbleibt. Am nächsten Tag entschließt sie sich kaltblütig, ihn an Kinderhändler zu verkaufen, um von dem Geld einen neuen Fernseher zu erstehen. Ihre entsetzte Freundin bewegt sie dazu, das Kind zurückzustehlen und ihm zu helfen, den Vater zu suchen. Jetzt beginnt der eigentliche Film, ein Road Movie der Extraklasse, eine geniale Fernanda Montenegro, die während der nächsten 60 Minuten ein Herz entwickelt und unter der harten Schale einen weichen Kern zeigt. Ein absolutes Muss für Brasilien – und Kinofans.

Kino, Aspirin und Geier ist ebenfalls ein Road Movie, eine ziemlich abgefahrene Geschichte eigentlich. Der deutsche Kriegsflüchtling Johann versucht 1942 sein Glück in Brasilien, im Sertão, im dürren, trockenen abgeschiedenen Landesinneren. Johann fährt in einem klapprigen Lieferwagen von Ort zu Ort, baut eine Leinwand und einen Projektor auf und zeigt Werbefilme für Aspirin. Nach erfolgreicher Vorführung verkauft er die Wunderpillen an die Bevölkerung. Er lernt den Brasilianer Ranulpho kennen, der als Anhalter unterwegs ist, und es entwickelt sich eine seltsame Freundschaft auf einer gemeinsamen Reise durch das brasilianische Hinterland.

Getúlio ist ein Film über die letzten Tage des Präsidenten Getúlio Vargas und die Regierungskrise, die ihn in den Selbstmord trieb. Glänzend inszeniert und gespielt.

Ebenfalls sehenswert *Trash*, ein Film über Kinder, die auf einer riesigen Müllhalde von Rio de Janeiro aufwachsen, wo sie eine Börse finden, die hochbrisante Informationen beinhaltet, denn sowohl Polizei als auch Kriminelle sind ihnen nun auf den Fersen.

Bruna Surfistinha, Confessions of a Brazilian Call Girl basiert auf einer wahren Geschichte, dem Aufstieg und Fall der Prostituierten Raquel Pacheco. Ihr Buch wurde zum Bestseller, und die Verfilmung ist eine sehr gelungene Milieustudie.

Es gibt natürlich auch brasilianische Komödien, doch muss ich zugeben, dass der brasilianische Humor nicht immer meinen Geschmack trifft. Einzig vielleicht hier zu nennen der Film *O Roubo da taça*, der auf amüsante Weise den tatsächlich erfolgten Raub des WM-Pokals erzählt.

84. Grund

Weil Paulo Coelho nicht nur Pilger und Alchimist, sondern auch Hippie und Rockstar war

350 Millionen verkaufte Bücher in 150 Ländern, übersetzt in über 80 Sprachen. Paulo Coelho ist der meistverkaufte brasilianische Autor aller Zeiten, und doch lautet die Headline der bekannten brasilianischen Zeitschrift *Veja* zu seinem Geburtstag im Jahre 2017:

»Mit 70 Jahren ist Paulo Coelho immer noch unser größter schlechter Autor«.

Wie passt das zusammen, und weshalb mögen die Brasilianer ihren so berühmten Esoterik-Guru nicht?

Brasilianer stecken ihn in einen Sack mit Pelé. Er sei wie dieser eine Berühmtheit für den Export, er sei nicht brasilianisch. Seine Bücher sind es in der Tat nicht, sie sind universal, auch ich hatte beim Lesen keines Coelho-Buches den Eindruck, einen brasilianischen Autor in der Hand zu haben. Als Brasilianer kam er mir erst wieder in den Sinn, als ich etwas über sein erst kürzlich erschienenes Buch *Hippie* las und es kaufte, weil es autobiografisch ist und von seinen wilden Jahre als globetrottender Hippie handelt. Auch sah ich einen Film über ihn, der eine mir ganz unbekannte Seite zeigte, seine Zeit nämlich als Songwriter an der Seite von Brasiliens Rocklegende Raul Seixas. Raul Seixas, der bis heute mehrere Generationen von treuen Fans hat und dessen Musik unsterblich ist, war in der Widerstandsbewegung aktiv und wurde von der Militärregierung festgenommen, gefoltert und musste exilieren. Paulo Coehlo ebenfalls. Die beiden waren befreundet. Seine großen Hits basieren zu einem nicht unerheblichen Anteil auf den Texten von Paulo Coelho, der auch zeitweise – bevor er sich der Schriftstellerei verschrieb – mit auf der Bühne stand. Der Bestsellerautor war also in seinem früheren Leben nicht nur Hippie, sondern auch Rockstar und hatte zusammen mit Raul großen Einfluss auf die Entwicklung der Rockmusik in Brasilien. Die Lieder übrigens sind wirklich spitze!

Gitã beispielsweise oder *Sociedade Alternativa* waren riesige Hits, und die Texte schrieb kein Geringerer als Paulo Coelho. *Sociedade Alternativa* war der Diktatur ein besonderer Dorn im Auge, da er offen von einer alternativen, eben anderen Gesellschaft handelt, und Gitã, ein Wort aus dem Sanskrit, bedeutet »Canção de Deus« – Lied von Gott – und basiert auf dem Epos *Mahabharata*, das zu den Veden des Hinduismus gehört. Der esoterische Einschlag Coelhos war schon damals zu spüren, resultierte sicher aus den spirituellen Erfahrungen, die er auf seinen Reisen zu den Pilgerorten der Hippiebewegung machte. Über diese lese ich derzeit in seinem Buch.

Es ist nun aber gerade diese Beziehung zu Raul Seixas, dem Idol noch heute, welche die Brasilianer Coelho ankreiden, sie streiten ab, dass er ein wirklicher Freund war, behaupten, Coelho hätte den Musiker in die Welt der Drogen und des Alkohols gebracht, die ihm mit 44 Jahren zum Verhängnis wurden, und lebe heute selbst in Reichtum und Erfolg, zudem außerhalb des Landes.

Ich bin keine Brasilianerin und kann Coelho leiden, lese nicht alle, aber einige seiner Bücher gerne und finde darin, wie alle

Millionen Leser auch, kleine Wahrheiten für mein eigenes Leben. Literarisch keine Hochgenüsse, kein Dostojewski oder Stendhal, doch aus der Seele gesprochen, und deshalb liegt der Hippie derzeit neben meinem Bett.

85. Grund

Weil die Romanfiguren von Jorge Amado so liebenswert und in Bahia lebendig sind

Um ein Land und seine Kultur besser zu verstehen, tauche ich gerne in seine Literatur ein.

So bin ich auf Jorge Amado gestoßen, einen der größten Schriftsteller Lateinamerikas, der, aus Bahia kommend, in seinem Werk den Menschen und der besonderen Kultur und Magie seiner Heimat ein literarisches Denkmal gesetzt hat. Jorge Amado wuchs als Sohn eines Kakaofarmers in Ilhéus im Süden Bahias auf und musste miterleben, wie sein Vater von einem Großgrundbesitzer erschossen wurde. Kein Wunder also, dass Amado sich später zum Kommunismus bekannte und viele Jahre im Exil verbringen musste. Seine Bücher richteten sich gegen das System, seine Helden waren die Entrechteten und Ausgegrenzten. Amados Werke wurden weltweit in fast 50 Sprachen übersetzt, in der damaligen DDR auch ins Deutsche, sodass ich schon vor vielen Jahren große Teile seines Werkes in gebrauchtem Zustand in die Finger bekam, mein Portugiesisch hielt sich ja am Anfang noch in Grenzen. In Salvador da Bahia gibt es im historischen Pelourinho ein Museum, doch eigentlich muss man sich in Bahia nur ein wenig treiben lassen, und schon macht man Bekanntschaft mit den unsterblichen Figuren aus seinen Romanen. Sie begegnen einem auf Schritt und Tritt.

Um Bahia und die Mentalität und Geschichte seiner Bewohner zu verstehen, sollte man sich mit den immer leicht surrealen, magischen Figuren Amados beschäftigen, die übrigens auch cineastisch verewigt wurden und am Bildschirm in Novelas und Spielfilmen Gestalt annahmen. Die Helden seiner Romane, die alle im Nordosten Brasiliens spielen, kommen aus dem einfachen Volk, aus der Halb- und Unterwelt. Es sind Prostituierte, Landarbeiter, Obdachlose, Kleinkriminelle, Alkoholiker und Lebemänner, entlaufene Sklaven, Fischer und laszive Verführerinnen. Amado schockierte und faszinierte gleichermaßen durch seine mehr als freizügigen erotischen und exotischen Erzählungen, in denen Lebenslust, Sexualität, Karneval und afrobrasilianische Kultur den Ton angeben. Seine Helden sind sympathische Verfechter der Gleichberechtigung, des Rechts auf ein würdevolles Leben, kämpfen gegen Rassismus und Ungerechtigkeit.

Tieta von Agreste machte die Dünen von Mangue Seco weltberühmt, man kann dort auf ihren Spuren wandeln, und für viele Fans der sympathischen, zu Reichtum gekommenen Bordellbesitzerin Tieta ist dies eine Pilgerstätte.

Die verführerische, laszive, männerfressende *Gabriella* hingegen kann man in Ilhéus besuchen, *Dona Flor*, die Dame mit den zwei Ehemännern, in Salvador da Bahia. Dort findet man auch die *Herren des Strandes*, die obdachlosen Kinder, die am Strand von Salvador leben und deren kleine Helden einem permanent über den Weg zu laufen scheinen.

Dem Pelourinho, dem Altstadtviertel von Salvador, hat Amado in *Werkstatt der Wunder* ein Denkmal gesetzt. Das Meisterwerk erschien kürzlich in überarbeiteter deutscher Übersetzung und ist unbedingt lesenswert.

Besonders schön ist die wunderbare Erzählung vom *Gestreiften Kater und der Schwalbe Sinha*, eine Liebesgeschichte außerhalb des Systems, außerhalb der Normen. Eine Geschichte, die beweist, dass Vorurteile überwunden werden können und dass Liebe stärker ist als alle sozialen oder gesellschaftlichen Unterschiede.

7. Kapitel

Göttliches Brasilien

86. Grund

Weil Gott Brasilianer ist und Rio seine Stadt

Ganz schön anmaßend, könnte man denken: Deus é Brasileiro! Gott ist Brasilianer!

Immer wieder stolpert man über diesen Satz und fragt sich, wie denn die Brasilianer dazu kommen, unserem Herrgott ihre Staatsbürgerschaft zu übertragen. Sogar die Päpste flachsen damit herum. Der argentinische Pontifex sagte auf einem Flug zu brasilianischen Journalisten, sie sollten bitte nicht enttäuscht sein, dass er, der neue Papst, Argentinier sei, schließlich sei ja bereits Gott Brasilianer, und Brasilien könnte ja nicht auch noch Anspruch auf den Papst erheben. Es ist ein geflügeltes Wort. Ex-Ex-Präsident Lula sagte nach der Entdeckung weiterer gigantischer Ölvorkommen, diese seien Beweis dafür, dass Gott Brasilianer sei.

Die bekannte brasilianische Schriftstellerin Nélida Piñon schrieb in einem Essay, dass Brasilianer ihre Probleme hinnehmen, weil sie überzeugt sind, Gott werde sie schon lösen, weil er selbst Brasilianer sei.

Gott ist Brasilianer heißt eine der erfolgreichsten Komödien der brasilianischen Filmindustrie, in der Gott, als er eine Auszeit braucht, natürlich in Brasilien eine Urlaubsvertretung sucht.

Es muss demnach einfach so sein. Gott ist Brasilianer und hat deshalb dieses riesige Land so überaus großzügig mit Flora und Fauna, landschaftlicher Schönheit und mit Bodenschätzen beschenkt. Er schützt es vor Erdbeben, Tsunamis, Wirbelstürmen und Vulkanausbrüchen. Gott hat hier alles gegeben und sein Meisterwerk hinterlassen. Alles im Superlativ.

Er hat Brasilien alles mit auf den Weg gegeben, um eine erfolgreiche Industrienation zu sein und auf der Weltbühne eine Hauptrolle zu spielen. Einiges läuft aber schief im Land des Allmächtigen. Korruption und Drogenkriege scheinen den Aufstieg in die Weltelite zu verhindern. Hier kommen Gott und der den Brasilianern angeborene, wenn auch oft enttäuschte Optimismus wieder ins Spiel. Da Gott selbst ja Brasilianer ist, wird er die Konflikte schon lösen. Ich bin gespannt, ob das so klappt.

Übrigens residiert er, wie kann es anders sein, in Rio de Janeiro, der Stadt Gottes, wie diese wiederum genannt wird. Kein Zweifel; wer Rio gesehen hat, weiß, dass nur hier der Schöpfer seinen angemessenen Wohnsitz haben kann.

Auch diesbezüglich kommt die Bestätigung von höchster Stelle. Schon Papst Johannes Paul beseitigte jeden Zweifel und begeisterte während eines Besuches in Rio de Janeiro seine weltgrößte Anhängerschar mit den – sicher für den Vatikan zudem sehr werbewirksamen – Worten: »Wenn Gott Brasilianer ist, dann ist der Papst Carioca« – Cariocas werden die Bewohner Rio de Janeiros genannt. Man muss an den berühmten »Berliner« John F. Kennedy denken.

Die Frage ist, ob Gott selbst, wie im Film, tatsächlich auf Urlaub ist und seine Vertretung wenig kompetent. Denn es geht drunter und drüber, Rio de Janeiro ist trotz all seiner Superlative nicht nur die schönste, sondern sie zählt auch zu den gefährlichsten Städten der Welt. Es gibt einen Stadtteil, der tatsächlich »Cidade de Deus«, Stadt Gottes, heißt. Es ist eine Favela, Handlungsort des auf wahren Begebenheiten basierenden großartigen Leinwanddrama mit gleichem Namen. Ein grausames Bild von Drogen und Gewalt in der dunklen Parallelwelt jenseits von Glamour und Zuckerhutromantik, die sich hier wie ein Krebsgeschwür eingenistet hat.

Wollen wir hoffen, dass die Erlöserstatue, die als Wahrzeichen und Schutzpatron hoch über der Stadt thront, genug Kraft hat, dieses Krebsgeschwür zu bekämpfen und Rio wieder lebenswerter zu machen.

Ich höre selbst permanent, egal ob es um Korruption, Gesundheitswesen oder Gewalt geht, dass *nur* Gott hier noch helfen kann. Die Evangelikalen setzen mehr auf den Gottessohn und sagen:

Só Jesus! *Nur* Jesus kann uns noch retten.

87. Grund

Weil Jesus mit Surfern übers Wasser geht, zudem rosa ist und lecker schmeckt

»Vai surfar com Jesus Christo« – Surfe mit Jesus Christus – steht in riesigen Lettern auf dem rosafarbenen Surfbrett, welches den Eingang eines offensichtlich christlichen Hauses in Jericoacoara schmückt. Wie soll es auch anders sein? Natürlich sorgt Jesus auch beim Sport auf den Wellen für gutes Gelingen. Fast logisch, denn sein Talent, sich über Wasser zu halten, ist ja bekannt.

Ich sollte kaum erstaunt sein, denn Jesus und Deus sind in Brasilien überall und permanent präsent und auch im Einsatz. Mit Gottvertrauen wird eben auch gesurft. Praktisch alles liegt in der Verantwortung von Vater und Sohn.

Neu für mich war Jesus als Geschmackserlebnis und zuckersüßer Durstlöscher. An einem kleinen Weltende im äußersten Nordosten bestelle ich ein Erfrischungsgetränk und bin erstaunt, als eine winzige Glasflasche mit der Aufschrift JESUS auf meinem Tisch landet. Und nicht nur das! Der Inhalt ist knallrosa – wie das Surfbrett einige Tage zuvor in Jericoacoara. Ich schenke mir ein, lösche also mit dem rosigen Jesus meinen Durst und überlege, was dieser wohl darüber denkt. Lecker, sage ich, als ich merke, dass die Kellnerin mein verblüfftes Gesicht beobachtet.

Graças à Deus – Gott sei Dank – ist die logische Antwort.

Brasilien ist ein gläubiges Land, die meisten Brasilianer bekennen sich offen und auch permanent, Gott und Jesus sind allüberall präsent. Niemand überlässt hier sein Schicksal dem

Zufall oder gar der eigenen Initiative. Nein, es wird schlichtweg in die Hände von Vater und Sohn gelegt, die entsprechend zu tun haben und sich somit auch um die Vermarktung rosafarbener Limonade kümmern. Unter anderem! Auch in vielen anderen Wirtschaftszweigen sind sie klar involviert und tragen zum Erfolg der Unternehmen bei.

Mit Jesus in riesigen Lettern auf ihren weißen Segeln ziehen die Fischer aufs Meer und vertrauen ihren Fang und ihr Leben der himmlischen Reiseversicherung an. Lkw fahren mit Bibelsprüchen auf ihren Windschutzscheiben quer durchs Land und sind somit ebenfalls auf der sicheren Seite. Im Friseursalon »Vertrauen in Jesus« gibt es den besten Haarschnitt, die Steaks der Metzgerei »Gott ist treu« sind garantiert butterzart und schmecken göttlich, und in der Autowaschanlage »Jesus kommt zurück« wird der Wagen – Gott sei Dank! – auf Hochglanz gebracht.

Pedro, der aus Recife kommt und am Strand von Itacaré die Surfmeisterschaften verfolgt, ist ein cooler Typ mit einem extrem durchtrainierten und muskulösen Oberkörper. Er trinkt seit Stunden ein Bier nach dem anderen und macht nicht eben den Eindruck eines felsenfest im Glauben stehenden Christen, wenn er auch selbst einem Felsen gleicht. Doch sein Bekenntnis zu Jesus hat er sich unauslöschlich wie einen Stempel aufdrücken lassen. Sein gewaltiger Rumpf ist über und über bedeckt mit tätowierten Kreuzen, »I love Jesus«-Schriftzügen, und als Krönung ziert ein gewaltiges Abendmahl seine Schulterblätter. Seinen bulligen Hals schmückt zudem ein zartes Goldkettchen mit – wie kann es anders sein – einem winzigen Kreuz, das fast in den Speckrollen unterhalb des Doppelkinns verschwindet.

Ob Fußballstar, Supermodel oder TV-Ikone, Fischersfrau oder Drogenjunkie – eines haben alle gemeinsam: ihr Gottvertrauen. Ausweglose Situationen existieren nicht, Vater und Sohn kitten Ehen, retten Unternehmen, lösen Drogenprobleme und implantieren neue Herzen. Sie helfen im Job, heilen Krankheiten, sind involviert in Fußballergebnisse, trösten bei Liebeskummer, lösen finanzielle Engpässe. Es wird gebetet und gepilgert, in Kirchen aller denkbaren Ausrichtungen oder als Stoßgebet, wo man eben gerade ist.

»Jesus liebt Dich« steht auf den coolen Shirts der Kellnerinnen einer angesagten Strandbar – klar kann man bei dieser Gewissheit entspannt und sicher sein, dass er das Beste für uns tut.

Fast neide ich den Brasilianern ihre Gewissheit! Das Leben scheint leichter, schwereloser, sorgenfreier. Denn für Deus und Jesus ist keine Situation ausweglos, kein Unglück zu groß, keine Verantwortung zu schwer.

88. Grund

Weil Religion tolerant sein kann und Spaß macht

In ganz Brasilien, besonders aber in Bahia, hat die Vermischung von strengstem Katholizismus und den aus Afrika mitgebrachten Göttern und magischen Ritualen eine ganz eigene Religion, den Candomblé, hervorgebracht. So wie sich die Rassen vermischt haben, vermischten sich auch die Religionen und ihre Angebeteten. Herrgott und Jesus, Heilige und afrikanische Götter, die Orixas, Pfingstochsen und Schwarzpulver, nächtliche Götteranrufungen und Heiliger Geist, Aberglauben und Voodoozauber. All dies wird beispielsweise auf der Insel Boipeba zur Pfingstzeit in einen Topf geworfen und in ein wunderschönes, sehr traditionelles und doch feuchtfröhliches Fest gepackt, das mehrere Tage dauert und für jeden Geschmack das Richtige offeriert. Farbenfroh, friedlich, traditionell, sehr spirituell und ergreifend, doch auch fröhlich und ausgelassen. Wenn am frühen Morgen lautstark Kanonenschläge und Kracher gezündet werden, geht es los. Und zwar mit der traditionellen Waschung der kleinen katholischen Kirche aus dem 17. Jahrhundert. Diese Tradition der Kirchenwaschung geht auf die Zeit der Sklaverei zurück, wo sie zu den Aufgaben der afrikanischen Sklaven gehörte. Heutzutage ist sie Bestandteil fast jeden religiösen Festes und wichtiger Ausdruck des Synkretismus, der Verschmelzung von katholischem und afrobrasilianischem Glauben, und der entsprechenden Rituale.

Parallel zur Kirchenwaschung treffen sich die Anhänger des Candomblé in ihrem kulturellen Zentrum, sind allesamt in traditionelle schneeweiße Trachten gehüllt, riesige bodenlange weite Tüllröcke und ein weißer turbanartiger Kopfschmuck mit einem üppigen Blumengebinde obenauf. Nach diversen Ansprachen, Trommeleinlagen und Schwarzpulverzündungen bricht die Prozession zu einem Umzug über die Insel auf, der in der Kirche endet. Dort werden diverse Rituale ausgeführt, Wasser auf die Häupter geschüttet und vieles mehr.

Später kommt ein weiterer kleiner Umzug: Bumba-meu-Boi – Steh auf, mein Ochse. Der farbenfrohe Ochse, in dem sich zwei Zweibeiner befinden, die in der Hitze unermesslich leiden müssen, kämpft symbolisch mit einem Viehhirten, stirbt im Kampf, steht steht dann aber wieder auf. Schön anzusehen und anzuhören, es wird gesungen und getrommelt, was das Zeug hält, und der halbe Ort zieht hinter dem Ochsenkampf her. Danach Capoeira auf dem Hauptplatz des Ortes. Zu tiefem, unter die Haut gehendem afrikanischen Rhythmus zeigen in Weiß gekleidete Kampftänzer aller Altersklassen ihre kämpferisch-akrobatischen Fähigkeiten. Am schönsten die Winzlinge. Und danach: Musik und Getränke allüberall und ausgelassene Teilnehmer, die nun in ihren traditionellen Kostümen weniger andächtig, sondern ausgelassen feiernd zu beobachten sind. Und wie immer in Brasilien kann man mit dabei sein! Auch einige Tage später, bei der Prozession der Boote, aller Boote, die den Inselheiligen zu einer winzigen Kapelle auf der Nachbarinsel bringen, dort singen und beten, und dann geht es zurück.

In Brasilien hat der Vatikan noch immer seine treueste Anhängerschaft, doch verliert er beständig an evangelikale Freikirchen, die enormen Zulauf verzeichnen und zu einer enormen Kraft geworden sind und leider, so hört man es von einigen Kanzeln, wenig Toleranz für andere Gläubige oder gar Homosexuelle und »andere Sünder« haben. Am »Marsch für Jesus« in São Paulo nehmen Millionen Evangelikale teil. Für die Pfingstgemeinde wurde in São Paulo der Tempel Salomons neu errichtet. Zwischen 100 und 200 Millionen Euro soll das gigantische und mehr als protzige Bauwerk gekostet haben. Kein Problem für den reichsten Pfarrer Brasiliens, den selbst ernannten Bischof und Geschäftsmann Edir Macedo. Der Gründer der Igreja Universal do Reino de Deus soll Weltmeister im Sammeln von Spenden sein und fliegt selbstverständlich ganz bescheiden mit dem Hubschrauber ein. Materieller Reichtum gilt als Zeichen von Gottesnähe und Gottgefälligkeit. Ob das im Sinne des Erfinders ist? Zudem ist Macedo bestens in Brasilia etabliert, weiß sich in den höchsten Kreisen zu bewegen und Einfluss zu nehmen.

Die Marienprozession der katholischen Kirche, der Círio de Nazaré, die jährlich in Belém stattfindet, ist angeblich noch immer das größte religiöse Fest Brasiliens, vielleicht sogar weltweit. Tagelang wird eine winzige, 28 Zentimeter hohe Marienstatue in diversen Prozessionen von den Gläubigen per Boot übers Wasser oder begleitet von Zweirädern mit und ohne Motorisierung oder bei Kerzenschein zu Fuß durch die Stadt getragen. Den Höhepunkt bildet der Sonntag mit dem Círio de Nazaré, wo die Gläubigen alles geben, um ein 400 Meter langes Seil zu berühren und somit Vergebung ihrer Sünden zu erlangen. Wenn das alles mal so einfach wäre.

89. Grund

Weil sich der afrikanische Gott Oxossi und der heilige Georg ein grünes Satinbändchen teilen

Für 3,95 Euro kann man sich zehn Bonfim-Glücksbänder sogar schon in Deutschland bestellen, schmale Bänder, knapp einen Zentimeter breit, aus satinartigem Material in unterschiedlichen Farben, allesamt mit dem Aufdruck »Lembranças do Senhor do Bonfim« versehen.

Ob sie auch in Deutschland gekauft wirklich ihre Zauberkräfte entwickeln, möchte ich bezweifeln und empfehle daher das Original aus Bahia. Nur als Geschenk garantiert es die volle Wirkung und nur bei »sachgerechter Anwendung«. Es gibt da einiges zu beachten. Am linken Handgelenk sollte es von der schenkenden Person mit drei Knoten befestigt werden, bei jedem Knoten darf der Beschenkte sich etwas wünschen, drei Wünsche also, und die muss er für sich behalten. Die Bänder müssen bis zu ihrem bitteren Ende getragen werden und erfüllen ihre Wirkung nur, wenn sie von alleine abfallen oder sich lösen. Im Idealfall bemerkt man das und bestattet sie im Meer.

Meine ersten drei Bändchen wurden mir während des ersten eiskalten Bieres in der Altstadt von Salvador von einem jugendlichen Rasta mit Elfenbeinlächeln ungefragt um den Arm gebunden. Er wollte fairerweise nur eine Zigarette schnorren, die Bändchen wären ein Geschenk. Sie waren weiß, orange und lila, wie sollte ich dies jemals vergessen, blieben sie meinem Handgelenk doch weit über zwei Jahre, das weiße und nach so langer Zeit mehr als hässlich ergraute Modell sogar drei Jahre, erhalten.

An einem solchen Bändchen kommt letztlich kein Besucher Salvadors vorbei ,und wenn es nicht am Handgelenk landet, dann kann man irgendwo eins festbinden und darf sich auch was wünschen.

Und was soll das mit dem Aufdruck »Erinnerung an den Herrn von Bonfim«?

Bonfim ist der Schutzherr Salvadors und seine Kirche, die Kirche von Bonfim, die bedeutendste Wallfahrtskirche der Stadt. Früher entsprach die Länge der Bändchen angeblich der Armlänge der Christusstatue auf dem Altar, 47 Zentimeter. Sie waren aus edler Seide, und Gläubige hängten winzige Körperteile aus Wachs daran, in der Hoffnung auf Heilung des entsprechenden Körperteils. Also ein Bein im Falle von Kniearthrose oder ein Arm im Falle eines Bruches. Heute wünscht und hofft man eher im Geheimen, drei Knoten, drei Wünsche, die man für sich behält, damit sie in Erfüllung gehen. Das Geschäft mit den Wünschen läuft auf jeden Fall gut, der schmiedeeiserne Zaun vor der Kirche ist ein riesiges buntes Meer im Wind wehender Fitinhas, Bändchen. Man kann die farbenfrohen Glücksbringer direkt hier vor der Kirche kaufen oder im Pelourinho, der Altstadt, natürlich auch noch am Flughafen für den Fall, dass man noch ein paar Wünsche vergessen hat. Die verschiedenen Farben verkörpern die Orixas, afrikanische Götter, die mit den Sklaven aus Afrika einreisten und in Bahia heute im Candomblé noch allgegenwärtig sind. Doch nicht nur das, sie repräsentieren auch jeweils einen katholischen Heiligen. Wie sich das verträgt? Offensichtlich bestens, denn hier in Bahia werden Katholizismus und afrobrasilianischer Candomblé Seite an Seite ausgeübt, Feste werden gemeinsam gefeiert, Traditionen werden gemischt, und jedem Heiligen wurde eine afrikanischen Gottheit zur Seite gestellt. Dieser Synkretismus entstand während der Zeit der Sklaverei, als die Anbetung afrikanischer Naturgötter verboten und der katholische Glaube Pflichtprogramm für alle war. Die schwarze Bevölkerung umging die strengen Regeln, indem sie nach außen gehorsam die katholischen Heiligen anbetete, doch eigentlich während der Gebete nicht an die heilige Maria, sondern an Iemanja, nicht an den heiligen Georg, sondern an Oxossi dachte. Auf diese Weise konnte der afrikanische Glaube mit seinen Traditionen überdauern, und heute ist der afrobrasilianische Candomblé besonders in Bahia aktueller denn je. So wird in der Pilgerkirche Bonfim der christliche Glaube praktiziert und auch afrikanischen Göttern gehuldigt. Man stelle sich so viel Toleranz einmal in einer katholischen Gemeinde in Deutschland vor! Die Evangelikalen hingegen sind weniger aufgeschlossen und wollen von magischen Geisterbeschwörungen und tranceartigen Verbindungen zu den afrikanischen Göttern nichts wissen.

8. Kapitel

Amazonas und Flora und Fauna hätten ein eigenes Buch verdient

90. Grund

Weil starke Frauen dem Amazonas seinen Namen gaben

Der Fluss aller Flüsse verdankt seinen Namen mutigen Kriegerinnen, starken Indiofrauen, die sich den spanischen Konquistadoren mutig entgegenstellten. Schwer bewaffnete, männerbesiegende Damen haben nicht nur die griechische Mythologie beflügelt. Sie haben überall ihre Spuren hinterlassen. Die Amazonenprinzessin Diana ist als Wonderwoman gerade wieder in neuer Verfilmung zu bestaunen. Kalifornien ist nach der Amazonenkönigin Califa benannt. Ein afrikanischer König soll sich Amazonen als Leibgarde gehalten haben. Von wegen also schwaches Geschlecht. Und in Südamerika waren die mutigen, angriffslustigen Dschungelkämpferinnen, die Amazonen, Namensgeberinnen für den gewaltigen Fluss und das Gebiet, das heute Amazonien heißt. Wie es dazu kam?

Eine spanische Expedition unter Gonzalo Pizarro, dem jüngeren Bruder von Francisco Pizarro, machte sich in der ersten Hälfte des 16. Jahrhunderts auf die Suche nach El Dorado, der sagenhaften Goldstadt, um neue Reichtümer für die Krone zu finden. Man vermutete in den Urwäldern von Kolumbien und Ecuador fündig zu werden, und so brachen über 200 Spanier und mehr als 4000 versklavte Indios gemeinsam auf. Die Eroberungstour im Namen der spanischen Krone begann in Quito. Monatelang waren sie im Dschungel unterwegs, litten an Krankheiten, kamen bei kriegerischen Konflikten mit indigenen Völkern ums Leben, starben vor Hunger, da sie nicht in der Lage waren, genügend Lebensmittel in dieser fremden Welt zu finden. So ließ der frustrierte Pizarro ein Schiff bauen und schickte Francisco de Orellana, der mit von der Partie war, einen Fluss hinunter, um nach Nahrung Ausschau zu halten. Orellana, der schon ausgiebig in Peru Beute gemacht und sich mit dem Gold der Inkas bereichert hatte, dachte gar nicht daran zurückzukehren. Er behauptete später, dass eine Rückfahrt gegen den Strom unmöglich war. Er setzte die Reise fort, nicht ahnend, dass bis zur Mündung des mächtigen Gewässers eine Reise von mehr als 4.500 Kilometern vor ihm lag. Pizarro selbst kehrte nach zwei Jahren unverrichteter Dinge, erfolglos und abgekämpft nach Quito zurück. Geschah ihm recht, denke ich schadenfroh, als ich darüber lese.

Orellana schaffte die lange Reise, weil er in vielen Fällen die Indianer von seinen vermeintlich friedlichen Absichten überzeugen konnte. So gelangte er immer weiter den Fluss hinab, ja ließ sogar ein zweites, stabileres Schiff bauen, die Victoria.

Mit von der Partie auf Orellanas Bootstour war der Dominikanermönch Carjaval, der ausführliche Aufzeichnungen von der Reise machte, auch über den besagten Angriff des starken »schwachen Geschlechts« am 24. Juni 1542. Carjaval schrieb in sein Tagebuch:

»Die Amazonen waren nackt, nur ihre Scham war bedeckt. In der Hand hielten sie Pfeile und Bogen, und jede von ihnen schlug sich wie zehn Krieger.«

Auf jeden Fall haben starke Frauen dem Fluss aller Flüsse seinen Namen gegeben, und er wurde nicht nach Orellana benannt, der mit seiner kleinen Truppe von etwa 50 Mann als Erster den Amazonas hinunterschipperte, sondern nach den mutigen Damen, die vielleicht schon damals wussten, dass die Ankunft der Europäer nichts Gutes bedeutete.

Schade, dass die brasilianische Damenwelt danach schwer an Einfluss einbüßte und es dem »Machismo« erlaubte, das Land zu regieren. Doch es gibt Hoffnung. Starke Frauen kehren in Macht- und Führungspositionen zurück, treten selbstbewusst auf und lassen sich nicht länger von ihren männlichen Partnern und Kollegen gängeln. Ein Revival der Amazonengene!?

Ein großer Hoffnungsschimmer am Horizont ist Sônia Bone Guajajara, die erste Indigene, die für das Amt des Vizepräsidenten in Brasilien aufgestellt ist und für die Belange und die Rechte von 300 ethnischen Gruppen aus ganz Brasilien kämpft. Ich wünsche der Amazone viel Erfolg.

91. Grund

Weil der Fluss aller Flüsse so groß ist, dass man ihn auf der Karte kaum findet

Als wir erstmals mit dem Auto von Salvador da Bahia nach Belém fuhren, wollte ich mir das auf der Landkarte genauer ansehen. Immerhin würde das meine erste Begegnung mit dem berühmten Amazonas sein. Doch wo ist der Amazonas? Liegt denn Belém nicht in seinem riesigen Delta, am Amazonas eben? Ich googele und finde heraus, dass das Gewässer vor Belém der Rio Guamá ist. Ich verfolge das verzweigte Flusssystem auf Google Maps und finde Rio Araguaína, Rio Nhamuda, Rio Negro, Rio Xingu, Rio Tocantins und viele andere und auch – nach längerer Suche – Rio Amazonas. Ich bin verwirrt, mache mich schlauer, man lernt ja nie aus, und erfahre, dass der Fluss der Flüsse ja kein Fluss im klassischen Sinne ist, sondern eine gigantische Wasserlandschaft, die aus beachtlichen 100.000 kleineren und circa 1000 größeren Nebenflüssen besteht. Es ist das weltweit größte Flusssystem, das größte Schifffahrtsnetz der Erde ist hier im Einsatz. 20 % allen Süßwassers fließen hier und so weiter und so fort. Belém liegt also am Amazonas, aber doch wiederum nicht, es liegt in einem Gebiet aus Wasserstraßen und Regenwald – größer als Australien übrigens –, welches Amazonien genannt wird, und man kann von hier per Schiff auch den Teil des Flusses erreichen, der wirklich Rio Amazonas heißt.

92. Grund

Weil im Amazonas auch der weltschönste Süßwasserstrand liegt

Als Karibik des Amazonas wird der Strand des Ortes Alter do Chão bezeichnet, und *The Guardian* kürte ihn als den schönsten Süßwasserstrand der Welt. Das Besondere an ihm ist, dass er nur einige Monate im Jahr zum Vorschein kommt, dann wenn der Fluss weniger Wasser führt, niedriger ist und die feinen weißen Sandbänke von Alter do Chão freilegt. Hier kann man Badeurlaub am Traumstrand machen und gleichzeitig den tiefsten Amazonas erleben, genauer gesagt den Rio Tapajós. Vor dem Dorf Alter do Chão, dessen Bewohner Nachkommen der Borari-Indianer sind, liegt die zauberhafte Ilha do Amor – Insel der Liebe –, schon wieder ein Postkartenidyll vom Feinsten. Mit einem Kanu lässt man sich übersetzen. Und wem der Sinn nach einem der schönsten Folklorefeste Brasiliens steht, der kann hier im September voll auf seine Kosten kommen. Dann nämlich, wenn der Sairé de Alter do Chão gefeiert wird. Das Fest wurde im 17. Jahrhundert von den Jesuiten eingeführt. In den mehr als 300 Jahren wurde die Tradition beibehalten, und langsam entwickelte sich daraus ein mehrtägiges religiös und folkloristisch geprägtes Urwaldspektakel, eine Mischung aus Katholizismus und Indiolegenden, ein farbenfrohes Mega-Event, Dschungelromantik am Ende der Welt. Fast am Ende. Die Amazonasmetropole Santarém mit Flughafen liegt circa nur 30 Kilometer entfernt.

Den Tag über dominieren religiöse Rituale und Prozessionen, die Abende füllt ein mehr als abwechslungsreiches Unterhaltungsprogramm mit artistischen Shows, typischen Tänzen, großen Stars. Wenn sich Ivete Sangalo, Superstar aus Bahia, für eine Show auf der Urwaldbühne einfliegen lässt, geht hier die Post ab.

Die Borari-Indianer zeigen in vielen Tänzen ihre kulturelle Vielfalt und spielen ihre Legenden vor.

Den Höhepunkt bilden zwei Delfine, die Botos. Der Boto Tucuxi und der Boto Cor de Rosa treten gegeneinander an, um die Gunst der Zuschauer zu gewinnen, und führen in wundervollen Kostümen ihre Tänze vor. Ähnlich dem Fest Bumba meu Boi von Parintins ähnelt auch der Sairé von Alter do Chão den Karnevalsparaden von Rio. Alles etwas kleiner, weniger glamourös vielleicht, doch ebenso fantasievoll, exotisch und farbenfroh.

93. Grund

Weil der Amazonasflipper nicht nur rosa, sondern auch ein charmanter Verführer ist

Amazonasreisende sind in der Regel mehr als bezaubert und begeistert, wenn sie in den Fluten ein gemeinsames Bad mit Delfinen – und zwar rosafarbenen Flussdelfinen – nehmen dürfen. Exotischer geht es kaum. Nach der Fütterung diverser Piranhas, Begegnungen mit Alligatoren, Faultieren, Affen und riesigen Aras steht der rosa Flussdelfin als Touristenattraktion ganz weit oben auf der Beliebtheitsskala.

Um das bis zu 2,5 Meter lange und mächtige Tier, das einen gräulichen Rücken und eine zartrosa Unterseite hat, ranken sich viele Mythen. Der rosa Flipper wird hier Boto genannt. Seit jeher spielt er in den Legenden der indigenen Bevölkerung und auch der Caboclos, der Mischlinge, die aus Verbindungen zwischen Indianern und Kolonisatoren hervorgingen, eine große Rolle. Traditionelle Folklorefeste sind ihm gewidmet. Tatsächlich sieht er wirklich ganz anders aus als seine Artgenossen in den Weltmeeren. Ihm fehlt die typische Rückenflosse, stattdessen hat er eine Art buckeligen Höcker auf dem Rücken und eine extrem lange Schnauze. Der Boto ist fast blind und navigiert per Ultraschall. Untereinander kommunizieren sie auf einer für uns nicht hörbaren Frequenz. Und wie gesagt: Er ist rosa!

Die Legende erzählt, dass der »Boto« in den Juninächten aus dem Fluss steigt und sich an Land in einen wunderschönen Jüngling verwandelt. Elegant gekleidet, mit weißem Anzug und Hut geht der Amazonasflipper auf Verführungstour. Er betört die jungen Mädchen und nimmt sie mit auf den Grund des Flusses, wo er sie schwängert und nach der Liebesnacht zurück an Land bringt und wieder verschwindet. Es wird berichtet, dass eifersüchtige Männer, die den Casanova des Flusses auf seinem Landgang überrascht haben, kurzen Prozess mit ihm machten und dass am Folgetag tatsächlich am Flussufer ein toter Delfin und nicht ein eleganter Verführer gefunden wurde. Mit diesem Mythos werden uneheliche Kinder gerechtfertigt, sie werden Kinder des Boto genannt.

94. Grund

Weil talentierte Surfer die ultimative Welle reiten können – auf dem Fluss

Bevor man sie sieht, hört man sie angeblich, die Riesenwelle mit dem Namen »Pororoca«, was in der Sprache der Tupi-Indianer so viel wie großes zerstörendes Grollen bedeutet.

Während des Vollmondes in den Monaten März und April kommt es zu einem Naturspektakel der besonderen Art. Im riesigen Mündungsgebiet des Amazonas bildet sich eine Flutwelle, die die unglaublich starke Strömung des Flusses der Flüsse besiegt und Hunderte von Kilometern ins Landesinnere dringt, den Strom und seine Nebenflüsse hinauf, mit einer Höhe bis zu vier Metern und Geschwindigkeiten von über 60 km/h. Für die Anwohner ist es eine Welle der Zerstörung, ein Tsunami im Amazonasdelta. Doch für mutige Extremsportler ist sie der Kick schlechthin, denn der »ride« auf der Monsterwelle kann bis zu 30 Minuten dauern, und der Surfer legt gewaltige Entfernungen zurück. Er macht per »Anhalter« auf den Wassermassen eine wahre Reise.

Die Pororoca ist dabei eine echte Herausforderung, denn nicht nur trägt Süßwasser weniger gut als das salzige Meerwasser, auch müssen sie von einem Boot aus auf die Welle springen, und falls dieser akrobatische Akt »ins Wasser fällt«, dauert es kleine Ewigkeiten, bis die nächste Welle kommt. Auch gefährlich kann sie werden, weil sie ja große Teile des Ufergebietes überschwemmt und ganze Bäume, Boote, Stege und vieles mehr mit sich reißt. Eine Mutprobe also für die Angstfreien, nur echte Freaks und Extremsportler stellen sich ihr. Den Rekord hält ein Brasilianer, Serginho Laus, der sich im Jahr 2003 ganze 36 Minuten auf der Dschungelwelle hielt.

Jacques Cousteau übrigens kenterte mit seinem Boot bei den Filmarbeiten über das Phänomen der Flusswelle.

Surfer reisen auf der Suche nach extremen Wellen um die ganze Welt und nun eben auch seit bereits 20 Jahren in den Amazonas nach São Domingos do Capim, um beim Festival dabei zu sein, das jährlich mutige und übermütige Flößer und auch jede Menge Zuschauer anlockt.

95. Grund

Weil es auf dem »Ver – o – peso« in Belém Kurioses zu entdecken gibt

In einem kunstvoll geflochtenen Körbchen liegen Hunderte riesige Fischschuppen, zumindest sehen die rauen Teile so aus, und ich frage mich, was für ein »Drachen« dies gewesen sein muss, und den Besitzer des kleinen Standes, was man damit anfangen kann. Er grinst, denn sicher fragen das fast alle unwissenden Touristen, die in Belém den größten Markt Südamerikas, den Ver o Peso – was übersetzt so viel wie »prüfe das Gewicht« bedeutet – besuchen.

Er nimmt eine Schuppe in die Hand und beginnt sich mit der rauen Oberseite andeutungsweise seinen Nagel zu feilen. Ich mache den Test ebenfalls und bin natürlich über dieses exotische Utensil und Mitbringsel begeistert. Ein Dutzend lasse ich gleich einpacken. Gegenüber passiere ich einige Stände, deren Besitzer hinter unzähligen winzigen, an Kordeln befestigten Fläschchen sitzen und hinter diesen bunten Glasvorhängen kaum zu sehen sind. In allen findet sich eine Flüssigkeit anderer Couleur, von Hellblau über Zartrosa bis Mintgrün, und sie sind beschriftet.

»Erweckt die Liebe«, »Bekämpft den bösen Blick«, »Heilt alle Krankheiten« und vieles mehr. Für jede knifflige Lebenssituation gibt es hier den perfekten Zaubertrank. Noch magischere Kräfte allerdings soll der Zahn des Jaguars haben, den eine »Alte«, die ganz meiner Klischeevorstellung einer Medizinfrau aus dem Amazonaswald entspricht, hinter dem Ladentisch mit geheimnisvoll verschwörerischem Blick aus der Rocktasche zieht. Doch ein türkisfarbiges Tröpfchen, das verspricht, »alles zu besiegen«, scheint mir wesentlich unverfänglicher und wandert in meine Sammlung von Amazonas-Kuriositäten, die seit dem frühen Morgen stetig am Wachsen ist: Schildkrötencreme und Essenzen vom Flussdelfin für eine samtweiche Haut. Kräutermischungen zum Würzen oder als Tee mit Allheilwirkung. Bambusrasseln in unterschiedlichen Tonlagen, die von der Größe und der Art der Füllung bestimmt wird. Meist sind es Körner, die beim »Schütteln« im Inneren für rhythmische Klänge sorgen. Wunderbar geflochtene und sehr geschmackvolle Armbänder aus winzigsten Perlen. Gewebte Täschchen fürs Handy, kleine Holzlöffelchen und ein Maniküreset aus Horn geschmückt mit Federn, Nüsse in allen Geschmacksrichtungen. Dem fürs Reisegepäck eigentlich zu groß geratenen Gürteltier aus Holz konnte ich auch nicht widerstehen. Natürlich machen wir auch einen Abstecher zu den Fischhallen, wo ich sehen kann, wie unzählige Fischarten, allesamt aus dem Amazonas, abgewogen und von den Köchen Beléms, die zu Brasiliens besten zählen, mitgenommen werden. Mir läuft das Wasser im Munde zusammen, und wir beschließen, eine kleine Verschnaufpause mit Stärkung in einem der Restaurants auf dem Marktgelände einzulegen. Der Weg führt an Kräutern, Gewürzen, frischen Gemüsen, Früchten. Ölen und Extrakten vorbei. Gerne hätte ich hier eine Einkaufstour zum späteren Kochen gemacht, doch wir sind auf der Durchreise, überlassen also das Kochen – was angesichts der teils giftigen Zutaten, die eine spezielle und fachlich versierte Zubereitung erfordern – auch vernünftig ist, den Profis und konzentrieren unsere Einkäufe auf besagte Salben, Kitsch und geschmackvolles Kunsthandwerk, skurrile Musikinstrumente und vor allem das einzigartige Einkaufserlebnis hier in Belém, dem Tor zum Amazonas.

96. Grund

Weil in den Baumkronen des atlantischen Regenwaldes ein Blumenmeer blüht

Alle reden immer nur vom Regenwald des Amazonas, doch der atlantische Regenwald, der Mata Atlântica, ist mindestens ebenso artenreich und vor allem deshalb so herrlich, weil er sich entlang der wundervollen Küsten Brasiliens erstreckt. Besser gesagt erstreckte, denn ein Großteil ist leider schon abgeholzt, und an seine Stelle sind wenig abwechslungsreiche Eukalyptus- oder Monokulturen von Soja und Zuckerrohr getreten.

Doch es gibt ihn noch, den »Mata Atlântica«, und in meinen Augen ist er am schönsten entlang der Costa Verde zwischen Rio de Janeiro und São Paulo und in der Gegend um Ilhéus, im Süden Bahias.

Die Küstenstraße zwischen den beiden Metropolen ist ein echtes Sahnestückchen für Naturfreaks und Wasserratten. Die hohen Berge, die direkt in den Atlantik fallen, sind über und über bewachsen, nein überwuchert mit Baumriesen, riesigem Bambus, unzähligen Palmenarten, wilden Orchideen, Bromelien, Moosen, überdimensionalen Farnen, wilden Hortensien und Schlingpflanzen.

Und das Beste: Der Wald blüht in den Baumkronen in allen Farben des Regenbogens, ein Blumengarten, ein Blütenmeer in den oberen Sphären. Fährt man von Minas Gerais kommend die steilen und mehr als schmalen Serpentinen der Serra hinab Richtung Küste in den Bundesstaat Rio de Janeiro hinein, wähnt man sich in einem leicht verwilderten botanischen Garten. Die Baumkronen, die die steilen Hänge schmücken, sind nicht nur riesig, nein, sie sind leuchtend gelb, feuerrot, zartrosa und dunkelviolett. Mein Lieblingsbaum, der Ipê, blüht in verschiedenen Farben, und das Beste: Er trägt gar keine Blätter, sondern nur Blüten. Ein ganzes Meer. Blumenfans können, nein, müssen ins Schwärmen kommen. Ein anderes Exemplar, dessen Namen ich nicht kenne, trägt Tausende feuerroter Blüten, die wie riesige Tulpen aussehen. Ein Tulpenfeld in den Baumwipfeln. Es ist wirklich ein Erlebnis, und allüberall an den Stämmen und auf den Ästen sieht man bei genauem Hinschauen wilde zarte Orchideen, die sich eingenistet haben. Wo der Wald mit der Serra in den Atlantik fällt, laden Hunderte kleine Buchten, mit oder ohne Sandstrand und vorgelagerte Inselchen zum Baden ein, es ist wie in einem Paradiesgarten. Ein Eden auf Erden, wenn da nicht der Mensch wäre, dessen Raubbau vor allem hier kaum Grenzen zu kennen scheint. Von der ursprünglichen Fläche des Zauberwaldes sind weniger als 10 % erhalten, und die Abholzung geht weiter.

97. Grund

Weil Kolibris hier Blumenküsser heißen und Gürteltiere entzückende Haustiere sind

In Brasilien werden Kolibris Beija-Flor genannt, Blumenküsser. Der Name hält, was er verspricht. Jeden Morgen küssen Hundertschaften der elfenartig schwirrenden, winzig kleinen, grünmetallisch oder tiefblauen Flugakrobaten, fliegende Smaragde und Saphire sozusagen, die Blüten meiner meterhohen Hibiskushecken, die leuchtend gelben Kaktusblüten oder die riesigen gummiartigen Blütenmonster der Helikonien. Seit meiner Ankunft in Brasilien lassen sie mich nie im Stich, täglich erfreuen mich die zauberhaften Geschöpfe mit ihrer huschenden, schattenhaften Anwesenheit. Einzig meine fotografische Leidenschaft wird auf härteste Proben gestellt, sie scheinen Paparazzi zu verabscheuen, und auf cleverste Weise vermeiden sie den Kontakt mit der Linse und dem Auslöser, der immer zu spät kommt – sie sind einfach die Schnellsten, und wirklich, 70 Flügelschläge pro Sekunde muss man erst mal nachmachen. Zudem haben sie einen Rückwärtsgang und können wie ein Hubschrauber senkrecht oben starten. Nichts gegen Spatzen, sie fehlen mir sogar sehr, doch auf meine Blumenküsser möchte ich nicht mehr verzichten. Übrigens sind sie zwar winzig, doch zählen sie zu den Mutigsten. Die Legende erzählt von einem großen Feuer im Wald. Seine Bewohner, die Jaguare, die Affen, die riesigen Aras, die Anakonda, die Ameisenbären und die Alligatoren, sie alle machten sich auf und davon, um den Flammen zu entkommen. Einzig der Blumenküsser, der Kleinste im Dschungel, begann mit seinem winzigen Schnabel tropfenweise Wasser aus dem Fluss zu holen und ins Feuer zu werfen. Seine Mitbewohner hielten dies für sinnlos, er sei doch viel zu klein und seine Aktion lediglich ein Tropfen auf den heißen Stein. Genau, antwortete der Kolibri und machte sich gleich wieder auf den Weg, doch ich tue, was ich kann, ich tue mein Bestes, und jeder Tropfen macht einen Unterschied.

Brasilien ist das größte Tropenland der Erde, und so sind Flora und Fauna entsprechend exotisch, und dies nicht nur im Amazonasgebiet. Blumenküsser gibt es überall, 150 Arten in Brasilien und die größeren gefiederten Freunde, Papageien, Aras und Konsorten, sind ja bekanntermaßen ebenfalls in farbenfrohe Federoutfits gehüllt.

Treue Seelen in meinem Tagesablauf sind giftgrüne Leguane, wunderschöne Drachen, die gerne ein Bad nehmen, wenn ich die Blumen gieße. Imposantere Exemplare, die Waranen gleichen und schwarz mit weißen Punkten sind, schauen auch ab und an vorbei und plündern den Müll. Die winzigen Micos, eine Affenart in Eichhorngröße, sind extrem zutraulich und hingen mir schon am Hals und im Haar. Nett für ein Foto, doch nach solch freundschaftlicher Beziehungsebene wird es schwierig, sie wieder loszuwerden, und zutrauliche morgendliche Attacken aufs Frühstück bleiben nicht aus.

Magna, meine Freundin und Nachbarin, beherbergt derzeit ein entzückendes Gürteltier.

Das Faultier, das ebenfalls zum lebenden Inventar ihres Haushaltes gehörte, hat sie kürzlich an die zuständigen Behörden gegeben, um es an artgerechter Stelle, in freier Wildbahn sozusagen, auszusetzen. Sie fand es in den Cajueirawäldern, in denen ihre Mutter bei der Ernte der Früchte hilft.

Seekühe patrouillieren leider immer seltener im Meer vor meiner Haustüre. Bis vor drei Jahren waren sie fast täglich zu beobachten, doch sie sind bedroht und zur Rarität geworden, ebenso wie die Schildkröten, die oft in die Netze geraten und dann im Kochtopf landen.

So viel zu einigen angenehmen Zeitgenossen. Ein Leben in den Tropen beinhaltet allerdings auch Nachbarn, die wir lieber nur in den Dokumentationen von *National Geographic* sehen. Schlangen in verschiedensten Längen und Giftigkeiten, Tausendfüßler mit extremer Beißkapazität und jede Menge anderes Getier aus der Welt der Insekten, deren Berührung man lieber vermeiden sollte. Anfangs brach ich jedes Mal in schwere Panik beim Anblick riesiger Taranteln oder eines in Angriffsstellung gebrachten Skorpions aus. Doch ich lernte damit umzugehen, vergesse nie meine Klamotten vor dem Anziehen auszuschütteln und schließe meine Handtaschen, denn dort hat sich schon einmal eine grüne Natter breitgemacht, die mich morgens giftig anzischte.

Sogar Killerbienen sind an der Tagesordnung, sie mögen keinen Krach, und so ist man lieber mucksmäuschenstill, wenn man an ihrem meterhohen Nest vorbeischleicht. Termiten fallen ab und an über alles her, fressen sich fast unbemerkt durchs Holz, und man merkt es erst, wenn es zu spät ist. Den wunderbaren Schmetterlingsinvasionen geht leider eine Fressorgie der Raupen voran, und der Garten ist für kurze Zeit kahl gefressen. Noch schlimmer allerdings die jährliche Invasion der Grillen. Als die ersten Exemplare ihr Konzert begannen, freute ich mich über die Provencestimmung, die bei mir aufkam, doch nur bis ich sie in Unmengen von den Wänden abkehren musste und sie wirklich alles kahl gefressen hatten wie die Heuschrecken und sogar in meinem Kleiderschrank mottenartige Lochmuster hinterlassen haben.

Alles Gewohnheitssache, doch ich bleibe dabei: Meine Lieblinge sind und bleiben die Blumenküsser.

98. Grund

Weil das Fußballfeld auch in der Botanik ein Maßstab ist

Man lernt nie aus. Ich spiele mit einigen meiner neuen Freunde »palito«. Palito heißt Zahnstocher, und mit diesen wird in der

Regel geknobelt, und der Verlierer – in diesem Fall auch der Gewinner – muss, beziehungsweise darf, einen Cachaça trinken. Um diesen Genuss noch zu veredeln, liegen einige orangegelbe Früchte auf dem Tisch, die ein extremes Aroma verströmen und deren Geschmack keiner anderen mir bekannten Frucht gleicht. Ich kann ihn also nicht beschreiben, doch intensiv ist er und hinterlässt etwas Pelziges im Mund.

Caju heißt die Frucht, und sie hängt in Massen an riesigen ausladenden Bäumen mit runden gummiartigen Blättern, deren Zweige sich tief über dem Boden in abstrakten Verästelungen ausbreiten. Die meisten Brasilianer lieben Cajus, vertilgen die Frucht einfach so oder machen dickflüssige Säfte daraus. Ich selbst habe sie nicht zu meinem Fruchtfavoriten machen können. Doch ich sollte eine Überraschung erleben. Sie hatte noch mehr zu bieten.

Am unteren Ende der Frucht hängt ein kleiner hellbrauner Steppel, wie eine überdimensionale Bohne, leicht gekrümmt. Sie werden gesammelt und zur Seite gelegt. Weshalb, will ich wissen. Heute Abend zeige ich es dir, sagt mein Freund Bimbo, und wie erstaunt bin ich, als er abends mit einer Handvoll noch warmer, gerade frisch gerösteter Cajusteppel bei mir vorbeikommt. Das sind ja Cashewnüsse, denke ich und greife zu. Caju heißt also Cashew und ist Frucht und Nuss im Kombipack sozusagen. Fantastisch, die Natur ist wirklich einzigartig. Ich wusste auf jeden Fall bis zu diesem Tag nicht, dass die Cashewnuss das Anhängsel einer tropischen Frucht ist. Ge»nüss«lich vertilge ich gleich noch ein paar Exemplare.

Und das Größte – im wahrsten Sinne des Wortes – ist der Baum selbst. Er kann riesig werden. Seine fetten Äste wachsen allerdings oft mehr in die Breite als in die Höhe. Sie schlängeln sich in alle Himmelsrichtungen, berühren dabei immer wieder den Boden, wo sie neue Wurzeln bilden, dann geht es wieder nach oben. Wundervolle Exemplare kann man vor allem in Nordosten Brasiliens sehen, wo auch die »Königin« aller Cajueiros, so werden die Bäume genannt, wächst.

Schon wieder ein Rekord. Im Badeort Pirango do Norte, ganz in der Nähe von Natal, ist der größte Cajubaum der Welt zur Touristenattraktion geworden. Leider, muss man sagen, denn nun ist er eingekreist von unzähligen Souvenirbuden, die kitschige Andenken feilbieten. Doch auch zu Recht. Er hat den Umfang eines Fußballfeldes. Ja, ganz richtig. Ein Aussichtsturm aus Holz gibt den Blick frei auf seine Krone, es scheint ein ganzer Wald zu sein. Monumental. Unter der riesigen Baumkrone kann man ebenfalls wandeln und dieses Naturwunder bestaunen. Und jetzt kommt es schon wieder: Er ist erst 120 Jahre alt, hat also noch Potenzial, zuzulegen. In der Erntezeit trägt er circa 80.000 Früchte, was für einige Säfte und ausreichend leckere Knabbernüsschen reichen sollte.

9. Kapitel

Geschichtliches und Politik

99. Grund

Weil Rio nicht nur die Stadt Gottes ist, sondern auch einst Hauptstadt von Portugal war

Haben Sie schon einmal vom Kaiserreich Brasilien gehört? Mir war das neu. Wer seine Hand hier im Spiel hatte, war Napoleon, der somit bis nach Südamerika hin Politik betrieb. 1808 flüchtete das portugiesische Königshaus vor seinen Truppen aus Lissabon nach Brasilien, und Rio de Janeiro wurde Hauptstadt Portugals und somit europäische Kapitale außerhalb Europas in Südamerika. Die Cidade Maravilhosa, die »Wunderschöne«, wie Rio gerne von den Brasilianern genannt wird, hatte 1763 bereits Salvador da Bahia als Hauptstadt Brasiliens abgelöst. Die enormen Goldfunde im Hinterland – im heutigen Minas Gerais – hatten Rio zum bedeutendsten Hafen der portugiesischen Krone gemacht. Die Expansionspolitik Napoleons nun bewirkte den Umzug des gesamtes Hofstaates – man spricht von etwa 17.000 Personen – nach Rio de Janeiro, welches Hauptstadt des Königreiches Portugal und Brasilien wurde. Rio verwandelte sich in eine prächtige und repräsentative Kapitale mit einem blühenden kulturellen Leben, mit Palästen, Museen und Theatern. Als die Königsfamilie 1822 zurück nach Lissabon kehrte, wurde Rio sogar zur Hauptstadt eines unabhängigen Kaiserreiches Brasilien unter Dom Pedro I. Der Sohn des Regenten nämlich blieb in Brasilien und erklärte die Kolonie zum Kaiserreich und sich zum Imperator. So einfach ist das. Von der blühenden Kaiserstadt ist nicht viel übrig geblieben, viele historische Gebäude wichen leider hässlichen Betonklötzen. Bis heute aber kann der Paco Imperial, der Kaiserpalast, besucht werden, oder man fährt ins nahe gelegene Petrópolis, den ehemaligen kaiserlichen Sommersitz, wo man sich mit Pferdekutschen durch historische Gassen fahren lassen und auch die Kaiserkrone bestaunen kann, die zuletzt 1889 das Haupt von Dom Pedro II, schmückte. Dieser ist hier begraben, ebenso Maria Leopoldine von Österreich aus dem Hause Habsburg, ehemals Kaiserin von Brasilien. Auch die Habsburger haben in Brasilien mitgemischt und stellten eine Kaiserin in Übersee, zudem eine bis heute in Brasilien verehrte Regentin, denn sie war maßgeblich an der Loslösung von Portugal und Unabhängigkeit Brasiliens beteiligt.

Rio ist bis heute die heimliche Hauptstadt Brasiliens – mit oder ohne Kaiser –, und schade eigentlich, dass sie 1960 von Brasília abgelöst wurde. Eine schönere Kapitale kann man sich kaum vorstellen.

100. Grund

Weil Oskar Niemeyer den Nationalrat in eine Zitrusfrucht gepackt hat

»Sie werden die Paläste Brasílias sehen, und sie mögen Ihnen gefallen oder nicht, doch niemals zuvor haben Sie Ähnliches gesehen« – so Oskar Niemeyer während der Planungsphase für eine neue Hauptstadt. Gesagt, getan.

Nach dem Motto »Sauer macht lustig« inspirierten die beiden Hälften einer Orange Brasiliens Vorzeigearchitekten Oscar Niemeyer zum Entwurf des Nationalrates in Brasília. Er hatte alle Hände voll zu tun, denn als in den 50er-Jahren des letzten Jahrhunderts die Entscheidung fiel, eine neue Hauptstadt zu planen und zu bauen, wurde er – und zwar ganz alleine – ans Reißbrett gesetzt, um sämtliche Regierungs- und Verwaltungsgebäude zu entwerfen. Ihm muss schwer der Kopf gequalmt haben, Vitamine mussten her, und beim Schälen einer Orange, so erzählt man sich, seien die beiden Hälften zu Boden gefallen, die eine mit der runden Seite nach oben zeigend, die andere Hälfte mit der flachen

Seite oben. Zwei halbe Zitrusfrüchte standen also Modell für den sehr ausgefallenen Nationalrat in der neuen Hauptstadt, wo sich die Politiker heutzutage keine großen Lorbeeren verdienen, sondern im Gegenteil reihenweise hinter Gitter wandern.

Und schon wieder ein Superlativ. In schlichten vier Jahren wurde die neue Kapitale Brasília geplant und auch aus dem Boden gestampft, und das mitten im Landesinneren, weitab vom Schuss, im Niemandsland, fast so, als wollte man beweisen, dass Unmögliches doch möglich ist.

Heutzutage kann sich das kaum mehr jemand vorstellen, nachdem die Bauarbeiten sowohl für die WM als auch für die Olympiade sich mehr als in die Länge zogen und alle die Luft anhielten, ob denn zur Eröffnung die Sportarenen einsatzbereit wären.

Irgendwie schon seltsam, denn die Brasilianer hatten ja mit Rio de Janeiro eine ganz nette Kapitale, doch die damalige Regierung unter Juscelino Kubitschek wollte Zeichen setzen und aus der Mitte Brasiliens heraus die gesamte Nation regieren. Brasília, so der damalige Präsident, sollte eine »eindeutige Manifestation des Glaubens an die Fähigkeiten der Brasilianer, ein Triumph des Pioniergeistes, ein Beweis des Vertrauens in die Großartigkeit dieses Landes, ein kompletter Bruch mit der Routine und den Kompromissen« sein.

Gesagt – getan! Und auch geschafft. Mitten im Niemandsland, Tausende Kilometer entfernt von Rio oder São Paulo, nicht einmal eine Zubringerstraße gab es, wurde gerodet, was das Zeug hält, und jeder, der zu dieser Zeit keine Arbeit hatte, pilgerte zum Megaprojekt Brasília, jeder wurde gebraucht, und die Generation, die dieses Wunderwerk erschaffen hat, ist mit Recht stolz darauf.

Ein Architekt, ja! 1 Architekt – besagter Oscar Niemeyer, der in ganz Brasilien und auch in Übersee seine architektonischen Spuren hinterlassen hat – wurde mit dem Megaprojekt betraut. Seiner Fantasie entsprang Brasiliens Utopia, heute Weltkulturerbe.

»Von den Kurven der Frauen, aber auch von den Bergen und Flüssen meines Landes beziehe ich meine Inspiration« sagte Oscar Niemeyer.

Und in der Tat. Brasília scheint von einem anderen Stern. Grundriss der neuen Metropole ist ein Flugzeug, die Regierungsgebäude wurden ins Cockpit gepackt, doch es mangelt offenbar an guten Piloten. Überall Stahlbeton, in kurvige, fließende Formen gebracht. Es sollte eine Stadt der Zukunft sein, und sie mutet noch heute so an, wenn sich auch ihre Beliebtheit in Grenzen hält. Tausende Staatsdiener die zuvor im schönen Rio ihre Pflicht erfüllten, zogen eher murrend denn enthusiastisch nach Brasília, und bis heute jetten die meisten an den Wochenende wieder zurück in die Stadt Gottes, in ihr geliebtes Rio de Janeiro.

101. Grund

Weil am 20. November der Tag des schwarzen Selbstbewusstseins ist

Im Pelourinho, der Altstadt von Salvador da Bahia, steht auf dem Praça da Sé eine besonders mit der Historie Brasiliens verbundene Statue. Ein schwarzer, sehr muskulöser Krieger mit einem riesigen Speer, zu dessen Füßen meist frische Blumen liegen. Es ist Zumbi dos Palmares, der große und wohl berühmteste Anführer des schwarzen Widerstandes. Jahrzehnte führte er den Kampf gegen die Verschleppung von Arbeitskräften aus Afrika und die Ausbeutung und Misshandlung der schwarzen Bevölkerung in Brasilien an. 1695 wurde er von einem Mann aus den eigenen Reihen verraten und in Recife von den Portugiesen hingerichtet. Seinen Kopf stellten sie öffentlich zur Schau, um dem Mythos seiner Unsterblichkeit ein Ende zu setzen. In vielen Städten Brasiliens kann man heutzutage das Konterfei Zumbis finden, in Rio de Janeiro thront sein Bronzekopf in Übergröße von drei Metern auf einer riesigen weißen Marmorpyramide und ehrt das Andenken an den Führer Zehntausender geflohener Sklaven, die in Palmares, in einem Quilombo Zuflucht suchten. Quilombos werden allgemein die Niederlassungen aus der Sklaverei geflohener afrikanischer Sklaven genannt, die bedeutendste war Palmares, im heutigen Bundesstaat Alagoas gelegen.

Der Todestag von Zumbi dos Palmares, der 20. November, ist ein nationaler Gedenktag. Leider überlegt man in Brasília noch immer, ob daraus ein offizieller nationaler Feiertag wird. Möglicherweise zieht es sich, denn Brasilien ist leider doch nicht so frei von Rassismus, wie es gerne den Anschein macht. Afrobrasilianer werden noch immer fast überall benachteiligt, sie haben weniger Chancen auf Universitätsplätze oder Führungspositionen im Berufsleben. Sie verdienen weniger, leben oftmals in bescheideneren Verhältnissen. Aufgrund ihrer häufig schwierigeren Lebensumstände laufen sie zudem eher Gefahr, auf die schiefe Bahn zu kommen.

Ich habe in einem anderen Kapitel der Begeisterung Stefan Zweigs bezüglich der Schönheit Rio de Janeiros recht gegeben. Er hat in seinem Buch Brasilien auch über den multikulturellen Mix aus Rassen und Nationalitäten geschrieben. Seine Meinung zu diesem Thema kann ich nicht teilen.

»Zum größten Erstaunen wird man nun gewahr, dass alle diese schon durch die Farbe sichtbar voneinander abgezeichneten Rassen in vollster Eintracht miteinander leben und trotz ihrer individuellen Herkunft einzig in der Ambition wetteifern, die einstigen Sonderheiten abzutun, um möglichst rasch und möglichst vollkommen Brasilianer, eine neue und einheitliche Nation zu werden.«

Leider hat sich Stefan Zweig diesbezüglich geirrt, innerhalb der weißen Bevölkerung Brasiliens gibt es viele Gegner einer Gleichberechtigung der Hautfarben.

Dennoch, in ganz Brasilien, besonders im afrikanisch geprägten Bahia, ist der 20. November ein ganz besonderer Tag, und das schwarze Selbstbewusstsein wächst. So ist der Todestag von Zumbi zum Tag des schwarzen Bewusstseins geworden, an dem die afrobrasilianische Bevölkerung die unzähligen Traditionen mit afrikanischen Wurzeln pflegt und wieder zum Leben erweckt. Ausstellungen über die Geschichte, Musik- und Tanzveranstaltungen und auch die Waschung der Statue von Zumbi im Pelourinho gehören dazu.

Brasilien ist nach Nigeria das Land mit der zweitgrößten schwarzen Bevölkerung der Welt. Die Portugiesen haben fast 5 Millionen Menschen aus afrikanischen Kolonien nach Brasilien zwangsverschleppt. Die europäischen Herren haben sich oft großzügig mit den schwarzen Schönheiten amüsiert; wenn ihnen der Sinn nach einem Schäferstündchen stand, war der Rassismus vergessen. So hat ein großer Teil der Bevölkerung, mehr oder weniger sichtbar, schwarzes Blut in sich. Schön ist, dass sich zunehmend »weiße« Schwarze , also vermeintlich Weiße mit afrikanischen Genen, die nicht offensichtlich sind, mit Stolz auf ihre Wurzeln besinnen und für gleiche Rechte kämpfen.

In meiner Lieblingsbar feiere ich den 20. November mit meinen neuen Freunden aus und auf der Insel Boipeba. Sie sind fast alle schwarz, und hier auf der Insel, schwer erreichbar gab es auch ein Quilombo, was bis heute ein kleines Dorf im Inselinneren ist, und afrikanische Traditionen sind hier stark geblieben, was auf den vielen Festen mit eindeutig afrikanischen Charakter spürbar ist. Wir trinken auf »black power« und eine bessere Welt. Bob Marley singt im Hintergrund *Africa Unite!*.

102. Grund

Weil in Brasilien selbst der Wahlkampf keine »trockene« Angelegenheit ist

Vielleicht liegt es daran, dass die Brasilianer eigentlich die Nase voll haben von ihren korrupten Politikern und der Tatsache, dass die beste Seifenoper in ihrer Hauptstadt Brasília stattfindet.

Ein Korruptionsskandal jagt den anderen, täglich kann man im Fernsehen verfolgen, wie diverse Politiker über- und abgeführt werden, Versprechungen bleiben »leer«. Ex-Präsidentin Dilma, der bis heute nichts nachgewiesen werden konnte, wurde geputscht, der Ersatzchef Temer ist ungeliebt und wird beim Karneval als blutsaugender Dracula dargestellt, der beliebteste Kandidat – Ex-Ex-Präsident Lula – sitzt hinter Gittern und hat sich dennoch als Präsidentschaftskandidat aufstellen lassen. Ein Gericht prüft nun, ob ein »Knacki« kandidieren darf. Einige Umfragen besagen, dass er – wäre er auf freiem Fuße – die kommenden Präsidentschaftswahlen gewinnen würde. Seine Anhänger bestehen auf seiner Kandidatur und hoffen auf ein Wunder. Ein schönes Chaos in einem so riesigen Land, das die Lkw-Fahrer im Juni lahmgelegt haben, um eine Reduzierung des exorbitanten Benzinpreises zu erwirken. Es hat nicht geklappt. Nichts ist passiert, nach wie vor zahlen Brasilianer einen der welthöchsten Preise für eine Tankfüllung, obwohl das Land reich ist an Petroleum und benachbarte Staaten nur ein Drittel dessen zahlen, was die eigene Bevölkerung zücken muss. Alles riecht nach Skandal, und längst haben die Brasilianer die Faxen dick und sind es müde, an Versprechungen zu glauben. Im Oktober 2018 wird gewählt, eigentlich will niemand diese oberste Bürgerpflicht erfüllen, doch im Land des Samba ist die »Wahl« nicht freiwillig, wer ausbleibt, muss eine offizielle Entschuldigung einreichen oder eine Strafe zahlen.

Doch die Brasilianer machen natürlich das Beste daraus und versuchen sich wenigstens ein wenig zu amüsieren. Auf dem Land zumindest. Wochenlang vor der Wahl finden riesige Paraden statt. Nicht Malen nach Zahlen, nein Wahlen nach Zahlen. Am Wahltag wird kein Name, sondern eine Zahl angekreuzt, und diese Zahl wird wochenlang, lautstark und meist musikalisch eingebunden, in die Köpfe der Wähler eingebläut. Die Kandidaten haben zudem meist Spitznamen – am schönsten diesbezüglich fand ich »Badboy« –, und als Werbefläche dienen keine Litfaßsäulen oder Wahlplakate, nein, da sind die Brasilianer sehr praktisch veranlagt. Zahlen und Namen werden direkt auf Hauswände und Mauern gepinselt, Autos mit den lächelnden Konterfeis in Übergröße beklebt und Mopeds mit riesigen Fahnen ausgerüstet. An den Wochenenden vor den Wahlen gibt es dann kilometerlange Paraden und Konvois hupender Wahlhelfer. Die Autos werden mit riesigen Boxen ausgestattet, die in Konzertlautstärke die Namen der Kandidaten und die entsprechende Zahl für den Wahlzettel durch die Lande fahren. Potentere Fahrzeuge ziehen Anhänger mit riesigen Boxentürmen und tanzenden Gogogirls durch die Gemeinden und bis an den Strand, um auch ja jeden potenziellen Wähler zu erreichen. Diese lautstarken und ohrenbetäubenden, an die Umzüge des Karnevals erinnernden Paraden gehen einher mit Tanz und Festivitäten am Straßenrand, wo fast jedes Haus auch kaltes Büchsenbier offeriert und so für Stimmung und die Aufbesserung der Haushaltskasse sorgt.

Natürlich werden Wählerstimmen auch gekauft, doch das kann schon einmal problematisch werden, dann nämlich, wenn die Wähler beschließen, ebenso korrupt und unzuverlässig wie die Politiker zu sein, und den Obulus gerne einstecken, ohne danach die versprochene Stimme abzugeben.

Ich habe mehrmals die hiesigen »Kommunalwahlen« beobachtet und fand es herrlich, dass auch eine so trockene Angelegenheit wie ein Wahlkampf für Spaß und Unterhaltung sorgt. Es wird natürlich auch gefachsimpelt, besonders fundiert nach einigen Cachaças. Nach der Wahl bleibt dann meist alles beim Alten, es ist fast so, als wäre nichts gewesen.

103. Grund

Weil Fußball in Brasilien auch politisch ist

»Brot und Spiele«, so wie im alten Rom, um das Volk zu amüsieren und bei Laune zu halten? So einfach ist das in Brasilien bei aller Liebe zum Ball nicht mehr, auch wenn die für die Fußballweltmeisterschaft 2014 neu gebauten Mega-Stadien dem Kolosseum durchaus Konkurrenz machen könnten. Hunderttausende demonstrierten schon damals gegen die exorbitanten Kosten, die Verwendung und Verschwendung von Geldern, die im Bildungs- und Gesundheitssystem, bei der Bekämpfung der steigenden Kriminalität und der Drogenprobleme fehlen. Der Volkssport Fußball, die Passion der ganzen Nation und dann das Weltereignis im eigenen Land!? Das sollte doch zweifelsohne für Begeisterung sorgen. Weit gefehlt. Viele Brasilianer wollten nicht von den unsäglichen Problemen in ihrem Land abgelenkt werden, sie wollten kein Spektakel finanzieren, das nach einigen Tage der Euphorie und Begeisterung nur weitere Kürzungen und endlose Korruptionsskandale mit sich bringt. Fast schadenfroh haben deshalb nicht wenige Brasilianer das historische 1:7 auf- und hingenommen. Ich war zunächst erstaunt, doch sie haben recht.

Man muss sich einmal vorstellen, dass für zwölf neue und teilweise umgebaute Stadien 500 Millionen Euro veranschlagt wurden. Daraus wurden schlappe 2 Milliarden. Die teuren Bauten liegen heute teils brach. In der Arena Pantanal im Bundesstaat Mato Grosso wurden ganze vier Spiele der WM ausgetragen, nun braucht man sie kaum, zu den Spielen der Landesmeisterschaft des Bundesstaates kommen im Schnitt weniger als 1000 Zuschauer. Die VIP-Säle wurden als Klassenzimmer umfunktioniert. Das sinnlos verprasste Geld hätte für mehr als 150 neue Schulen gereicht. Man könnte ein Buch über die Bauskandale, die Unsummen an Bestechungsgeldern für Politiker, die leerstehenden Super-Arenen schreiben. Die Bilanz ist so katastrophal, dass sich vier Jahre danach die Euphorie für die WM 2018, die während ich diese Zeilen schreibe, gerade läuft, ebenfalls in Grenzen hält. Umfragen zufolge zeigen mehr als die Hälfte der Brasilianer kein oder nur wenig Interesse an der Fußball-WM. Kaum Flaggen sind zu sehen, es ist eigentlich, als würde die WM nicht stattfinden. Natürlich hat die brasilianische Nationalelf ihre Fans, und natürlich wünscht man sich insgeheim den 6. Titel, doch ohne die übliche Leidenschaft, ohne die großen Emotionen. In diesem Sinne hat Fußball in Brasilien auch mit Politik zu tun. Fußballer übrigens auch. Es sind große Fußballer, die in Brasilien heute auch in der Politik zu finden sind. Ihnen traut man eher und auch mehr zu als den korrupten Bürokraten in Brasília.

Romario, eine brasilianische Fußballlegende, ist heute Senator von Rio de Janeiro. Auch er kritisierte bereits die Ausrichtung der Fußball-WM im eigenen Lande und die unsägliche Verschwendungssucht und den Größenwahn beim Bau von Stadien, die nach der WM in die Bedeutungslosigkeit fallen würden. Recht hatte er. Weltmeisterschaften sollten von reichen Industrienationen ausgerichtet werden und nicht von einem Land mit so vielen großen und bisher ungelösten Konflikten und Problemen.

Die Skandale um die immensen Gelder, die von den Baukonzernen an Politiker gezahlt wurden und die zu täglich höheren Kosten für das Megaevent führten, resultierten in Wut und Zorn der Bürger aller Schichten, die sich von ihrer Regierung betrogen fühlten und fühlen.

Dies war während der Weltmeisterschaft 2018 in Russland Hauptgesprächsthema, wo auch immer ich in Diskussionen hineinlauschte. Man sprach mehr über den Schaden, den die letzte WM im eigenen Land anrichtete, als über die Spiele der Seleção im Lande Putins, das war schnell Schnee von gestern.

Zu diesem Thema passt ein brasilianischer Witz: Gott schuf Brasilien erst nach Europa und schenkte ihm als Entschädigung die besseren Fußballer. Die Europäer protestierten natürlich, doch Gott entgegnete: Beruhigt euch, sie bekommen auch die schlechtesten Funktionäre.

10. Kapitel

Gaumenfreuden

104. Grund

Weil ohne Bohnen zwar nichts geht, doch mein Favorit die Moqueca ist

Ein großer Freund von Bohnen war ich vor meinem brasilianischen Leben eher nicht. Hier vor Ort lässt es sich aber kaum vermeiden, Bohnen stehen immer und jederzeit auf dem Herd und werden in jedem Restaurant als Beilage geboten. Ähnlich ist es mit Reis. Früher dachte ich, dass die Asiaten viel Reis konsumieren, tun sie auch, klar, doch auch in Brasilien gehört Reis zum täglichen Speiseplan, und das Land ist der größte Reisproduzent außerhalb Asiens. Meine Schwiegermutter sorgt immer dafür, dass ich Berge von Bohnen auf dem Teller habe, sie sind gesund, machen satt und vor allem, sie kurbeln das Wachstum der Haare an. Ohne Bohnen und Reis geht nichts in Brasilien, und mein Mann hatte während seiner ersten Europareise wahre Entzugserscheinungen, weil die ersten acht Tage keine Bohnen und wenig Reis in Sicht waren.

Feijoada, also Bohneneintopf, ist das Nationalgericht der Brasilianer und auch eines meiner Lieblingsgerichte geworden. Die Luxusvariante natürlich, die mit »allem«. Rindfleisch, Schweinefleisch, getrocknetes gesalzenes Fleisch, Würstchen, Speck, Dörrfleisch und jede Menge Gewürze und Gemüse, also Tomaten, Zwiebeln, Paprika, Knoblauch, Karotten und was immer gerade noch im Kühlschrank ist. Die schwarzen Bohnen nicht zu vergessen. Feijoada schmeckt nie gleich, doch immer köstlich, und während Brasilianer am liebsten Reis oder Maniokmehl dazu essen, bin ich da eher Purist und genieße den Eintopf ohne alles.

Die Feijoada kommt übrigens aus der Zeit der Sklaven, ist ein Gericht, entstanden aus der Armut und Notwendigkeit, viele verschiedene Reste in einen Topf zu werfen, um den Hunger zu stillen.

Doch es ist ein weitere typische Spezialität mit afrikanischem Einschlag, die meine Nummer 1 geworden ist.

Die Moqueca! Ein Eintopf aus Fisch oder Meeresfrüchten, gekocht mit Tomaten, Paprika, Koriander, Palmöl und Kokosmilch und jeder Menge Chili! Scharf gewürzt kommt er hauptsächlich in Bahia noch köchelnd in einem Tontopf auf den Tisch. Der Fantasie sind kaum Grenzen gesetzt, es gibt die Moqueca mit Austern, kleinen Muscheln, mit Rochen, mit diversen Fischsorten und auch, mein Favorit: Tintenfisch mit gekochten Bananen.

Eine echte Gaumenfreude!

105. Grund

Weil in den berühmten Fleischtempeln serviert wird, bis die Ampel auf ROT steht

In Brasilien sollte man auf keinen Fall den Besuch einer guten Churrascaria versäumen, vor allem einen leeren Magen, also ordentlich Hunger mitbringen, denn in den Fleischtempeln wird richtig aufgetischt und zwar am laufenden Band. Churrascarias gibt es im ganzen Land entlang der Hauptverkehrsstraßen und in den großen Städten. Mehr oder minder reich ist die Auswahl, auf jeden Fall kommt alles vom Grill. Doch ein wirklich nachhaltiges kulinarisches Erlebnis sollte man in einer der großen und bekannten Churrascarias in einer der Metropolen einplanen.

An dem riesigen Vorspeisenbuffet, meist auch bestens mit Sushi, Salaten und anderen Leckereien ausgestattet, kann man sich eigentlich bereits satt essen. Dort holt man sich auch die Beilagen. Reis, Kartoffeln, Nudeln, Bohnen, Linsen, Salate. Egal auf was man Lust hat, es ist aufgetischt, und man braucht nur zuzugreifen. Das sind die Vorbereitungen, dann geht es los.

Jedes nur denkbare Fleisch, auf offener Flamme gegrillt, wird von einer emsigen Armee von Kellnern pausenlos auf riesigen Spießen an den Tischen vorbeigebracht, wo bei Interesse mit einem wiederum riesigen Messer genau so viel abgesäbelt wird, wie man wünscht. Es gibt auf jeden Fall mehr, als man vertilgen kann, die Auswahl ist fantastisch, es ist wie das »große Fressen«. Rind, Schwein, Lamm oder auch Huhn und Fisch. Filet, Picanha, Rippenstücke, Hühnerherzen, grobe und feine Würstchen, Hinterschinken oder saftige Stücke vom Rumpf. Medium, rare oder well-done. Mit oder ohne Knoblauch, scharf gewürzt oder mit einem Touch Gorgonzola, mit Kräutern oder knuspriger Kruste. Die sehr appetitliche Versuchung ist groß, und wenn nichts mehr geht, dann legt man eine Pause ein, die man mit einer Art Tischampel signalisiert. Eigentlich eher ein Bierdeckel mit einer roten und einer grünen Seite. Rot bedeutet: Aufhören, bitte nichts mehr bringen, ich bin satt. Grün bedeutet: Es geht noch was.

Nach einer kleinen Verschnaufpause und einem »russischen« Gang – Zigarette auf der Veranda – stellte ich die Ampel wieder auf Grün und kam in den Genuss eines butterzarten Spanferkelchens.

Brasilien hat Küste ohne Ende, und somit herrscht kein Mangel an Fisch, doch im Herzen sind es Fleischesser, wenn möglich jeden Tag und ausgiebig. Fisch ist gesund, ja das wissen sie und bestätigen es gerne, doch Fleisch, das ist mit den unverzichtbaren Bohnen und Reis die kulinarische Schwäche der Brasilianer. So kann man in den Churrascarias an den Nebentischen beobachten, wie förmlich kiloweise Fleisch auf die Teller gesäbelt wird und in den Mägen verschwindet. Selten habe ich Menschen solche Mengen vom Rind und Schwein vertilgen sehen.

106. Grund

Weil auch Austernfans auf ihre Kosten kommen

Die besten Austern meines Lebens habe ich in Swakopmund, Namibia mit geschlossenen Augen auf der Zunge zergehen lassen.

Qualität, Größe und auch der erschwingliche Preis werden kaum jemals wieder zu übertreffen sein. Doch wer Austern schätzt, kommt auch in Brasilien auf seine Kosten.

Salzwasseraustern – und auch köstliche Jakobsmuscheln – findet man auf schwimmenden Restaurants in der Bucht von Arraial do Cabo, genau dort, wo der Atlantik am Cabo Frio, wie der Name schon sagt, eiskalt, dafür aber auch kristallklar und wirklich genau so wie in der Karibik ist. Süßwasseraustern gibt es häufig in den verzweigten Meeresarmen und Flüssen in Bahia oder auch im äußersten Norden. Sie sind klein, und man hat das Gefühl, man muss Salz zufügen, denn der sehr milde Geschmack – auch werden sie nicht eiskalt serviert – ist gewöhnungsbedürftig.

Besonders lecker ist eine Moqueca de Ostras, ein Austerneintopf, gut und scharf gewürzt mit Kokosmilch, Tomaten, Öl der Dendêpalme, Koriander und jeder Menge Austern. Ein Gaumenschmaus, und endlich kann man sich an den sonst teuren Schalentieren einmal satt essen, und dies für einen fairen Preis.

Dieselben Austern, die im Dutzend roh, also lebend, auf den Tisch kommen und umgerechnet circa 5 bis 7 Euro kosten, schwimmen nämlich in rauen Mengen in dem würzigen Eintopf. Und dies für den gleichen Preis. Wie das Preisgefüge für Austern zustande kommt, ist ein Rätsel. Wie so manches in Brasilien entbehrt es jeder Logik, und vielleicht liegt es daran, dass man auch hier weiß, dass ein Dutzend frische Austern normalerweise einen stolzen Preis hat.

Den besten Austerneintopf habe ich in Maragogipinho verspeist, einem winzigen Nest an einem Meeresarm der Costa do Dendê gelegen. Dort hält das Schild »beste Moqueca de Ostra«, was es verspricht, und zudem ist der Ort ein Mekka für Freunde von Töpferwaren, die hier in jedem Haus hergestellt und auch feilgeboten werden.

Der zauberhafteste Ort für einen Austernschmaus sind jedoch die auf dem Fluss schwimmenden Austernrestaurants von Canaveiras, ganz in der Nähe von Boipeba. Man erreicht sie nur mit einem Boot. Schon die Anreise durch das Labyrinth schmaler Meeresarme ist ein lohnender Ausflug. Auf den großen Flößen, die im Fluss vor dem winzigen Ort liegen, kommt man dann in den Genuss der Schalentiere. Sie werden direkt nach Bestellung aus dem Fluss geholt und geöffnet, frischer geht es nicht. Danach sollte man bei einem der schönsten Sonnenuntergänge im goldenen Fluss ein Bad nehmen und einen Sundowner bestellen.

107. Grund

Weil Saftproben genauso lustig wie Weinproben sein können

Ich will nicht lügen, eine Weinprobe in historischen Gewölben im Rheingau, in der herrlichen Landschaft des Piemont oder auf einem netten Weingut im Dourotal in Portugal sind in Brasilien schwer realisierbar, und oftmals träume ich von diesen feuchtfröhlichen Gaumenfreuden. Man kann eben nicht alles haben, doch in Brasilien und vor allem im Amazonasgebiet gibt es einen lohnenden Ersatz: eine Saftprobe.

Wir haben eine solche auf dem Ver-o-Peso in Belém gemacht und uns dabei mit den saftmischenden Damen mindestens ebenso gut amüsiert wie mit einem Weinbauern aus Österreich.

Haben Sie schon einmal Uxi gekostet? Oder Umbu? Wie wäre es mit Acerola oder Pitanga? Mit Graviola oder Goiaba? Ich konnte mich nicht entscheiden und machte eine Saftprobe.

Säfte sind in Brasilien besonders lecker, weil sie in der Regel fast ausschließlich aus der Frucht und ganz frisch zubereitet werden. Sie sind dickflüssig und gehaltvoll, fast wie kleine Mahlzeiten.

Auf dem Ver-o-Peso, dem berühmten Markt von Belém, gibt es einen sagenhaften »Saftladen«. Hinter einer langen Theke mixten uns einige gut gelaunte Damen an die zehn verschiedene Vitaminbomben aus Früchten, die ich vor meinem Leben in Brasilien weder gesehen noch geschmeckt hatte. Sie konnten kaum glauben, dass wir nach Uxi und Umbu und Acerola noch Graviola, Goiaba und Mamao verlangten. Sie grinsten bei jeder neuen Bestellung bis an die Ohrläppchen und hatten ihren Spaß mit uns. Damit die Unwissenden es etwas leichter haben, gibt es entsprechende Schilder, auf denen die Früchtchen mit dem passenden Namen abgebildet sind. Mein Favorit war und ist und bleibt Graviola, eine riesige Wunderfrucht, die in einer grünen Schale schneeweißes, weiches, etwas glibberiges Fruchtfleisch beherbergt, das entweder pur als Frucht oder eben köstlich als Saft in den Magen kommt. Die schwarzen Kerne sind nicht genießbar, die muss man – und da sitzt der Hase im Pfeffer – herauspulen, und das ist, aufgrund besagter Glibberigkeit, kein einfaches Unterfangen. Doch hier, im Saftladen der Amazonasdamen, war das ja nicht mein Problem.

Die meisten der Früchtchen haben es wahrhaft in sich, natürlich sind es Vitaminbomben, doch sie können mehr. Einigen Obstsorten – der Papaya, hier Mamão genannt, oder der Graviola werden krebsheilende Kräfte zugesprochen, die ohne die scheußlichen Nebenwirkungen einer Chemotherapie deren heilende Wirkung sogar in den Schatten stellen. Mythos oder Wahrheit, ich weiß es nicht, geschmacklich auf jeden Fall ein Erlebnis und vor allem ohne den Kopfschmerz am Tag danach, nach der Weinprobe meine ich.

108. Grund

Weil hochgiftige Zutaten in Belém für höchste Gaumenfreuden sorgen

Ich erfuhr erst nach dem Genuss, dass die köstliche, soeben in meinem Magen gelandete Speise giftiges Potenzial hat und höchstes Vertrauen in den Koch voraussetzt. In Belém kommen Feinschmecker auf ihre Kosten, denn die Küche des Bundesstaates Pará zählt zu den Feinschmecker-Highlights Brasiliens. Hier im Amazonasgebiet ist die Gastronomie stark beeinflusst von der traditionellen indianischen Küche, so auch mein bisheriger absoluter Favorit: Pato no Tucupi – Ente in Tucupi. Eine Köstlichkeit und noch heute, drei Jahre später, läuft mir das Wasser im Mund zusammen. Butterzarte Entenstücke schwimmen mit diversen grünen spinatblattartigen Kräutern in einer gelblichen Soße, genannt Tucupi, die aus dem Saft der Maniokwurzel zubereitet wird. Diese Wurzel ist hochgiftig, sie enthält Blausäure, und nur durch stundenlanges Kochen entweicht das Gift und hinterlässt eine leckere, im Geschmack sehr außergewöhnliche Soße, deren Geschmack ich nicht zu beschreiben vermag, da er nichts ähnelt, was mir bisher in den Magen kam. Vertrauen ist alles, und so hofft man eben, dass der Koch sich nicht allzu beeilt hat und die Wurzel auch lange genug im Topf ließ. Ich hatte Glück.

Ein weiterer Gaumenschmaus in Pará ist Filhote, ein Fisch, der eigentlich Piraíba heißt, bis zu zwei Meter Länge erreicht, aber gerne als Jungfisch – auf Brasilianisch »Filhote« – gegessen wird. Es ist das Juwel unter den Amazonasfischen, und sein weißes, fettes Fleisch zergeht förmlich auf der Zunge, ein weiteres Geschmackserlebnis.

Eine Reise nach Belém lohnt sich schon alleine deshalb, doch es gibt noch viele andere Kostproben für neugierige und experimentierfreudige Feinschmecker.

109. Grund

Weil Brasilien ein El Dorado für Kaffeeliebhaber ist und auch wiederum nicht

Anfänglich dachte ich, der brasilianische Kaffee ließe sehr zu wünschen übrig, doch das fehlende Aroma lag wohl an der sparsamen Verwendung des braunen Pulvers in den zwar gastlichen, aber sehr einfachen Haushalten meiner neuen Freunde. Zwei Löffel Kaffeepulver in einem strumpfartigen Stofffilter auf einen Liter Wasser, das konnte ja nichts werden. Da oftmals auch sofort und auch gerne üppig Zucker zugefügt wird, hatte die bernsteinfarbene Brühe, die die Brasilianer dann lachend als Chafee offerieren, wirklich eher mit Cha – also Tee – als mit Kaffee zu tun. Ich zog nach Brasilien und füllte ab sofort großzügig selbiges Kaffeepulver – Marke Pilão – in meinen Espressokocher und war begeistert – meine Freunde auch. Sie trinken seitdem gerne bei mir ihren Cafezinho, wie sie ihren Kaffee zärtlich nennen. Übrigens habe ich unterwegs in Brasilien selten in einem Hotel oder einer Pousada einen guten Kaffee getrunken, weil meistens mit den Zutaten gegeizt wurde oder er schon seit zehn Stunden in einer Thermoskanne langsam grau wurde. Wenn ich dann in der Küche das Frühstücksteam höflich um eine Tasse extrastarken Kaffee anbettele, weil ich morgens sonst nicht in die Gänge komme, und sage, dass doch der brasilianische Kaffee der beste sei, dann kommt mit Stolz und freudigem Lächeln nach wenigen Minuten immer ein Kaffee der Spitzenklasse, eine Krönung sozusagen.

Die Brasilianer lieben Kaffee, sind Nummer zwei unter den weltweiten Kaffeekonsumenten, und bei der Produktion liegen sie in Führung. Das heimlich mit Charme und Tücke im 18. Jahrhundert erschlichene Pflänzchen sollte in der Geschichte Brasiliens eine bedeutende Rolle spielen. Es machte lange Zeit den

Reichtum des Landes aus, brachte Devisen durch den Export, lockte Investoren und neue Siedler an, es entstanden neue Städte mit eleganten Villen der zu Reichtum gekommenen Fazendeiros und eine neue Mittelklasse. Der Cafezinho wurde Teil der brasilianischen Kultur und Exportschlager. All dies hatte auch eine sehr dunkle Seite. Für die Arbeit auf den Plantagen wurden Arbeitskräfte gebraucht, und die holte man sich – wie immer – günstig auf dem afrikanischen Kontinent. Nur die Verschleppung von weiteren Millionen von Sklaven machte den Kaffeeboom und den wirtschaftlichen Aufstieg möglich. Ebenso wie schon beim nahen Verwandten, dem Kakao.

Das netteste und außergewöhnlichste Kaffeeerlebnis hatte ich in Salvador da Bahia. Ich konnte der mobilen Kaffeebar nicht widerstehen. Ich musste zweimal hinschauen, um zu kapieren, was es mit dem hölzernen Flaschenkorb auf sich hatte, den ein netter älterer Mann unter Einsatz seiner ganzen Körperkraft an mir vorbeischleppte. Das Gestell war gefüllt mit diversen altersschwachen Thermoskannen, und an einem längeren Stock waren mit Wäscheklammern einige Zigarettenpäckchen festgemacht.

Ich fand heraus, dass in jeder Kanne Kaffee in unterschiedlicher Stärke und Süße auf Koffeinfreunde wartete. Schwach mit wenig Zucker. Schwach mit viel Zucker. Stark mit wenig Zucker. Stark mit viel Zucker. Milchkaffee. Seine Auswahl an Nikotin diverser Marken war bemerkenswert und die Glimmstängel auch einzeln zu haben. Einen Cafezinho mit Kippchen. Cool, dachte ich und signalisierte Interesse. Freudestrahlend und erleichtert setzte der Kaffeemann seine Last ab, und ich nahm die Variante Stark mit wenig Zucker, beide Merkmale waren schwer übertrieben, der Kaffee war schwach und süß wie Honig, doch es ging in diesem Fall um die Sympathie, die Situation, das Erlebnis. Dazu eine Zigarette der Marke Hollywood – sprich Holliwudschi. Wir unterhielten uns eine Weile, das heißt, er erzählte mir was auch immer, denn ich verstand kaum etwas, machte nur ab und an Zeichen, den Daumen nach oben, »tudo bem«! Sehr viel charmanter als Starbucks, und es gab noch eine extra Runde aufs Haus.

110. Grund

Weil die Kakaoküste Bahia von seiner Schokoladenseite zeigt

Ich war echt gespannt. Schokolade zählte seit über einem Jahr zu meinen kulinarischen Defiziten, natürlich gab es in Supermärkten Schokolade, doch die war nie besonders lecker und zum Teil wohl schon zu lange der Hitze ausgesetzt. Ich träumte von der lila Kuh und belgischen Schokoleckereien, Trüffeln und Ähnlichem. Aus der Kakaofrucht lässt sich ein leckerer Saft herstellen, den hatte ich in Bahia bereits mehrfach getestet. Doch Schokolade? Angeblich könnte ich meinen Heißhunger in der Gegend um Ilheus stillen, eine geschichtsträchtige Stadt, die mir bisher nur aus Büchern von Jorge Amado bekannt war. Wir planten einen Kurztrip in den Süden Bahias, an die Costa do Cacao, Richtung Itacaré, wo wir die Surfmeisterschaften sehen wollten, und nach Ilheus eben. Die Reiseroute entlang der Küste sollte ein landschaftliches Highlight werden, die traumhaften, wildromantischen Strände, gesäumt von den Baumriesen des hier scheinbar noch intakten Mata Atlântica und vorbei an teils zerfallenen, aber auch renovierten Herrenhäusern und Ansiedlungen der Kakaoplantagen im Kolonialstil. Alles ist grün, es regnet viel in dieser fruchtbaren Gegend, die Straße schlängelt sich durch eindrucksvolle Wälder, vorbei an wilder Küste, herrlichen Aussichtspunkten, kleinen versteckten Buchten.

Itacaré und die dazugehörigen Strände sind ein Pilgerort für Surfer und Naturliebhaber, das Örtchen mit netter Infrastruktur, schönen Pousadas, Bars, Restaurants und hippen Shops lädt zum Verweilen ein, und von dort kann man täglich einen neuen Strand oder eine kleine Bucht erwandern. Viele sind nur mit einem Fußmarsch zu erreichen, doch der Weg lohnt sich, es ist spektakulär schön.

Ilheus lässt heute seine glanzvolle Geschichte noch erahnen, war es doch über Jahrzehnte der wichtigste Exporthafen für Kakao weltweit, schickte jährlich über 400.000 Tonnen nach Europa und Übersee. Diese glanzvollen Zeiten sind vorbei, eine Krankheit machte dem Kakao den Garaus, und heute gibt es nur noch wenige Produzenten, doch die Nachfrage steigt, und somit soll auch wieder die Produktion angekurbelt werden. Und wir haben sie besucht, die Schokoladenfabriken der Kakaofarmen, und ich konnte mich satt essen an wirklich leckerer, bester Schokolade, und das Kakaopulver, das ebenfalls in meinen Besitz überging, wurde – nach so langer Abstinenz – zum für mich seit langem besten Schokodrink. Es muss ja nicht immer Caipi sein, auch wenn wir in Brasilien sind. Übrigens baut hier im Dschungel ein Schweizer den angeblich besten Kakao an, und sogar die Queen hat schon um Kostproben gebeten.

111. Grund

Weil ohne Pimenta – Chili – nichts geht

Ich fühlte mich wie ein Feuerschlucker. Mein Mund, meine Kehle, meine Lippen und meine Augen, alles brannte, und mir blieb fast die Luft weg. Ich hatte mich verführen lassen, die Moqueca de Camarão, und zwar wohlweislich nur eine kleine Gabelspitze, zu probieren. Ich hatte die Ernsthaftigkeit des »Festa da Pimenta« unterschätzt, hier wird mit Chilischoten nicht geknausert, bei der Zubereitung wird aus dem Vollen geschöpft. Mir traten die Tränen in die Augen, um mich herum lachten sich alle halb tot. Es war im wahrsten Sinne des Wortes eine Feuerprobe.

Die Festa da Pimenta ist eine Institution und wird in Bahia, wo besonders scharf gewürzt wird, regelmäßig gefeiert. Es wurden jede Menge leckere Gerichte aufgefahren, es lief einem förmlich das Wasser im Munde zusammen. Normalerweise tischen sich Brasilianer ordentlich auf, und bei solcher Auswahl auf den Tischen wären die Platten schnell leer gefegt. Heute nicht, sparsamste Portiönchen, und zaghaft wurde immer zuerst mit der Zungenspitze getestet. Es wurden auch Mutproben ausgetragen, und heldenhaft vertilgten einige Haftgesottene ohne mit der Wimper zu zucken größere Mengen, während ihnen der Schweiß auf die Stirn trat und sie rot anliefen.

Es dauert den ganzen Tag, permanent kommt etwas Neues und Feuriges auf den Tisch, und während mehrere Hektoliter Bier den Durst und auch vergeblich den Brand löschen, amüsieren sich alle aufs Prächtigste. Ich selbst blieb – wie wohl auch viele andere – eher hungrig und wollte zum Schluss mit einem unverfänglichen Schokokuchen Abhilfe schaffen. Das hätte ich besser bleiben lassen. Das Krümelchen war Chili pur, und die stolze Bäckerin gestand mir lachend, dass sie bei der Zubereitung des Teiges Chili und Zucker in gleichen Mengen verwendet hätte.

In Brasilien wird gerne scharf gegessen, und ein gutes Restaurant zeichnet sich mit einer hauseigenen Chilisoße aus, von der im Normalfall ein Tröpfchen reicht, um einem die Tränen in die Augen und den Schweiß auf die Stirn zu treiben. Besonders berüchtigt ist die Sorte *Arriba Saia*, was so viel wie »hebt den Rock« bedeutet. Vielleicht tragen deshalb die meisten Frauen Shorts.

111 GRÜNDE, AUSTRALIEN ZU LIEBEN

EINE LIEBESERKLÄRUNG AN DAS SCHÖNSTE LAND DER WELT
EINE LIEBEVOLLE HOMMAGE AN DEN INSELKONTINENT

111 GRÜNDE, AUSTRALIEN ZU LIEBEN
EINE LIEBESERKLÄRUNG AN DAS SCHÖNSTE LAND DER WELT
Von Barbara Barkhausen
312 Seiten | Premium-Paperback
Plus zwei Farbteile á 16 Seiten
ISBN 978-3-942665-47-6 | Preis 14,99 €

Australien, das Land der Kuriositäten und Gegensätze, ist bekannt für seine vielfältige Natur, weiße Strände mit endlos vielen Surfern, das abenteuerliche Outback, die außergewöhnlich lässige Bevölkerung. Wer einmal herkommt, will selten wieder nach Hause.

111 Gründe hat die Australien-Korrespondentin Barbara Barkhausen, die seit über 15 Jahren am anderen Ende der Welt lebt, in diesem Buch gesammelt, um ihre Liebe zum fünften Kontinent zu teilen. Die Autorin nimmt die Leser mit auf eine literarische Reise ins Land der Extreme: zu den knuddeligsten, aber auch gefährlichsten Tieren, den hilfsbereitesten Menschen, der ältesten Kultur und epischen Landschaften und Orten.

111 Geschichten beschreiben auf amüsante Weise, warum Australien ein so liebenswertes wie faszinierendes Land ist. Eine literarische Reise ans Ende der Welt.

WWW.SCHWARZKOPF-SCHWARZKOPF.DE

ISABEL WIESMANN, geboren 1962, lebt seit fast zehn Jahren in Brasilien, wo sie nach einer kurzen Stippvisite ihr Herz verlor und ein zweites, ganz anderes Leben begann. Ihr erstes – sie arbeitete 25 Jahre für »The Wall Street Journal« und »The New York Times« – warf sie dafür über Bord. Sie beschreibt nun und fotografiert ihr Leben, ihre Reisen und Erlebnisse in der neuen Heimat.

Isabel Wiesmann
111 GRÜNDE, BRASILIEN ZU LIEBEN
Eine Liebeserklärung an das schönste Land der Welt

ISBN 978-3-86265-713-1

VERLAG
Schwarzkopf & Schwarzkopf Verlag GmbH
Kastanienallee 32, 10435 Berlin
Telefon: 030 – 44 33 63 00
Fax: 030 – 44 33 63 044

INTERNET | E-MAIL
www.schwarzkopf-schwarzkopf.de
www.facebook.com/schwarzkopfverlag
info@schwarzkopf-schwarzkopf.de